帝国日本の交通網

つながらなかった大東亜共栄圏

若林 宣

青弓社

帝国日本の交通網——つながらなかった大東亜共栄圏

目次

第2章 民間航空路の整備 48

第3章 空路は海外へ 87

第6章 中国と南方占領地での鉄道の復旧と経営

装丁――犬塚勝一

まえがき

はじめから自分でこんなことを言うのもどうかと思うが、なんだか欲張りじいさんが名付けたようなタイトルである。そもそも、あのだだっ広い「大東亜共栄圏」の交通網について一冊で網羅することなど、できるのか。結論から言うと、なかなか難しい。

そこで本書では、筆者が特徴的だと思った点に絞って話を進めることにした。

第1章「朝鮮・台湾・樺太そして満洲の交通網形成」では、まず台湾、朝鮮、樺太といった日本の植民地と満洲での鉄道と港湾について、その成り立ちを概括する。その際には、本題に入る前にまず、朝鮮と台湾の、それぞれの日本領有に至る過程について触れておく。というのも、これまでに出版された乗り物・交通機関に関する一般書では、植民地の交通を取り上げるにあたって、ともすれば日本の領有・統治との関係性を軽んじる傾向があったように思うからである。

と同時に、港湾についても簡単ながら触れることにした。鉄道と海運との交通結節点である港湾をおろそかにしては、日本による経済支配や在来の交通の変化について捉えきれないからである。朝鮮支配に際しての釜山港の位置、台湾に対する経済支配に関しての基隆《キールン》と高雄の両港が果たした役割、そして日本の満洲支配ならびに満鉄（南満洲鉄道）にとっての大連港の重要性などを、そのような考えから記述に入れてみた。

第2章「民間航空路の整備」では、内地（日本本土）を主とする民間航空路の整備について取り上げる。ただしここでも、話を臨時軍用気球研究会から始めている。この組織の話を飛ばしてしまっては、日本人が空の領域とどのように関わろうとしたのかが見えなくなってしまうからである。そして、その関わり方、すなわち軍事や警察に関わる航空と、植民地支配の関係が特徴的であることから、台湾での航空業務についてもこの章に記した。

第3章「空路は海外へ」は、前章に続いて、航空路の外地・海外への延伸について取り上げている。主に民間航空に関わる記述でありながら、話が軍用航空に始まって軍用航空に終わるのは、戦前の日本の民間航空を制約していたものがまさに軍、あるいは国家そのものだったからにほかならない。もちろんこれはなにも日本に限った話ではないのだが、軍用航空は航空事業における先駆的存在であり、また民間航空は国策会社が担う国家的事業として、戦争に際しては国家目標の遂行――ありていに言えば戦争――に協力させられる存在でもあるから、どうしても話は軍に始まり軍に終わることになる。

第4章「南洋群島の交通網」は、南洋群島での海上交通と航空事業の話である。交通網がどのように形成されていったかという点では近代日本の内地と外地を結ぶ交通機関として一般性があると思うが、基軸交通から域内交通に至るまで船舶が中心的役割を果たしたという点が、南洋群島特有の現象といえるだろう。また航空事業は、南洋群島では高速度交通機関として海上交通を補完するものだったが、そこに海軍が強く関わっていた点が、当時の日本の支配地域のなかでも特異だった。

さて、南の海から打って変わって、第5章「内モンゴルの交通事業と関東軍」では「朔北」ともいわれた中国の内モンゴルへと飛ぶ。ここでは、関東軍の「内蒙工作」に絡める形で日本人が関わった交通事業を取り上げる。内蒙工作に絡んだ交通事業といえば有名なのが「日独航空連絡」の頓挫だが、これまでいわれてきたことへの疑問やそれに対する答えを自分なりに用意したつもりである。また飛行機のほかにも、いままで取り上げられることがなかった内モンゴルの自動車交通事業が日本の勢力が及んだことでどう変化したかという点についても簡単ながら触れることにする。

第6章「中国と南方占領地での鉄道の復旧と経営」は、日中戦争の勃発から一九四五年の敗戦までの間に占領した地域、つまり中国と東南アジアでの鉄道に関する話である。その中心となるのは軍と鉄道の関係だが、満鉄や日本の国鉄（国有鉄道）との関係性についても記しておいた。筆者は、従来の一般書で鉄道聯隊を中心とする記述の仕方に疑問を持っているので、断片的ではあるものの、占領地での鉄道の経営をどこが担ったのかということも加えた。

植民地を含めた大日本帝国の交通網がどのように発展し、大東亜共栄圏という名の一種の世界秩序においてそれぞれの交通機関がどのような限界に突き当たったのかについて、筆者なりに描いてみたい。

第1章　朝鮮・台湾・樺太そして満洲の交通網形成

1　日本領有前の状況から

朝鮮（大韓帝国）は、独自の長い歴史と文化を有する、いわば文明国であった。国家の定義というのは難しいが、政府が存在して土地と人民を掌握し、官僚制が確立され、また徴税システムを有し、高度に組織化された生産や流通が見られ、さらには支配イデオロギー（朝鮮の場合は朱子学）を有していた点で、朝鮮はまさしく成熟した国家にほかならない。

朝鮮では、十九世紀後半のフランス人神父殺害の責任を口実としたフランス艦隊の来航（一八六六年の丙寅洋擾）やアメリカ船焼き打ち事件の調査・報復に名を借りたアメリカ艦隊の来航（一八七一年の辛未洋擾）を実力で退けたことが、朱子学に基づく伝統的支配体制と排外攘夷政策を是とする保守派の自信の深まりにつながっていた。この攘夷政策は日本との条約締結を機とする開国の流れのなかで後退するが、そのなかから朝鮮政府内には、清朝との宗属関係を維持しようとする守旧派、宗属関係を打破して自らが近代国家に生まれ変わらなければならないとする急進開化派、それから宗属関係と近代的国際関係の二者並存の下で穏健に近代化を図ろうとする親清開化派の三派が生じ、それぞれが対立し合う状況へと進んだ。歴史と伝統を有する国家であるからこそ、それまでの支配イデオロギーからの脱却に苦しむことになったといえるだろう。

台湾が名実ともに清朝支配に組み込まれたのは十七世紀である。そして十八世紀に入ると、商品作物たる茶業と糖業を中心とした開発と貿易によって富が蓄積されるようになった。一八八五年には福建省から分離されて台湾省が設置され、洋務派の劉銘伝が台湾巡撫に任命されると、地租改正に相当する土地事業が開始され、また電気、電信、鉄道といった近代的社会基盤の整備が推し進められた。なお九一年には、基隆―台北間が台湾最初の鉄道として開通している。こうした中国系資本と洋務派の地方長官による自発的な発展が見られた点が台湾の特徴である。だが開発と近代化は沿岸部など開けた地域が中心であり、先住民が居住する内陸部にはあまり及ばなかった。七一年、宮古島からの貢船が台湾に漂着し、うち五十四人が先住民に殺されるという事件が発生したが、この事件に関する清国の日本に対する回答は、先住民は「化外《けがい》の民（＝皇帝の徳に感化されないがゆえに、統治の恩に与れない人々）」であるから清国は管轄しないというものだった。これは、支配地域にあっても教化を受け入れない人々は「化外」であって皇帝の統治という恩恵に浴すことができないという中国の伝統的な支配論理にすぎないのだが、別の見方をすれば、清朝が先住民を掌握しきれていない実情を示すものでもあった。また、この論理を逆手にとった日本が「台湾＝無主地」という論理を組み立てて、七四年（明治七年）に台湾出兵をおこなったことはよく知られているとおりである。

2　日本による朝鮮領有

独自の歴史と文化を持ち、また清国やロシアの利害も複雑に絡んだ朝鮮の植民地化は、長期にわたる断続的な干渉と軍事的圧力によって成し遂げられた。

日本が明確な国家目標として朝鮮の領有を視野に入れて軍事力を行使するようになるのは、一八九四年（明治二十七年）の甲午農民戦争（外国勢力排斥と貪欲非道な地方官吏の粛正を求めた朝鮮の民衆蜂起）の頃からである。この甲午農民戦争に対する朝鮮政府の対応は、朝鮮国内に日清両軍を呼び入れ、ひいては日清戦争の発端へとつながるが、同時に日本が朝鮮の植民地化を明確に推し進めるきっかけともなった。駐兵をもくろむ日本は撤兵の要求に応じず、二度にわたって朝鮮政府に内政改革の申し入れをおこない（六月二十九日ならびに七月十九日）、王宮を占領し（七月二十三日）、蟄居中だった大院君を執政として担ぎ出し、朝鮮政府から清国兵駆逐の委任を引き出す（七月二十五日）、という乱暴な手続きを踏んで、清国軍との戦闘に入ったのである。

一八九四年七月二十七日、京城で穏健開化派の金弘集を総裁官とする軍国機務処が設置された。表向きは内政改革に向けた政府代行機関の設置だが、日本の軍事制圧下にあっては、日本側に立つよりほかになかった。朝鮮政府には、八月二十日に結ばれた暫定合同条款と八月二十六日に締結された大日本大朝鮮両国盟約によって、清国と戦う日本軍を支援する旨が強いられた。だが日本軍による人夫や糧食の徴発は民衆の抵抗を呼び起こし、十月に入ると、第二次農民戦争といわれる大規模な抗日蜂起が勃発した。このときの十万もの農民軍に対して日本軍は朝鮮政府軍とともに鎮圧に向かい、十二月から一月にかけておおむね抑え込みに成功する。だがその後も兵站が襲われるなどの事態が各所で発生した。

下関講和条約によって、朝鮮と清国の宗属関係は完全に断たれた。だが清国の全権大使李鴻章は講和交渉の経過を列国に通報して干渉するようにはたらきかけ、ロシア主導による三国干渉を引き出す。これによって遼東半島は清国に還付され、また朝鮮半島での日本の勢力は弱まってしまった。

日露戦争では、大韓帝国の局外中立宣言にもかかわらず日本は軍を上陸させ、漢城周辺を事実上の軍事制圧下に置き、韓国を保護下に置くことになる日韓議定書の締結を強要した。その後、主戦場が満洲に移った後も韓国駐留の日本軍は増強を続け、やがて韓国駐劄《ちゅうさつ》軍が編成されるまでになった。また韓国国内の各所に憲兵を分遣し警察権を行使した。韓国では、日露戦争のときにも土地の強制収用や人夫徴発に対する抵抗や電信線切断、鉄道建設妨害が発生するが、それらに対しては日本軍による弾圧がおこなわれた。また抗日活動家が逃げ込んだとされる咸鏡道では日本軍が軍政を施行し、一九〇五年（明治三十八年）になると漢城とその周辺地域の警察権を韓国警察から奪い取った。このような軍事的制圧の下で韓国の保護国化が進められて十二月二十一日には韓国統監府が設置され、そして一〇年（明治四十三年）八月二十九日に韓国は日本に併合されたのである。

3　台湾領有と植民地戦争

日清戦争中、日本軍は台湾には侵攻していない。台湾周辺での休戦前の軍事行動としては澎湖諸島の占領が見られただけで、当時の日本軍には、台湾侵攻をおこなうほどの余裕はなかった。しかし一八九五年（明治二十八年）三月三十日に成立した休戦条約で澎湖諸島と台湾が適用外とされたことから、台湾在住の清国人社会には日本軍の侵攻に対する危機感が募り、台湾巡撫の唐景崧《とうけいすう》を総統とする台湾民主国の独立が宣言された。だが日本軍が台湾に上陸すると唐景崧は廈門《アモイ》に脱出し、六月十七日、初代総督樺山資紀が台北で始政式を執りおこなう。

ところが、台湾での日本軍の軍事行動は、むしろそれ以降に本格化する。しかもそれは、植民地戦争ともいうべき様相を呈した。

台湾には、日清戦争の開戦に伴って清朝から台湾防衛を命じられた劉永福がいた。彼は清仏戦争でフランス軍に苦杯をなめさせた英雄でもある。劉永福は台南を拠点とし、台湾民主国の台湾幇弁軍務として民主国の建て直しを図りながら、南下する日本軍に対しては地勢を利用した頑強な抵抗をおこなった。日本側は割譲を受けた際に上陸させた近衛師団では足りず、遼東半島にいた第二師団などを台湾南部平定に投じた。近衛師団および海上や打狗《だく》（高雄）方面からの増援部隊による台南攻略開始によって劉永福が廈門へと脱出したのは十月十九日のことである。それを受けて、樺山総督による台湾平定宣言が十一月十八日に出された。

だがその後も住民によるゲリラ的抵抗はやまない。平定宣言の直後にも台湾北部で蜂起があった。

民衆の相互監視制度や、また招降の場に現れた者をだまし討ちにするなどの方法をとって、慢性的な抵抗をどうにか終息させたのは一九〇二年（明治三十五年）頃のことである。その後、日本軍の軍事行動は樟脳の産業化を背景とする山岳地帯の先住民族に対する包囲圧縮作戦へと変化するが、住民による反乱はなお、一五年（大正四年）頃まで散発的に発生し続けた。

先住民族に対する包囲圧縮は、清朝以来の「隘勇線《あいゆう》」で包囲して閉じ込めるという政策によった。隘勇とは先住民族に対する自警組織をさす言葉だが、砦と柵で囲んで閉じ込める線を隘勇線と称したのである。日本は、要所に砲台を設けて野砲や山砲を据え、また高圧電流による鉄条網や地雷も使用する強力な隘勇線を築いた。

先住民族に対する軍事制圧は一九〇九年（明治四十二年）から本格化した。五代目総督佐久間左馬太の下、隘勇線を締め上げ、先住民族を高山に追い上げて文字どおりの死か降伏かを迫ったのである。この作戦は一四年（大正三年）に、台湾守備隊のほとんどすべてと警察を投入して終了した。

4　日本人による朝鮮海運界の掌握

一八七六年（明治九年）に締結された日朝修好条規によって日本は朝鮮に開国を強要したが、その結果、七六年に釜山が、八〇年と八三年に元山《ウォンサン》と仁川《インチョン》（済物浦《さいもっぽ》）がそれぞれ開港され、日本の専管居留地が設けられた。これらの開港場には、八四年には清国の専管居留地も設けられ、また仁川には各国共同租界も設定された。だがここで設けられた日本の専管居留地は、居留地会（後の居留民団）による独自の自治行政がおこなわれ、徴税や警察など独自の行政権を行使し、また日本軍の揚陸地点としての役割も有したといった点で政治性や軍事的性格を持ち、経済的性格が強い他国の居留地とは性格を異にしていた。言い換えれば、日本専管居留地は、朝鮮に対する勢力扶植の第一歩だったわけである。なかでも釜山の日本専管居留地は独占的地位にあり、拡張を続けた結果、

表1　1930年頃の朝鮮―内地間の主要定期航路

	事業主体	命令官庁	備考
釜山―ウラジオストク	朝鮮郵船	朝鮮総督府	
釜山―済州島―門司	朝鮮郵船	朝鮮総督府	
釜山―下関	鉄道省		
麗水―下関	川崎汽船		1934年、朝鮮総督府の命令航路に
清津―敦賀	朝鮮郵船	朝鮮総督府	
伏木―清津―ウラジオストク	北陸汽船	朝鮮総督府	
雄基―門司	朝鮮郵船	朝鮮総督府	
雄基―新潟	日本海汽船	朝鮮総督府	
新義州―大阪	朝鮮郵船	朝鮮総督府	
鎮南浦―大阪	大阪商船		
馬山―大阪	大阪商船		
仁川―大連―長崎	大阪商船	朝鮮総督府	後、朝鮮郵船に譲渡
鎮南浦―京浜	大阪商船	自営航路	

※朝鮮の都市ごとの内地との結び付き先をわかりやすくするために、ここでは発着地の表記について基本的に通常おこなわれる方法と違って朝鮮を先に記した。

後の釜山市街の原型を形作るまでになった。ちなみに余談ではあるが、それぞれの居留地には、後に日本の植民地には欠かせない存在となる遊郭と神社が既に存在していたこともここに挙げておこう。

さて開港に合わせ、郵便汽船三菱会社（後の日本郵船）の浪華号が、続いて大阪商船の安寧丸がそれぞれ釜山に寄港した。朝鮮半島での日本の海運勢力の伸張はこのときから始まり、両社はその後の開港場増加に伴って朝鮮半島沿岸に勢力を伸ばしていった。

朝鮮総督府の意向もあって朝鮮郵船会社が創設されたのは、併合後の一九一二年（明治四十五年）のことである。日本郵船と大阪商船はそこでも中心的役割を果たし、また朝鮮郵船は資本力と総督府からの補助金を背景に沿岸主要航路を掌握。さらにはウラジオストク航路や大連航路、青島航路といった、朝鮮と海外を結ぶ国際航路をも開設していく。なお参考までに、三〇年（昭和五年）頃の朝鮮と域外を結ぶ主要航路を表1に掲げておく。実際にはさらに多くの航路があるが、改廃も激しく、ここでは、当時の旅行案内書などにもしばしば記載された主だったものに限定した。

表1を一見して目立つのは、まず門司と大阪との結び付

きだろう。だがこれは、内地で鉄道が基軸交通として機能していることと関係があるように思われる。それよりもここでは、清津《チョンジン》、雄基といった朝鮮北部と内地の結び付きに注目したい。なかでも日本海汽船の雄基―新潟間航路は当時「新潟北鮮線」として知られたが、これは新潟と清津、羅津《ラジン》、雄基のいわゆる北鮮三港を結ぶ重要な航路であった。その背景には、一九三〇年代頃から見られた朝鮮の工業化がある。

この頃、日本の植民地産業は一つの転換期を迎えていた。昭和恐慌による内地農村の疲弊に対応するため、それまで植民地に課していた安価な食糧供給基地としての役割を低減させ、産業に必要な基礎素材の供給を担わせようとしたのである。そして朝鮮では第六代朝鮮総督宇垣一成によって満洲に近い朝鮮北部の開発が重要視され、電源開発と発送電網の整備に力が注がれた。この電力開発政策が朝鮮での電気化学工業の勃興へとつながったのだが、この電源開発に必要な資材の揚陸などで、清津をはじめとする朝鮮北部の港湾が重要な役割を果たしたのである。

また「満洲国」建国後は、新潟北鮮線は東満への最速ルートとしても活況を呈した。この航路は一九三九年（昭和十四年）に北日本汽船が継承し、新造貨客船も投入された。

5　内地―朝鮮間の鉄道連絡船

もう一つ特筆すべきは、鉄道省による関釜連絡船だろう。表1に釜山―下関と記したのがそれで、この航路こそは内地―朝鮮間を結ぶ最重要航路であった。これは一九〇五年（明治三十八年）九月十一日に山陽鉄道の系列会社である山陽汽船が始めた航路で、同年の京釜鉄道会社京釜線の開業を受けて運航が開始されたものである。日露戦争の講和であるポーツマス条約調印からわずか六日後のことだった。これは、朝鮮半島を日本の勢力下に置こうとする戦争目的に照らしても興味深い。

一九〇六年（明治三十九年）十二月一日に山陽鉄道が国有化されると、下関―門司間の関門連絡線とともに関釜連絡船も国有化され、鉄道作業局（当時は逓信省外局の現業機関。後に、帝国鉄道庁、内閣直属の鉄道院という変遷を経て鉄道省となる）の直営航路となった。

日本が韓国を併合した翌年の一九一一年（明治四十四年）十一月一日、関釜連絡船の地位と重要性を国際的に高める出来事が起きた。この年、日露戦争のときに軍用軽便鉄道として建設された安奉線（安東―奉天）の改築工事と、それと同時に進められていた鴨緑江の架橋工事が完成したのである。それによって釜山から奉天を経由して長春までの直通列車の運転が可能になり、名実ともに大陸と日本を結ぶ、そしてひいては欧亜連絡の重要ルートになったのである。

この関釜連絡船が内地の国有鉄道に掌握され続けていることに対し、朝鮮総督府は不満を募らせ、関釜連絡船の総督府への移管を要求することも考えていたという。

一九三〇年（昭和五年）、南朝鮮鉄道の光州―麗水間開業に合わせて、川崎汽船が麗水―下関間に航路を開いた。もちろん南朝鮮鉄道との連帯輸送が目的なのだが、南朝鮮鉄道沿線は多くが純然たる農業地帯で鉄道需要は伸びず、そのため、この航路も経営不振が続いた。それでも三四年には朝鮮総督府の命令航路となった。なお南朝鮮鉄道は三六年には朝鮮総督府に買収されて朝鮮総督府鉄道の慶全西部線となり、さらに朝鮮総督府鉄道の裡《リ》里《リ》―順天《スンチョン》間が開通すると順天―麗水間は慶全西部線から切り離されて、裡里―麗水間が全羅線となった。おそらくそれに合わせてか、この頃、朝鮮総督府鉄道では関釜連絡船への対抗手段として麗水―下関間航路の買収直営化と高速大型船の建造も検討したらしいが、鉄道省が関釜連絡船に新鋭の金剛丸を就航させるや、その話は立ち消えになったという。

ところで、ここまでの話も、また表1に掲げた主要航路にしても、そのすべてが日本人資本によるものである。では現地の朝鮮人の資本による航路はなかったのだろうか。

世界地図を見ると、朝鮮半島の沿岸は複雑に入り組み、島の多さとも相まって、きわめて長い海岸線延長を持っている。入り江などの多さから、古くから良港も多い。だが各地に日本人居留地ができると、朝鮮半島の海運に日本人海運業者が乗り出し、併合までに朝鮮人業者を圧倒してしまっていた。したがって多くの場合、業者間の競争や、また関釜連絡船をめぐる総督府のもくろみも、所詮は日本人同士が対抗し合っていたにすぎなかったわけである。

6　大阪―済州島間航路の大競争

ところが、際立った例外が一つあった。それがここに紹介する東亜通航組合の存在である。その前に、まずは済州島と、そこからの出稼ぎ状況について触れておきたい。

いまはリゾート地としても知られる済州島は、島外への出稼ぎが多かった島である。土地は痩せていて、粟が主要作物だった。また船による漁は海流の速さと風の強さでさほど奮わず、漁業だけで生計を立てることは困難だった。しかし一方では多数の海女がいたことでも知られ、潜水漁によって得られる貝類などは家計を支える換金産物として重要だった。

近代での済州島民の出稼ぎの嚆矢は、この海女だった。十九世紀末には朝鮮本土への出稼ぎが始まるが、日本から進出していた海女を、低賃金と長時間労働、そして能力の高さによって次第に圧倒していった。そして二十世紀に入ると日本への出稼ぎが始まった。

済州島から日本本土への出稼ぎは、はじめのうちは釜山経由でおこなわれた。一九一〇年代、朝鮮郵船は総督府の命令航路として済州島から木浦、および釜山に向かう航路をそれぞれ開設していて、したがって出稼ぎをする者はまず釜山へと向かい、そこで関釜連絡船に乗り換えて下関へと渡り、そこから鉄道で目的地へと向かったのである。しかしこれでは、乗り換えの手間と日数、またそのたびに支払う運賃の負担が大きい。そこで登場したのが、済州島と大阪を結ぶ航路だった。

一九二三年（大正十二年）、合名会社尼崎汽船部が君が代丸（六百六十九トン）の投入で大阪―済州島間に定期航路を開設、続いて二四年には、朝鮮郵船が咸鏡丸（七百四十九トン）を投入して大阪―済州島航路を開設した。二八年になると、今度は済州島出身の無政府主義者が企業同盟汽船部という組合を組織し、傭船によって大阪―済州島航路に参入する。これは朝鮮人による自主運航の試みだったが、経営難により翌年には鹿児島郵船に業務を委託することになった。

これで大阪―済州島航路は三社が競合することになったが、そこに参入したのが東亜通航組合である。きっかけは、運賃値下げ要求だった。一九二八年（昭和三年）、済州島の住民から、十二円五十銭という運賃を引き下げる要求が、朝鮮郵船と尼崎汽船部に対して出された。しかし両社とも要求を拒絶。すると今度は大阪在住の朝鮮人から運賃値下げと旅客待遇の改善要求が出されるに至った。だが朝鮮郵船と尼崎汽船部はこれも拒否。こうした動きのなかから自主運航を実現する取り組みが生まれ、三〇年四月二十一日、東亜通航組合が結成された。同組合は組合費と募金によって基金を作り、傭船で大阪―済州島航路に参入した。なお運賃は片道六円五十銭、これまでと比べて半額に近い設定である。

日本統治時代の交通機関が終始日本のイニシアチブで運営されてきた朝鮮で、これは特筆すべき画期的な出来事だった。

だが東亜通航組合が事業を開始すると、対抗三社も追随して運賃を同額まで値下げし、ここに激しい客の取り合いが繰り広げられることになった。

傭船契約が一九三一年（昭和六年）に終了すると、同組合は今度は、かつて北日本汽船が所有していた伏木丸

（千三百三十二トン）を購入し運航を開始した。それに対して尼崎汽船部は運賃を三円まで値下げし、大阪では客引きに対する報奨金まで出して集客に奔走する。

東亜通航組合にとって、対抗すべき相手は日本資本の船会社だけではなかった。伏木丸就航から間もなく、尼崎汽船部の利用客に対して伏木丸の利用を呼びかけた組合員百人ほどが取り締まりの官憲と衝突し、七人が逮捕されるという事件が起きた。

こうした熾烈な競争は消耗戦の様子を呈し、耐えきれなくなった鹿児島郵船がまず撤退、続いて債務と官憲による弾圧に苛まれた東亜通航組合も一九三三年（昭和八年）十二月に運航停止に追い込まれてしまった。

結局、なりふりかまわない値下げ競争に踏み切った尼崎汽船部と、官業的性格を有し資本力に勝る朝鮮郵船が勝ち残ったのだが、その朝鮮郵船も、運航していた京城丸（千七十五トン）の老朽化を理由に一九三五年（昭和十年）に休航、ひとり尼崎汽船部の第二君が代丸一隻が、大阪と済州島を結ぶ紐帯として大戦末期まで活躍を続けたのである。

7　朝鮮半島の鉄道創業

朝鮮半島最初の鉄道は、一八九九年（明治三十二年）九月十八日に開業した京仁線（京城—仁川）である。ただしこのときは漢江を跨ぐ橋梁の完成が難工事で遅れたため、京城側の終点は漢江南岸に位置する鷺梁津《ノリャンジン》駅だった。その翌年には漢江鉄橋も完成し、京城—仁川間が全線開通する。

韓国の首都である京城と首都近傍の貿易港である仁川を結ぶという意味では、新橋—横浜間に開業したわが国最初の鉄道に性格的に似ているともいえるだろう。だが京仁線は、その建設前から外国の思惑に翻弄された鉄道でもあった。

先にも見たように、日清戦争中の一八九四年（明治二十七年）八月二十日に暫定合同条款が日朝間で締結された。これによって朝鮮の内政改革を進めることと合わせて、日本は京城―釜山間、京城―仁川間の鉄道敷設権という特殊権益を手にした。そして大本営は軍用鉄道として京仁鉄道の敷設を考えたが、これは実現せずに終わってしまう。

その後、朝鮮政府はアメリカ人ジェームス・R・モールスに京城―仁川間の鉄道敷設権を与える。日本政府はこれを暫定合同条款違反として抗議したが、モールスに与えた敷設権を奪うことはできなかった。しかしモールスは資金調達に失敗し、敷設権を日本に譲渡する旨の打診がおこなわれた。そして外交交渉の結果、渋沢栄一や三井、三菱といった有力資本によって京仁鉄道引受組合が結成され、モールスとの間に完成後の引き渡しに関する契約が交わされる。しかし譲渡価格をめぐってトラブルが発生したうえに、ロシアやフランスなど第三国に売却される恐れも出てきたため、引受組合は日本政府から百八十万円を借り、工事未完のまま買収した。そして一八九九年（明治三十二年）には資本金七十二万五千円で京仁鉄道合資会社が設立され、開業を果たしたのである。

そのほか、京城と釜山を結ぶ京釜線の敷設権は日本に、また京城と新義州を結ぶ京義線の敷設権ははじめにフランス、後に大韓鉄道会社に与えられるも、さらに後には、ロシアとフランスの後ろ盾を有する西北鉄道会社に付与された。このように朝鮮半島の鉄道建設はアメリカ、フランス、ロシア、日本が争う形になったが、とはいえ韓国国内に利権擁護の動きがまったくなかったわけではない。

いま述べた、一時的なものとはいえ京義線の敷設権を得た大韓鉄道会社は利権擁護の動きによって生まれた会社である。またフランス・ロシア両国が後ろ盾となっている西北鉄道会社が敷設権を獲得したとはいえ、最終的には京義線は宮内府直営となり、新たに設置された西北鉄道局の手によって一九〇二年（明治三十五年）に建設が開始された。だが日露戦争勃発による日本軍の兵站確保の必要から工事の主体は日本の臨時軍用鉄道監理部に取って代わられ、鹿島組や間組の請負によって〇五年に開通するのである。

そのほか、後述する京釜線の大田から木浦へと至る湖南線は韓国政府が着工したが完成せず、統監府の手によって工事が再開された。また京釜線龍山と東海岸の元山を結ぶ京元線は敷設権を得た韓国資本の国内鉄道用達会社によって測量が開始されたが（後に、京義線ともども西北鉄道局に移管）、ここも資金難から完成を見ることはなく、それらの線の開業はともに日本に併合された後の一九一四年（大正三年）まで待たなければならなかった。

さて、京釜線の敷設権獲得は、京城の居留民や京城商工会議所など民間主導でおこなわれた。国際関係のうえからも伊藤博文や陸奥宗光ら政府首脳は消極的もしくは反対の立場にあったが、日本人在留商人の活発な運動に内地のメディアも反応し、ここでも渋沢栄一ら財界人が後押しをして、政府が出した、発起人を最低百人は集めるという条件も満たした。そして韓国政府と加藤増雄駐韓公使による交渉を経て一八九八年（明治三十一年）九月に京釜鉄道合同条約が調印され、それを受けて一九〇一年六月に、日本の手によって京釜鉄道が設立された。

さて京釜鉄道の建設について、一つのエピソードを紹介したい。軌間を決める際、日本の鉄道作業局と軍部は内地の鉄道と同じ三フィート六インチ（千六十七ミリ。一フィートは三百四・八ミリ）の狭軌を主張したが、それに対して技師長を務めた笠井愛次郎が、中国やヨーロッパにつないで世界鉄道の一幹線になるからと、国際的な標準軌である四フィート八インチ半（千四百三十五ミリ）を主張した。これはとりもなおさず、京釜線が持つ性格として、朝鮮半島での基軸交通というよりは、むしろ日本本土と大陸を結ぶための通過交通としての役割が既に考えられていたという意味で興味深いものである。

京釜鉄道の工事は、大がかりで、かつ強権的なものだった。大がかりという点では釜山での造成工事が挙げられるだろう。一九〇二年（明治三十五年）に設立された釜山埋築により、日本人居留地の北に隣接していた一キロにも及ぶ海岸線が埋め立てられ、釜山駅や税関を中心とする街区ならびに港湾の用地となった。強権的という点では、土地の収用や工事人夫の確保が挙げられる。鉄道用地の収用は強引なもので、耕作地や家屋、墳墓の撤去は有無を言わさずにおこなわれ、また農繁期であっても大規模な人夫徴発がおこなわれた。こうした強引な工事の進め方は民衆の反発を呼び起こし、数千人規模の民衆蜂起とそれに対する弾圧で死者を出すほどだった。

8　台湾の港湾と鉄道

日本の進出とともにおこなわれた台湾の鉄道と港湾の整備は、流通や都市の地位などに大きな変化をもたらした。

本章の冒頭近くでも述べたが、台湾は早くから開けた平野部の西岸を中心に、茶や砂糖、そしてバナナといった換金作物の栽培によって富を蓄積してきた。経済的には台湾海峡を挟んだ中国大陸とのつながりが強く、また東南アジアとの結び付きもあった。主だった港湾の多くは西岸の河口付近に点在し、河川舟運による内陸交通と海上交通の結束点として機能していた。

第四代台湾総督児玉源太郎が招いた後藤新平は、民生長官として調査研究をもとにした計画的な社会資本整備をおこなった。後藤が立てた事業公債四カ年計画によって、基隆港は大型船の停泊が可能になり、またその後も開削が続けられた。高雄港では汽船は沖がかりをして艀《はしけ》による荷役がおこなわれていたが、ここも開削が進められていった。その結果、一九四五年（昭和二十年）までに基隆港は一万トン級二十五隻、高雄港は同じく三十四隻の係船が可能になった（高橋泰隆「植民地の鉄道と海運」、大江志乃夫／浅田喬二／三谷太一郎／後藤乾一／小林英夫／高崎宗司／若林正丈／川村湊編『植民地化と産業化』〔「岩波講座 近代日本と植民地」第三巻〕所収、岩波書店、二〇〇五年）。

日本と台湾を結ぶ航路は、一八九六年（明治二十九年）に、台湾総督府の命令航路としての大阪商船による大阪―台湾線の開設に始まる。当初は沖縄にも寄港したが、翌年には神戸―基隆線として直航するようになった。また日本郵船も、陸軍御用船として神戸―基隆間に定期航路を有していたが、これも後に台湾総督府の命令航路となった。その後、日本本土だけでなく、台湾から上海や香港に至る航路も開設され、中国大陸との交通も基隆、

表2　1925年（大正14年）の台湾港別移出入価額

（単位：円）

	移出	移入
基隆	100,907,851	94,186,910
淡水	——	13,350
安平	632,121	11,287,783
高雄	111,908,856	23,817,343
馬公	25,034	591,347
布袋	443,874	——
北門	185,060	——
蘇澳	763,915	——
大板埒	30,288	9,547
花蓮港	351,808	——

（出典：『台湾総督府統計書』〔台湾総督府総督官房調査課、1927年〕から作成）

高雄両港を発着港とする大手海運業者によって掌握されていった。

鉄道は、先に見たように台湾では既に基隆—新竹間に開通していたが、日本領有後にさらなる延長が企図された。はじめは民間資本が反応したが株式募集の段階でつまずいたために、後藤新平の下で官設鉄道として建設が進められた。工事は南北から進められ、一九〇八年（明治四十一年）四月二十日、基隆—高雄間四百四・二キロの縦貫線が開通した。総督府鉄道は低運賃による集荷に努めた。

さて、縦貫線の完成と基隆、高雄両港の整備は、輸移出入貨物の取り扱いが基隆と高雄に集約されることを意味した。それはまた、在来の物流機構が打撃を受けるということでもあった。在来の輸送ルートからの移行に成功した台湾の鉄道は旅客収入よりも貨物収入の比重が大きく、比較的早くに黒字に転じたが、その一方では、台湾西岸各地にあった貿易港と、そこに至る河川舟運が衰退したのである。これを砂糖で見ると、十九世紀末期に安平や淡水などの七港で九割を取り扱っていた輸移出が、一九一四年（大正三年）には基隆と高雄の二港で九四パーセントを取り扱うというように大きく変化した。さらには台湾経済が、それまで強く結び付いていた中国を中心とする銀貨圏（十九世紀末頃には、生産された糖類の七割から八割が中国大陸に移出されていた）から切り離され、日本の経済圏へと取り込まれていくことにもつながったのである。

9　日本の資本主義と朝鮮の鉄道

さて、線路そのものが島内で完結していたこともあって、台湾では、鉄道が域内の発展を支える交通としての役割を果たしたといえるだろう。だが朝鮮の鉄道は、簡単にはそのようにいかない。

まず第一に、鉄道はできても、大量輸送機関を必要とするような産業基盤そのものが朝鮮にはなかった。換金作物の栽培とその移出・輸出で富を蓄えてきた台湾の農業とは異なり、朝鮮の農業は自給作物の栽培が中心で、輸出余力に乏しかった。たとえば主要産品である米は、日朝修好条規による開港後、日本国内産よりも安価ということで大量に流出し、朝鮮国内でたちまち騰貴して問題になっている。

世界市場に結び付くほどの輸出余力に乏しかった半面で、朝鮮では日本製綿製品の需要が伸びつつあった。それまで輸入綿製品の主力は清国商人が取り扱うイギリス製だったのだが、日清戦争を境として日本製紡績糸とシーチングの需要が増えていったのである。そしてさらには、戦争による清国商人の引き揚げもあって、日本人商人の市場独占がさらに進んでいった（橋谷弘「釜山・仁川の形成」、前掲『植民地化と産業化』所収）。

こうした状況のなかで、一九〇五年（明治三十八年）の京釜線開通は商品流通のうえで大きな意味を持った。朝鮮から日本市場に向けた主な商品は、米、豆類、そして皮革であった。そのうち米や豆など農産物は半島南部が主産地であり、したがって日本に近い釜山港のほうが仁川よりも有利だった。そして京釜線の開通によって、日本製綿製品は釜山港から京城という消費地にダイレクトに結び付いたのである。これはまた、朝鮮の港湾のうちに占める釜山港の比重と地位を高めることにもなった。

この、日本が建設した鉄道と港湾によって、京城をはじめとする日本製繊維製品の消費地が日本と結び付けられたという出来事は、日本の資本主義にとっても大きな意味があった。

表3（左ページも）　鉄道網の発達と運輸収入の推移（収入の単位は円）
台湾

	営業マイル	客車収入	貨車収入
1907年（明治40年）	271.3	1,055,728	1,268,302
1908年（明治41年）	271.3	1,176,696	1,530,248
1909年（明治42年）	271.3	1,380,481	1,907,660
1910年（明治43年）	290.7	1,711,413	2,339,141
1911年（明治44年）	296.0	1,893,714	2,622,874
1912年（大正元年）	302.6	2,225,894	2,548,034
1913年（大正2年）	320.9	2,309,525	2,689,543
1914年（大正3年）	326.7	2,121,839	2,598,877
1915年（大正4年）	326.9	2,093,036	3,324,688
1916年（大正5年）	339.8	2,433,320	3,721,097
1917年（大正6年）	340.8	2,828,824	4,387,191
1918年（大正7年）	354.7	3,448,669	4,569,676
1919年（大正8年）	378.1	4,691,015	5,111,237
1920年（大正9年）	440.1	6,443,895	5,461,214
1921年（大正10年）	440.1	6,306,320	5,713,789
1922年（大正11年）	512.8	5,645,723	6,612,272
1923年（大正12年）	521.9	5,730,673	7,308,072
1924年（大正13年）	550.2	6,118,840	8,298,384
1925年（大正14年）	652.7	6,968,602	9,384,020

（出典：『台湾総督府統計書』〔台湾総督府総督官房調査課、各年度版〕から作成）

日本の資本主義は、十九世紀末から二十世紀にかけておこなわれた工業化によって、ようやく独り立ちを果たした。しかしその一方で、労働者は一日に数十銭という低賃金で、一日あたり最低でも十一時間、織物工場では十五時間労働もざらという長時間労働を強いられた。こうした事情は当時機械化が最も進んでいた紡績工場でも、また多くが手工業の段階にあった織物工場でも同じで、労働者を保護する法や政策はなく、非人間的な労務管理が横行し、虐待を伴うこともしばしばあった。そのような労働条件の下で生産された繊維製品が、日本人資本家の運動によって建設された国外の鉄道によって運ばれ、やがて日本の植民地とされる国の市場で売られたのである。京釜鉄道の建設を要求する声が官の主導ではなく京城在住の日本人商人のなかから上がり、それを、渋沢栄一をはじめとする日本国内の有力財界人が後押ししたという事実をあわせて考えると、京釜線を通じた収奪は朝鮮からだけでなく、間接的な形ではあるが日本人労働者からもおこなわれていたわけである。

繊維製品は、日本にとって外貨獲得の、そして資本形成の貴重で重要な手段だった。その意味で、たとえ過酷な労働条件を強いてでも生産量を上げることは、日本の政府や財界人にとって意義があった。そして朝鮮の市場を制覇した日本の綿業は、新たな市場を求めて満洲と中国へと進出していくのである。

一九〇六年（明治三十九年）七月、韓国統監府に設置された鉄道管理局による買収で、京釜鉄道は事実上の日本の国営となった。韓国併合よりも四年も前のことである。その後、統監府の鉄道は内閣鉄道院に移管されるなどの変遷を経て、一〇年の併合で設置された朝鮮総督府鉄道局が管理・運営することになった。

朝鮮

	営業マイル	客車収入	貨車収入
1907年（明治40年）	641.5	2,118,744	1,088,498
1908年（明治41年）	641.8	2,335,477	1,523,157
1909年（明治42年）	640.5	2,101,821	1,564,984
1910年（明治43年）	674.6	2,348,170	2,062,176
1911年（明治44年）	767.6	2,713,094	2,291,000
1912年（大正元年）	837.0	3,542,379	2,270,420
1913年（大正2年）	970.2	3,812,513	2,518,140
1914年（大正3年）	994.0	3,657,106	2,740,460
1915年（大正4年）	1,066.5	3,957,300	3,339,165
1916年（大正5年）	1,066.1	4,320,340	4,335,383
1917年（大正6年）	1,092.0	5,007,149	5,973,488
1918年（大正7年）	1,102.1	8,939,399	8,100,359
1919年（大正8年）	1,153.2	11,434,229	10,822,675
1920年（大正9年）	1,157.4	12,668,192	12,347,393
1921年（大正10年）	1,165.0	13,361,903	12,794,296
1922年（大正11年）	1,177.6	14,219,086	14,194,338
1923年（大正12年）	1,189.0	15,155,938	15,215,170
1924年（大正13年）	1,300.3	14,935,945	14,091,921
1925年（大正14年）	1,309.1	15,208,879	15,409,943

（出典：朝鮮総督府編『朝鮮総督府統計年報』〔朝鮮総督府、各年度版〕から作成）

10　樺太

さて、ここで目を北に向けてみたい。北海道の北にある樺太である。

産業開発という点では、樺太はきわめて遅れていた地域である。日本の手になる漁場としての開発こそ十七世紀からおこなわれていたものの、樺太そのものが日本の主権下に組み込まれたとは到底いえない。そのことは、後に進出してきたロシアとの間に結ばれた日露和親条約で「界を分たず是まで仕来の通り」と定め、両国雑居の地とされていたことからもうかがえる。

図1　鉄道省の稚泊連絡船・宗谷丸（1932年竣工）の絵ハガキ。冬は氷に閉ざされる亜庭湾に向かうため、砕氷船として設計された（筆者所蔵）

一八七〇年（明治三年）の陰暦二月十三日、前年に設立された開拓使から独立する形で樺太開拓使が設置された。それによって北海道開拓と樺太開拓は業務が分割されるが、黒田清隆の建議によって七一年陰暦八月七日、樺太開拓使は北海道開拓使に合併される。その後、ロシアとの間で樺太境界問題について何度も話し合いが持たれ、七四年には開拓使樺太支庁によって内地引き揚げ希望者が募られた。この頃、樺太に住んでいた日本人は、永住者二百十一人、寄留者二百三十五人であったという。そして七五年の樺太千島交換条約によって、樺太はひとたび日本の手から離れた。

ロシア領となった樺太を日本が再び手にしたのは、日露戦争がきっかけである。戦争で全島を占領した日本だが、ポーツマス講和条約で北緯五〇度以南が日本に帰属することになった。

一九〇六年（明治三十九年）十二月一日、陸軍はコルサコフ―ウラジミロフカ間に軌間六百ミリの軍用軽便鉄道を開通させたが、これが樺太での近代交通機関の嚆矢となった。というのも、単に鉄道が敷かれたという意味だけでなく、このときの線が、後の樺太の幹線へと発展するからである。

ついでに言えば、このときの樺太の地名はまだロシア語、あるいはアイヌ語のままだった。コルサコフが大泊に、またウラジミロフカが豊原に改名されるのは、一九〇八年（明治四十一年）の地名改正施行による。このときの内務省告示とその翌年の樺太庁告示によって、樺太でロシア語とアイヌ語で表されていた地名が日本風の漢字表記に改められたのである。

一九〇七年（明治四十年）四月一日には樺太庁が発足し、軍用軽便鉄道は同庁へと移管されて樺太庁鉄道となった。そして一〇年には大泊―豊原間の軽便鉄道を内地と同様の三フィート六インチ（千六十七ミリ）に改軌する工事が始められ、十一月三日に完成。この線はその後も順次延伸を重ね、四一年（昭和十六年）十一月には上敷香まで開通している。

また一九二〇年（大正九年）十月十一日には西海岸の本斗―真岡間が開業。また二一年には東海岸と西海岸を結ぶ豊真線の建設が始まったが、こちらは二八年（昭和三年）九月三日に全通している。西海岸の鉄道工事が比較的遅い時期になったのは、東海岸と違って本斗、真岡という二つの不凍港があり、冬季でも海運に頼ることができたからである。しかし、水産業の隆盛や真岡への製紙工場進出によって、鉄道の必要性が高まってきたのだった。

港湾と海運については、ポーツマス講和条約による南樺太割譲から間もなく、函館や稚内と大泊を結ぶ航路が開設されている。また一九〇九年（明治四十二年）には大泊港が開港し、外国貿易が始まった。また東海岸と西海岸にも、それぞれ北海道と連絡する沿岸航路が開設された。

一方、稚内と樺太を結ぶ鉄道省の鉄道連絡船、すなわち稚泊連絡船が設けられるのは一九二三年（大正十二年）五月一日と比較的遅い。これは、宗谷本線が稚内に到達したのがその前年で、それまで内地と樺太は海上ルートによる連絡がメインだったのである。言い換えれば、稚泊連絡船が営業を開始するまで、樺太の鉄道は内地と切り離された、孤立した鉄道だったのである。

鉄道省の手によって稚泊連絡船が開設された翌年、今度は北日本汽船によって稚斗連絡船が開設された。これは稚内と本斗を結ぶ鉄道連絡船で、民営ながらも鉄道省と樺太庁鉄道との連帯輸送がおこなわれた。航路は、稚泊連絡船の九十カイリに対して稚斗連絡船は七十五カイリと距離の点で優位に立ち、また不凍港を利用できたことから、冬季でも氷上荷役を要さないという利点があった。

こうした近代的交通機関が整備される一方で、畜力による交通も盛んにおこなわれた。というのも冬季は車両による道路交通が途絶するので（もちろん車両といっても自動車とは限らない。馬車も盛んに利用されていた）、トナカイやイヌを使ったそりが重要な手段となるのである。そのため、馴鹿《じゅんろく》とも呼ばれたトナカイ用の牧場もあり、飼育や訓練がおこなわれた。ことに、製紙・パルプ産業が樺太に進出すると、伐採した原木の輸送にもトナカイは活躍したのである。また亜庭湾や大泊港が凍結によって接岸不能ともなれば氷の上での荷役（氷上荷役）がおこなわれる。その際にも、岸壁と船を行き来するのにトナカイのそりやイヌぞりが役立った。

11　日本が東清鉄道南部支線を手に入れるまで

明確な社会資本整備という目的をもって建設された台湾総督府鉄道や、軍用や経済界からの要求によって建設された朝鮮総督府鉄道と異なり、南満洲鉄道は、はじめから明確な見通しを持って設立・開業されたものではなかった。

南満洲鉄道の路線は、もともとはロシアが建設した東清鉄道の南部支線の一部である。そこでひとまず、ロシアがこの鉄道を建設したいきさつから触れていきたい。

一八五八年に清国とロシアの間で結ばれた瑷琿《あいぐん》条約によって、アムール川（黒龍江）から北はロシア領となった。さらに六〇年の北京条約によってウスリー川から東の沿海地方を手に入れたロシアは、その地の南部にウラジオストクを建設し、軍港を置いた。そして、このウラジオストクとモスクワを結ぶべく九一年に建設が開始されたのが、シベリア鉄道であった。だが、ザバイカル地方からウラジオストクまでのアムール川左岸に沿ったルートよりも、そのまま満洲を突っ切ったほうが距離はかなり短縮される。そこで九五年、ロシアの運輸大臣セルゲイ・ウィッテは、ロシアを訪れていた李鴻章との交渉を通じて満洲を通る短絡線の権益を要求した。その結果、九七年に東清鉄道会社が設立され、九八年から満洲里―グロデコヴォ間の工事が開始された。また東清鉄道の区間はあくまで清国領に限られるので、シベリア鉄道から接続するために、西ではキタイスキ・ラズエズトと満洲里を結ぶザバイカル鉄道が（着工一八九七年、完成一九〇一年）、また東ではグロデコヴォとニコリスク・ウスリスキーを結ぶウスリー鉄道（着工一八九七年、完成一九〇三年）が建設された。

そしてさらに一八九八年三月、ロシアは清国に対して旅順と青泥窪（ダルニー）の租借を強要し、あわせて東清鉄道のハルビンから青泥窪および旅順へと至る鉄道の敷設権も獲得した。これが東清鉄道南部支線である。

ロシアは、東清鉄道とその支線の建設を急いだ。そして綏芬河《すいふんが》―グロデコヴォ間を除いて、一九〇三年はじめには完成を見ている。

日露戦争が始まると、日本軍は占領した東清鉄道南部支線を利用した。開戦の三カ月後には占領した鉄道の管理運営にあてるため、東京で野戦鉄道提理部が編成され、満洲に派遣されている。提理部は、隊長ならびに本部こそ軍人がその座に就いたが、技術部門には鉄道作業局の職員が配属された。日本は、五フィート（千五百二十四ミリ）軌間で建設された鉄道を国内と同じ三フィート六インチ（千六十七ミリ）に改軌して利用した。これは輪転材料の用意に際し、国内にあるものを転用できる有利さによるものである。ちなみにロシア軍は、北に向かって退却する際に車両を持ち去っていたので、鉄道を占領した日本軍は、線路や施設をそのままにロシア製の車両を走らせようとしてもできなかったのである。機関車の鹵獲《ろかく》は、旅順陥落まで待たなければならない。

さて、ポーツマス講和条約によって東清鉄道南部支線の一部（旅順―長春間）が日本の手元に転がり込んでくることになった。だが日本の戦争目的は朝鮮半島を日本の勢力圏として確定することであって、満洲にあったロシアの権益を確保することは含まれていなかった。つまり鉄道の権益は、いってみれば「棚からぼた餅」に等しく、したがって当然、東清鉄道南部支線の戦後経営に関する確たる見通しはほとんどなかったも同然なのである。そのためもあってか、鉄道王として知られていたエドワード・ヘンリー・ハリマンが来日し、彼の提案による南部支線の日米共同経営というプランに桂太郎首相が応じて予備協定を結んでしまうという一幕もあった。ただしこの件は出国したハリマンと入れ違いに帰国した小村寿太郎外相が反対し、白紙に戻っている。

一九〇五年（明治三十八年）十月三十日、満洲の四平街で、日露両国政府による両軍の撤兵手続きと鉄道引き渡しに関する議定書の調印式がおこなわれた。これによって、東清鉄道南部支線のうち長春以南が日本に移管されることになった。ちなみに戦争終結までに日本軍が占領し、提理部が管理していたのは昌図までであり、それより北の寛城子分界点（満鉄と東清鉄道の境界）までの実際の引き渡しは〇六年におこなわれている。

さて、こうして日本への譲渡が決まった鉄道権益だが、これを実現させるには清国の同意も必要だった。そこで小村外相は北京へと向かい、一九〇五年（明治三十八年）十二月二十二日に「満洲に関する日清条約」を締結、ここにポーツマス講和条約によるロシア権益の日本への譲渡が確定したのである。

12　満鉄の成立

一九〇六年（明治三十九年）一月、参謀総長児玉源太郎を長とする満洲経営委員会が政府内部に発足し、鉄道経営や満洲をめぐる経済政策一般について討議された。そして六月七日、「南満洲鉄道株式会社設立に関する件」が勅令第百四十二号として公布された。勅令では、この会社は鉄道運輸業を営むものと規定され（第一条）、株式の保有は日清両国政府ならびに日清両国人に限るとしたものの（第二条）、総裁と副総裁は天皇の勅裁によって政府が任命する、いわゆる勅任官とされ（第九条）、また政府は業務監督のため南満洲鉄道監理官を置くこととされた（第十二条）。

つまり体裁は株式会社ながら、事実上の日本政府の一機関であったことになる。総裁と副総裁の人事について天皇の勅裁を必要とするという点が、そうした性格をよく表している。

七月十三日には設立委員が任命され、八月一日には外務・大蔵・逓信の各大臣連名による命令書が設立委員に交付される。命令書では、政府が南満洲鉄道に対して求める事業内容が細かく記された。その内容は鉄道事業だけでなく、撫順などでの石炭採掘や、付属地での土地家屋の経営、さらには水道、電気といった都市の社会資本整備や衛生事業など多岐にわたっていた。つまり南満洲鉄道は、純然たる鉄道会社ではなく、同時代のドイツのヤルート会社のような、植民地経営の機能を持つ会社だった。

図２　鴨緑江鉄橋。船を通すために可動橋として作られた。「鮮満国境」のシンボルでもあった（筆者所蔵）

一九〇七年（明治四十年）四月一日、南満洲鉄道は野戦鉄道提理部から引き継いだ鉄道の営業を正式に開始する。ちなみにこのとき、レールの幅は戦争中に改軌した三フィート六インチ軌間のままだった。だが、中国や朝鮮半島の鉄道が標準軌であることを考えると、それらと連絡し輸送の一貫性を保つには標準軌のほうがいい。そこで早速工事が開始され、同年完成の旅順線を皮切りとして〇八年五月三十日には満鉄全線が標準軌となった。

さて、野戦鉄道提理部によって管理・運行された東清鉄道南部支線のほか、満洲には陸軍の鉄道大隊によって一九〇四年（明治三十七年）に建設された安東―奉天間の軍用軽便鉄道が存在した。この線は〇六年から一般営業を開始していたが、線路の幅は二フィート六インチ（七百六十二ミリ）であり、そのため車両はまったく直通できず、朝鮮半島と大陸の一貫輸送という点から見て問題になっていた。また線路の状態も悪く、しばしば脱線などの事故を起こしていたといわれる。

だが安奉線の改築については、清国側が反発した。言うまでもなくそこは清国の領土であり、軍用軽便鉄道までは許したとしても、恒久的な鉄道としてその営業を外国に委ねる必要も理由も清国にはない。一九〇九年（明治四十二年）の年初から開始された日清間の交渉でも清国は強硬姿勢を崩さなかったため、日本側は、同年八月には工事開始を強行する。清国は巡邏隊を派遣して工事の中止を求めたが、それに応じることもなく日本側は工事を続行し、一一年十一月一日には安奉線改築ならびに鴨緑江架橋が完成し、朝鮮半島と満洲の一貫輸送へとつながったのである。

このように改軌や架橋といった工事は急ピッチで進められて完成に漕ぎつけたものの、しかし一方で、日本の鉄道技術は独り立ちと呼ぶにはまだ遠い状態にあった。国産レールの製造こそ一九〇一年（明治三十四年）から八幡製鉄所でベッセマー転炉および塩基性平炉による方法で開始されていたものの、鉄道車両、とりわけ機関車については輸入機が全盛を誇った時代である。お雇い外国人の一人であるリチャード・フランシス・トレビシックによって設計された国産最初のタンク機関車（後の型式八六〇型、ただし使われた部品は保守用として輸入されていたものの流用も多かった）が官設鉄道神戸工場で誕生したのは一八九三年（明治二十六年）のことだった。以来、少しずつ国産機が作られてはきたものの、一九〇四年にトレビシックが帰国すると、官設鉄道での国産機の製造は途絶えてしまった。その後、国有鉄道の国産制式機関車としては一一年に製造が開始される六七〇〇型、さらに本格的な量産機関車としては一三年（大正二年）から製造が開始される九六〇〇型、ならびにその翌年から製造が始まる八六二〇型まで待たなければならない。

こういう状態だったから、南満洲鉄道の標準軌用の機関車は外国（アメリカ）から輸入された。一方、改軌前に使われていた機関車は内地に還送され、官鉄をはじめ日本各地で使用されることになる。そのうち安奉線で使用された機関車のなかには、宮沢賢治の作品によって知られる岩手軽便鉄道（後に買収によって国有化、改軌を経て現在の釜石線となった。銀河鉄道のモデルはこれである）で使用されたものもある。

13　欧亜連絡と鉄道

これまで筆者は時折、朝鮮と満洲の輸送の一貫性について書いてきた。そこから、第二次世界大戦前に実施されていたシベリア鉄道経由の欧亜連絡を思い起こす方もいることだろうと思うので、ここに項を立てて記しておきたい。

一九〇三年（明治三十六年）七月一日、シベリア鉄道が全面開通した。ただしそれは、いまのわれわれが知っているシベリア鉄道とは少し異なる。極東では、先ほども述べたように、アムール川に沿うようにして計画されたハバロフスク経由のルートではなく、ハルビン、チチハル、ハイラルと、満洲を突っ切る東清鉄道経由のルートを通っていた。またバイカル湖の南を行くバイカル迂回線はまだ竣工せず、西岸のバイカル駅と東岸のミソワヤ駅の間は、鉄道連絡船が運航されていた。ただし、この連絡線は厳冬期には運休となる。なぜならば、ミソワヤ駅付近は水深が浅いため、冬季は湖底まで凍結してしまい、船の接岸が不可能になってしまうからである。だがそれでもヨーロッパとアジアが蒸気動力の陸上交通機関によって連絡されたことにまちがいはなく、営業が正式に開始される前の東清鉄道の区間については許可を得て便乗という形で利用する客が現れていた。たとえば長岡外史少将は、ヨーロッパ出張からの帰路にシベリア鉄道を選び、〇二年（明治三十五年）にモスクワから東清鉄道経由で旅順まで利用している。

この頃、モスクワから設備が整った急行列車が運転されていたのはイルクーツクまでであった。その先は万事不便で、とりわけ満洲里から先の東清鉄道は正式には未開業ということもあって車両の設備は行き届かず、また関係者による便宜を図ってもらえるような環境でなければ、飲食にも事欠いてしまうようなありさまだった。

それでも極東とヨーロッパをつなぐルートといえば、暑熱のインド洋を回る航路で一カ月半から二カ月、太平洋を横断し北アメリカ大陸を経由しても一カ月ほどかかるという当時にあって、シベリアを経由すれば二十日ほどに短縮されるのだから、シベリア鉄道の開通は交通や通信に携わる人たちにとって朗報であることにはちがいなかった。郵便の逓送（郵便物の輸送を「逓送」という）ルートとしての利用は東清鉄道の営業が正式に開始された後の一九〇三年（明治三十六年）十月から始まった。このとき、芝罘《しふう》にあった日本領事館から、「露国アレキザンドラヴオ」を一日に発った第一回の郵便行嚢が旅順経由で当地に届いたという報告書が外務省に送られている。それによればヨーロッパから芝罘に届いた行嚢の数は五十八個で、うちドイツに関わるもの三十六個、フランス十二個、ロシア十個という内訳だった。日本の郵政当局もシベリア鉄道を経由した逓送を利用し、ウラジオストクからの船を介してヨーロッパとの郵便交換がおこなわれるようになった。シベリア鉄道や東清鉄道といえば、後の日露戦争に引きずられてか軍事利用という印象が強いが、むしろ開通当初は、こうした国際的な通商や通信と交通に役立つものとしての期待があったのである。

しかし、東清鉄道を含めたシベリア鉄道の平和的なイメージは、間もなくかき消されることになる。

一九〇四年（明治三十七年）に入り日露戦争が始まると、ロシアは凍結したバイカル湖の湖面に鉄道を敷設し始めた。言うまでもなく、極東の戦場に向けた軍事輸送を迅速におこなうためである。あわせて、竣工に至っていなかったバイカル迂回線の工事にも拍車がかけられ、同年九月には開通を見た。

戦争で荒廃したシベリア鉄道が再び公衆用に供されるのは、一九〇六年（明治三十九年）になってからのことである。また、シベリア鉄道を国際連絡のルートとして利用することは、ロシアを含めたヨーロッパ各国の願望でもあった。そこで開かれたのがシベリア鉄道の利用に関する国際連絡運輸会議で、〇七年に各国の関係者がベルギーの首都ブリュッセルに集まった。こうして一〇年から、シベリア鉄道による欧亜連絡運輸が開始され、ヨーロッパ各国からウラジオストクまでの乗車券の購入が一回ですむようになった。さらには万国寝台車及欧羅巴大急行列車会社（ワゴン・リ）による豪華列車の運行もおこなわれた。

シベリア鉄道を国際連絡に利用しようという機運に日本が示した最初の具体的な反応は、一九〇八年（明治四十一年）の満鉄総裁後藤新平の訪露と見ていいだろう。この年の十一月にはサンクトペテルブルグで日露連絡運輸会議が開かれ、日本からは満鉄と大阪商船の代表が参加し、連絡運輸について協議している。一〇年にブリュッセルで開かれた国際連絡運輸会議から日本の国有鉄道、満鉄、大阪商船の参加が認められるようになり、さらに一一年にロンドンで開かれた会議でカナダとシベリアを経由して日本とロンドンを結ぶ世界一周の乗車券と、ヨーロッパと日本を結ぶ乗車券を設定することが決定した。なお同年三月には日露間の鉄道連絡運輸が開始され、利用者は敦賀から大阪商船もしくはロシアの義勇艦隊（一見すると海軍と見紛う名前だが、平時は海運業者として活動し、戦時には海軍を補佐する組織である。日本にも帝国海事協会によって建造された義勇艦があった）でウラジオストクへと向かい、シベリア鉄道によってヨーロッパに向かうことが容易になった。当然ながら、船と鉄道の接続ダイヤも考慮されていた。

こうした動きは当然ながら日本国内の国有鉄道にも波及し、一九一一年（明治四十四年）七月には新橋や大阪、神戸の各駅に税関が設置され、一二年六月十五日からは新橋―下関間に特別急行列車（下りが一列車、上りは二列車。後に「富士」の名を冠することになる列車である）が、関釜連絡船ならびに朝鮮総督府鉄道と満鉄を介してヨーロッパや中国大陸とを結ぶ一種の国際列車として運転を開始した。ちなみに日本の国鉄では、急行列車ならびに特別急行列車を利用する際には運賃のほかに急行券もしくは特別急行券の購入が必要だが、このとき、日満間の一等旅客と日満露間の一、二等旅客は特別急行も含めた急行料金の支払いは不要と定められていた。

なおこの年五月には、一九一一年（明治四十四年）のロンドン会議で決定された「世界一周連絡乗車券」が制定されている。こうした鉄道を中心とする国際連絡運輸は、第一次世界大戦とロシア革命による途絶を挟んで、第二次世界大戦勃発まで続いた。

14　満鉄と大連港

日本が満洲で手にした権益は、大豆である。そう言い切るのは奇をてらいすぎだと自ら思わなくもないが、満鉄を支えたのも、大連港に繁栄をもたらしたのも、世界商品である満洲産の大豆だった。

先に述べたように、満鉄は、鉄道会社であると同時に満洲での植民地経営の事業主体という性格を併せ持っていた。しかもそれは計画性がある大規模なもので、たとえば長春や奉天では付属地に大規模な都市が建設され、あたかも港市植民地が内陸部に生じたかのようであった。ちなみに一九〇九年（明治四十二年）から三六年（昭和十一年）におこなわれた付属地での行政権の満洲国への譲渡（いわゆる治外法権撤廃）までに満鉄が支払った事業費は合わせて約八億三千万円。そのうち、およそ一億九千万円が都市建設や社会資本整備に費やされたが、これは総事業費の約二割にあたる。

こうした満鉄の都市経営は赤字だったが、それにもかかわらず満鉄は、都市経営に関わる手数料や課金は安価に抑え、鉄道や港湾、鉱業などで生み出された黒字分を長期にわたって投資し続けたのである。言い換えれば、満鉄は満洲産大豆の集荷に努め、河川交通など既存の交通機関からシェアを奪い、競争相手となりかねない中国の鉄道建設を外交手段を通じてあらかじめ封じ込めておき、集めた大豆を満鉄直営の大連港から移出・輸出するという形で事業収入を得ていた。その黒字分の一部が、満鉄付属地の都市経営と社会資本整備に回されるという構図であった。

さて、いま名前が出た大連港とは、満鉄が長年にわたって整備をおこなってきた港湾である。満洲は海岸線の延長に比べて港湾の数が少ない地域であり、大連、安東（鴨緑江の河口から約五十キロ上流）、営口（遼河の河口付近）が南満三港として知られていたが、実際のところ大連を除く二港は、改良工事こそおこなわれたものの、取り扱う規模の点で大連に大きく劣っていた。

大連港は、大正期には汽船の同時係船で四十隻二十万トン、年間呑吐（貨物の取り扱い量）能力六百万トンを誇り、規模の面で東洋一を謳っていた。しかし、それでも増大する貨物量に対応できず、大正中期には近傍の甘井子に石炭専用の埠頭を建設しなければならないほどだった。貨物の輸出入量を見ると、一九一一年（明治四十四年）で輸出九十九万トン、輸入四十二万トンだったものが、その翌年には輸出量が百万トンに達し、一七年（大正六年）には輸出量が二百十六万トン、輸入量八十三万トンと、わずか六年で輸出・輸入ともに二倍に膨れ上がっている。大連港の貨物の取り扱い量はトン数と金額の両面で成長の一途をたどるが、満洲全体の貨物取り扱い量を港別に見ると、ウラジオストクなどロシア・ソ連の貿易港さえも差し置いて大連港が六割を占めるという状況だったから、満鉄の集荷能力とその独占的地位、ならびに満洲経済に占める大連港の重要性のほどがうかがえる。ちなみに満鉄の運賃収入は、昭和戦前期、それも満洲事変前はおおむね八割が貨物収入であり、その三分の一ほどを大豆が占めていた。秋から冬にかけて収穫された大豆が出荷される時期になると、大連に向かう貨物列車は大豆を満載し、大連港で船積みされてからヨーロッパに輸出されていったのである。

この大連港の盛業によって経営的な影響を受けていたのが、朝鮮総督府鉄道である。朝鮮総督府鉄道は、貨物収入が旅客収入を上回っていた満鉄、あるいは台湾総督府鉄道と異なり貨物優位の構造にはなっておらず、旅客収入と貨物収入が拮抗する状態にあった。その理由として、朝鮮半島では長く産業開発が進まなかったこと、またそのために輸出余力に乏しかったこと、長距離の鉄道輸送を必要とする特産品が少なかったことなどが挙げられるが、それに加えて鉄道輸送と海上交通の結束点としての大連港を満鉄が重視していた点も見逃せない。規模の輸送という点では、大連に集荷し海上輸送で日本に送るほうがコストの面で有利であり、それに加えて満鉄は、大連港発着の貨物に特定運賃制度を設けるといった営業努力をおこなっていたので、朝鮮総督府鉄道は厳しい環境に置かれることになった。

一九一三年（大正二年）、朝鮮市場を掌握した日本の綿業資本と朝鮮総督府鉄道は、鉄道院にはたらきかけて、綿織布の輸送にあたって日本・朝鮮・満洲の連絡運賃について、これまでよりも低率となる割引運賃を実現させた。それに対し、大連の日本人商業界から、朝鮮総督府鉄道の運賃割引による大連の荷扱い量の減少は経営上の打撃につながるとして猛反発が起きる。いわゆる、三線連絡運賃問題である。

15　三線連絡運賃問題

一九一四年（大正三年）五月一日、朝鮮総督府鉄道は、特定商品の斤《きん》扱いに限って、大阪・神戸方面から朝鮮総督府鉄道を経由して満洲着となる貨物に低率運賃を導入した。たとえばビール百斤（六十キログラム）につき、朝鮮総督府鉄道線内の運賃は三十一銭、安東―奉天間は三十二銭、安東―長春間は五十九銭という具合である。綿布製品は同じく四十二銭、三十二銭、五十九銭であり、したがって関税と内地運賃などを除けば、釜山から奉天までビール百斤を送った場合は六十三銭、綿布製品は同じく七十四銭となった。

それに対抗して満鉄は、七月一日から内地発で大阪商船と日本郵船による大連港経由の貨物に、朝鮮総督府鉄道と同様に特定商品に限って低率運賃を導入した。こちらは小口扱いのビール百斤につき大連―奉天間三十二銭、大連―長春間五十九銭、綿布製品は同じく大連―奉天間三十二銭、大連―長春間五十九銭という具合である。

内地発満洲着の貨物に対するこうした運賃低減競争は、さらなる疑念と反発を呼んだ。というのも運賃の低減はあくまで日本の内地発の貨物に限られていたから、外国人貿易商の間から、門戸開放、機会均等に反するという反発を受け、以降運賃低減の撤廃を求める声が上がり、アメリカやイギリスから外交ルートを通じた抗議まで起こされてしまうのである。

その結果、同年十月一日から満鉄は内地発貨物だけでなく外国発大連港経由の貨物にも低減運賃の適用を実施することになったが、それでも、輸送ルートの違いや、大連を発地とするか経由地とするかによって運賃に差が出ること、さらには内地発朝鮮総督府鉄道経由の低減運賃（大連経由に対して三割安）が解消されたわけではないことなどから、運賃での機会均等という根本的な問題の解決にはほど遠いものだった。

また朝鮮総督府鉄道にしても、割引運賃を設定してはみたものの、それによってこれまで以上の集荷に成功したというわけではない。大連港の呑吐量に大きな変化が見られたわけでもないし、まして大連の実業界が商業上の打撃を受けた痕跡も見られない。その一方で、外国人貿易商にとっては不公平な運賃制度が続いているのだから、外交上、正当な申し開きができるようなものでもなかった。

そして、アメリカやイギリスからの抗議に外務省として満足な回答もできないまま迎えたのが、一九二一年（大正十年）十一月から翌年二月にかけておこなわれたワシントン会議である。外交当局者にとって頭が痛いことに、連絡運賃の低減問題は、いま述べてきた満鉄と朝鮮総督府鉄道だけでなく、第一次世界大戦で占領した中国の青島《チンタオ》でも発生していた。青島を占領し軍政を敷いていた青島守備軍民政部鉄道部が、大阪商船や日本郵船、原田汽船から鉄道に連絡輸送される貨物の鉄道運賃を低率に設定していたのである。

軍縮という議題に隠れてこれまであまり知られることがなかったが、日本の全権大使と外務省は、この三線連絡運賃問題がワシントン会議の議題にのぼることを予期し、鉄道当局や逓信省との協議も重ねた結果、これまでの低減運賃の設定を取りやめ、運賃の扱いに差を設けないとする閣議決定が同年十二月二日になされた。それによってようやく、満鉄・大連港と朝鮮総督府鉄道の集荷争いから始まった三線連絡運賃問題は終結に至ったのである。

16　中東鉄道の満洲国への譲渡

満鉄は、大連―長春間を中心とする鉄道経営で莫大な利益を上げてきた。満洲産大豆は、その世界商品としての性格ゆえに、大連港に通じる満鉄の線路で運ばれていたのである。そして満鉄は、機会を捉えては培養線を建設していった。その一つ、長春から吉林へと延びる吉長鉄道は満鉄の借款によって一九一二年（明治四十五年）に開通。日本はこの鉄道に対する管理経営委任を獲得した。そのほかにも、一三年（大正二年）の交換公文で借款権を獲得した五鉄道のうち、四洮鉄道は三つに区分される形でまず四平街―鄭家屯間の四鄭線が一八年に開業、続いて鄭家屯―通遼間（鄭通線）が二一年に開業、そして残る鄭家屯―洮南間も二三年に開通を見た。そして日本は二七年（昭和二年）に、張作霖に対してさらに五つの鉄道の借款権を要求し、認めさせたのである。

しかし中国側も、黙ってはいない。奉天軍閥は、打虎山から通遼に至る打通線を一九二七年（昭和二年）に、また海龍と吉林を結ぶ海吉線を二九年にそれぞれ開通させた。前者は満鉄の西を、そして後者は東を通る線路で、いわば満鉄は、地図のうえでは東西から挟み撃ちにあったような形となった。折からの世界恐慌のあおりで収益が大きく悪化（貨車収入が一九二九年度に一億円を超えていたのが、三〇年度は約七千八百万円にまで落ち込んだ）した満鉄にとって、これら併行線の登場は経営上の大きな脅威に見えた。

一九二八年（昭和三年）四月、国民政府は奉天軍閥に対する北伐（第二次北伐）を開始した。北京にいた張作霖は北京を退去し列車で奉天へと向かったが、六月四日、目的地を前にした皇姑屯《こうことん》付近で、日本軍の手によって爆殺された。

張作霖を日本軍によって爆殺された奉天軍閥は、その子である張学良が引き継ぐことになる。そして十二月二十九日、張学良は易幟《えきし》をおこなった。すなわち五色旗を降ろして晴天白日旗を掲げたのである。

こうして国民政府の側についた張学良は、同時に中東鉄道、すなわちかつての東清鉄道の回収をもくろんだ。東清鉄道とそれに関する権益は、ロシア革命によって成立したソビエト連邦に継承された。奉天軍閥の張作霖との間に結ばれた協定によって東清鉄道は中ソの共同経営となったが、経営形態などをめぐっては張作霖とソ連との間に対立が起きるなど、円滑な関係の下で共同経営がなされていたとはいえなかった。

張学良は、易幟の際に中東鉄道でも社旗を降ろして晴天白日旗を掲げ、武力接収へと乗り出した。国民政府も中東鉄道の回収を開始してソ連人職員の追放を決定し、事態はほどなくして中ソ間の対立へと進展した。

北伐完了直後の中国がソ連に対して強硬な姿勢に出た背景には、当時の外交政策とも関係がある。一九二七年（昭和二年）の中米関税条約締結以降、中国は領事裁判権撤廃と関税自主権の確立に向けて動きだしていたのである。

しかし、新しく関税条約を結んでも、海関総税務司をはじめ主要海関の責任者は外国人によって占められていたままで、関税自主権を真の意味で保つのは難しかった。また領事裁判権の撤廃は、ある程度までの譲歩を含んでおり事実上挫折した。

そして中東鉄道の回収も、ソ連軍の満洲侵攻により頓挫し、基本的に原状回復が図られてしまうのである。

しかしソ連にとって、中東鉄道は必ずしもうまみのある権益ではなくなっていた。一九三二年（昭和七年）の満洲国建国以後、中東鉄道はソ連と満洲国の合弁事業となった。だが、奉天軍閥などの中国側が建設した鉄道が満洲国のものとなり、加えて北満と沿海州に接する東満にも満洲国線（名目上は満鉄に経営委託される満洲国の国鉄線で、実質的運営は満鉄がおこなった）が次々と建設されると、中東鉄道の経営が困難になってきたのである。

一九三三年（昭和八年）六月、中東鉄道（この頃には、日本側は北満鉄路と呼んでいた）をソ連から満洲国に譲渡する交渉が開始された。はじめは譲渡価格がまったく折り合わず交渉は難航したが、三五年三月二十三日に協定が成立し、中東鉄道の満洲国への譲渡がおこなわれた。

譲り受けた当初こそ、ソ連人職員の指導の下でロシア式の五フィートゲージの上を、ロシア式の車両でロシア式に運転したが、それも十日ほどで終わり、あとは満鉄社員が運行にあたった。

譲渡された千七百キロあまりの五フィートゲージを四フィート八インチ半に改軌する工事が始められたのは一九三五年（昭和十年）八月二十二日である。最初に改軌された区間は新京―ハルビン間で、一週間あまりを準備に費やし、三十日夜半から三十一日の朝にかけての作業で改軌を実施。試運転終了後すぐさま平常運転に入った。

このようにして、満洲に存在した鉄道権益は、すべて日本の手に帰したのである。

第2章　民間航空路の整備

1　臨時軍用気球研究会

まず、飛行機が日本の空を飛ぶ少し前から話を始めよう。

一九〇九年（明治四十二年）七月二十七日、陸・海軍大臣から出されていた一つの請議が閣議を通った。同月十九日付で出されていた、臨時軍用気球研究会の官制制定を求めた請議である。そして三十日には、勅令第二百七号「臨時軍用気球研究会官制」として公布・施行されている。

この臨時軍用気球研究会は、官制では「陸軍大臣及海軍大臣ノ監督ニ属シ」とされていた。そして請議もまた陸・海軍大臣の連署という形をとったが、しかしイニシアチブを握ったのは陸軍である。だから、研究会の監督こそ陸・海両大臣に属するとされたものの、会長は「本職アル陸軍将官」と定められた。また人事についても、委員の任免は陸軍を通じておこなわれた。だから、国立公文書館に残されている当時の「任免裁可書」を見ると、たとえ海軍側の委員であってもその任免の上奏は、陸軍大臣の名によって、かつ陸軍の用箋を使っておこなわれている。

表4に、研究会発足当時のメンバーを掲げた。さらに十二月になると、加えて東京帝国大学助教授で工学博士

の横田成年《せいねん》、そして海軍造船少監である牛奥訥三が委員に任命された。しかしそこには、後に初の動力飛行をおこなったとされる徳川好敏《よしとし》大尉の名が見えない。徳川大尉の委員任命は一九一〇年（明治四十三年）になってからで、「任免裁可書」によれば三月二十五日に上奏されている。

さて研究会の目的だが、官制の第一条には「気球及飛行機ニ関スル諸般ノ研究ヲ行フ」とあり、第二条には委員の資格として「気球及飛行機ニ関スル学術ニ堪能ナル者」が挙げられている。また閣議請議の理由書でも「軍用軽気球ハ目下欧米諸国ニ於テ大ニ研究シツツアル所ニシテ特ニ遊動気球及飛行機ニ在リテハ陸海軍共ニ其ノ作戦ニ関係スル所頗ル大ナリ」と、軍用面から気球（ここでいう気球には飛行船を含む）と飛行機の双方を研究対象として扱おうとしていたことがうかがえる。

表4　発足当時の臨時軍用気球研究会委員

会長	陸軍中将	長岡外史	
	東京帝国大学教授	田中舘愛橘	理学博士
	東京帝国大学教授	井口在屋	工学博士
	中央気象台技師	中村精男	理学博士
	海軍大佐	山屋他人	
	陸軍工兵大佐	井上仁郎	
	陸軍工兵少佐	有川鷹一	
	陸軍工兵少佐	徳永熊雄	
	陸軍砲兵大尉	笹本菊太郎	
	陸軍歩兵大尉	日野熊蔵	
	陸軍工兵大尉	郡山真太郎	
	海軍大尉	相原四郎	
	海軍機関大尉	小濱方彦	
	海軍造兵中技士	奈良原三次	

※1909年8月28日上奏。

気球そのものは、一八七六年（明治九年）四月に、海軍機関士補の馬場新八が海軍兵学寮（兵学校となるのは同年八月になってから）の運動会で直径六十センチほどの紙製係留気球を上げたのを皮切りに、七七年五月二十一日には陸軍からの依頼で海軍が作成した有人の係留気球を築地海軍省前の操練場で昇騰させ、さらに日露戦争で、工兵少佐河野長敏を長とする臨時気球隊が旅順で一九〇四年八月三日から十月三日までに計十四回の昇騰を実施し、偵察にあたったという実績があった。

その一方で飛行機も、ライト兄弟による成功以来、急速にその必要性が認識されてきたことと思われる。というのも、それまで独自に飛行機の研究を手がけていた日野熊蔵、奈良原三次の二人を委員に迎えているからである。

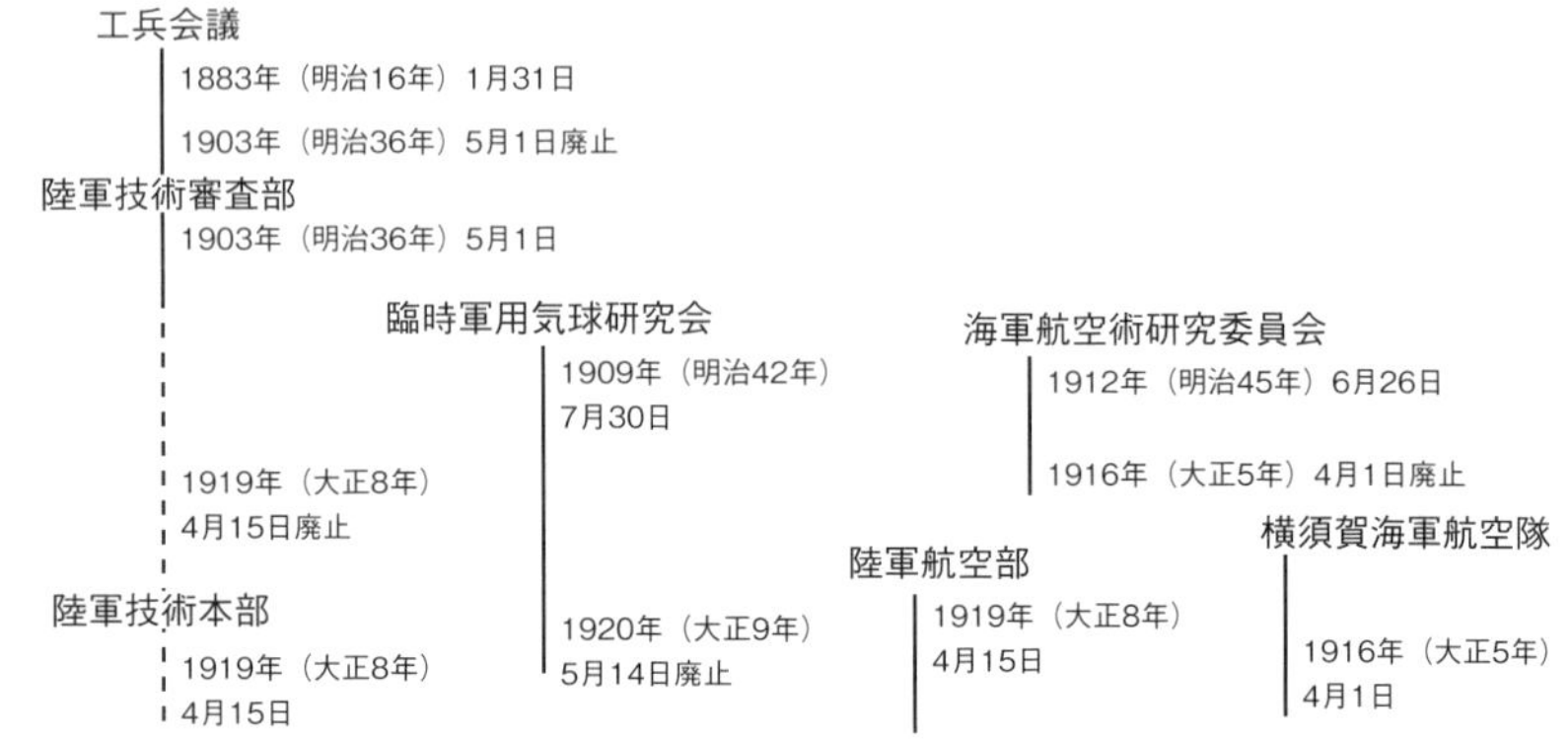

※実線は規程上、航空研究を担任していたことを示す。

図3　航空揺籃期の研究機関の変遷

そもそもこの研究会は、田中舘愛橘《たなかだてあいきつ》の運動によって発足したといわれるが、田中舘が考えていたのは飛行機研究であった。このあたりは、研究会の目的が飛行機研究なのに「気球」の名を冠すのはおかしいという意見に対して、長岡外史が「名より実質本位でいこう」となだめたというエピソードとあわせて興味深い。

　この頃の飛行機は、まだ海のものとも山のものともつかない代物である。それに対して気球は、軍にしてみれば、まがりなりにも実戦で使用した経験がある。実用を視野に入れれば、気球を除いて飛行機だけを研究するというのは冒険だっただろう。また、経験がある気球のさらなる研究をおこないたいという意見もあったのではないか。さらに下世話なことを言えば、まさか実戦経験のある気球を袖にするわけにもいかなかったのかもしれない。これまで陸軍の気球研究に関わってきた有川鷹一と徳永熊雄も委員として加わっているあたり、どうもそんな気がするのである。

　研究会が発足した年の十二月九日、田中舘愛橘指導の下に、上野不忍池上空をグライダーが飛んだ。操縦者はフランス海軍中尉ル・プリウール。その後、委員の一人だった海軍大尉相原四郎も飛行を試みるが、途中で池に失速墜落する。相原大尉は泥まみれになったが、幸いにもけがを負わずにすんだ。

　研究会発足の翌年の一九一〇年（明治四十三年）二月十九日、相原大尉は研究のためにドイツへと赴いた。続いて三月三十日、今度は日野熊蔵と徳川好敏のヨーロッパ出張が決定される。後の航空史を知っているものにしてみれば、理由は言うまでもないが、ここではあえて「任免裁可書」からその理由を書き写しておこう。すなわち「臨時軍用気球研究会委員日野熊蔵外一名欧洲へ被差遣ノ件」によれば、「飛行機購入並ビ気球及飛行機研究ノ為」となっている。気球という字が入ってはいるものの、その主眼が飛行機にあったことは疑うべくもない。そして彼らの後を追うように、五月になると今度は田中舘愛橘が、海外の航空事情を視察するべく四カ月の予定でヨーロッパに派遣された。そして一〇年十二月十九日に、代々木練兵場で帰国した徳川大尉と日野大尉による日本で最初となる公式飛行がおこなわれた。さらに現在では、同月十四日から十六日の試験で、日野大尉が数度の飛行をおこなっていたという事実も知られてきている。

臨時軍用気球研究会は、基礎研究もさることながら、実用化のほうに重きを置いていたふしがある。たとえばモーリス・ファルマン機のコピーや改造、あるいは飛行船の設計・製造に意を尽くしており、また各兵科から選りすぐった将校に操縦、偵察を習得させている。航空機材の保管も、本来なら兵器本廠の仕事であるべきところを研究会自身でおこなっており、したがって第一次世界大戦の青島戦やシベリア出兵に伴う航空部隊の派遣に際しても、臨時軍用気球研究会から器材を供するという形をとっている。

一九一九年（大正八年）四月十五日、陸軍航空部が発足し、航空についての調査研究から教育までを担うことになった。一方の海軍は、一二年（明治四十五年）に海軍航空術研究委員会を設けて独自の活動を始めていた。

陸軍航空部の設置から一年あまりを経た一九二〇年（大正九年）五月十四日、内閣の請議を経たうえで臨時軍用気球研究会の官制は廃止された。その理由として、陸軍航空部の設置による臨時軍用気球研究会業務の整理と海軍航空諸機関の施設改善が挙げられている。この頃から日本の航空界は、陸軍、海軍、民間のそれぞれが、互いに強く影響し合いながらも独自の道を歩むのである。

2　アメリカ人、芝浦—横浜間で郵便物を運ぶ

日本最初の郵便飛行がおこなわれたのは、一九一二年（明治四十五年）六月一日のことである。先述した日本初の公開飛行、すなわち徳川大尉による代々木練兵場上空の滞空四分、飛行距離およそ三キロという周回飛行からわずか一年半後のことで、さらに付け加えれば、インドでおこなわれた世界最初の郵便飛行からまだ一年四カ月しかたっていないといえば驚く人もいるかもしれない。しかしこのときに飛んだのは日本人ではなく、ウィリアム・B・アットウォーターという名のアメリカ人だった。

カーチス飛行学校を卒業して間もない彼が日本に持ち込んだ飛行機はカーチス水上機で、同年四月二十八日に太平洋上でパシフィック・メイル（Pacific Mail Steamship Co.）の貨客船モンゴリア号からその飛行機を下ろし、空から日本に入る計画であった。しかし東京湾口は要塞地帯であることから、その計画は取りやめになったといわれる。また東京湾に入ってからも、船から飛行機を降ろす際に船腹にぶつけて大破させるなど、その滑り出しは順調とはいいがたいものがある。

壊れた飛行機を修理して、アットウォーターは五月五日に試験飛行をおこない、翌六日には横浜沖で三十分にわたる飛行を実施した。

ちなみに日本海軍の公式初飛行は同じ年の十一月二日である。海軍大尉河野三吉が操縦するカーチス水上機によって飛行がおこなわれたが、それより半年も早いことから、アットウォーターによる飛行が日本で最初の水上飛行機による飛行ということになる。

続いて五月十一日から十二日にかけておこなわれた公開飛行も無事にすませ、いよいよ本邦初の郵便飛行が実施されるのだが、これはショーとして一般観衆からお金を取って飛行を見せるものだった。ハガキ料金が一銭五

匣の時代に入場料が甲種一円、乙種五十銭というのだから、現代に照らしてみても、ただ飛行機が飛び立つのを見るだけにしてはむやみに高い。

当初の予定では五月二十五、二十六日の両日に、東京・芝浦の埋め立て地から横浜にあるパシフィック・メイルの貯炭場までの間を往復するというものだった。ところが当日、出発点の芝浦に向かうべく横浜を出発したものの、羽田沖まで来たときにエンジン不調で不時着水してしまう。このときはたまたま通りがかった船に引っ張ってもらいなんとか芝浦まで到達したが、今度は陸上に引き揚げる際に転覆し、水没してしまった。そのため飛行は、六月一、二日の両日に延期になってしまった。

さて、その六月一日のことである。一般観衆だけでなく東京市長尾崎行雄や田中舘愛橘博士なども観覧するなか、芝浦を午後四時半頃に出発、およそ一時間後には横浜に無事到着した。運ばれた郵便物は到着後、直ちに自動車で横浜郵便局に運び込まれた。これらは二枚一組十五銭で売り出されていた記念絵ハガキで、会場に特設された取り扱い所に差し出されたものである。

帰路は午後六時頃に横浜を出発。水上滑走のまま芝浦に到着している。飛べなかった理由はエンジン不調とも、あるいはフロート内の浸水ともいわれている。もしそれが事実であれば、ずいぶんと壊したものである。もっとも当時の飛行機はよく壊れ、墜落も多かったから、しかたのないこととはいえるかもしれない。なお翌日は、折からの強風で様子を見ているうちに干潮となり、この日の飛行は中止になっている。

ちなみに六月一日に芝浦—横浜間で運ばれた郵便物の量は往路が約千通、復路が八百通とのことだから（日本航空協会編『日本航空史　明治・大正篇』日本航空協会、一九五六年）、後におこなわれた郵便飛行に比べても、とかく故障が多いデモフライトでありながら、郵便飛行という一点についていえば立派な成績である。

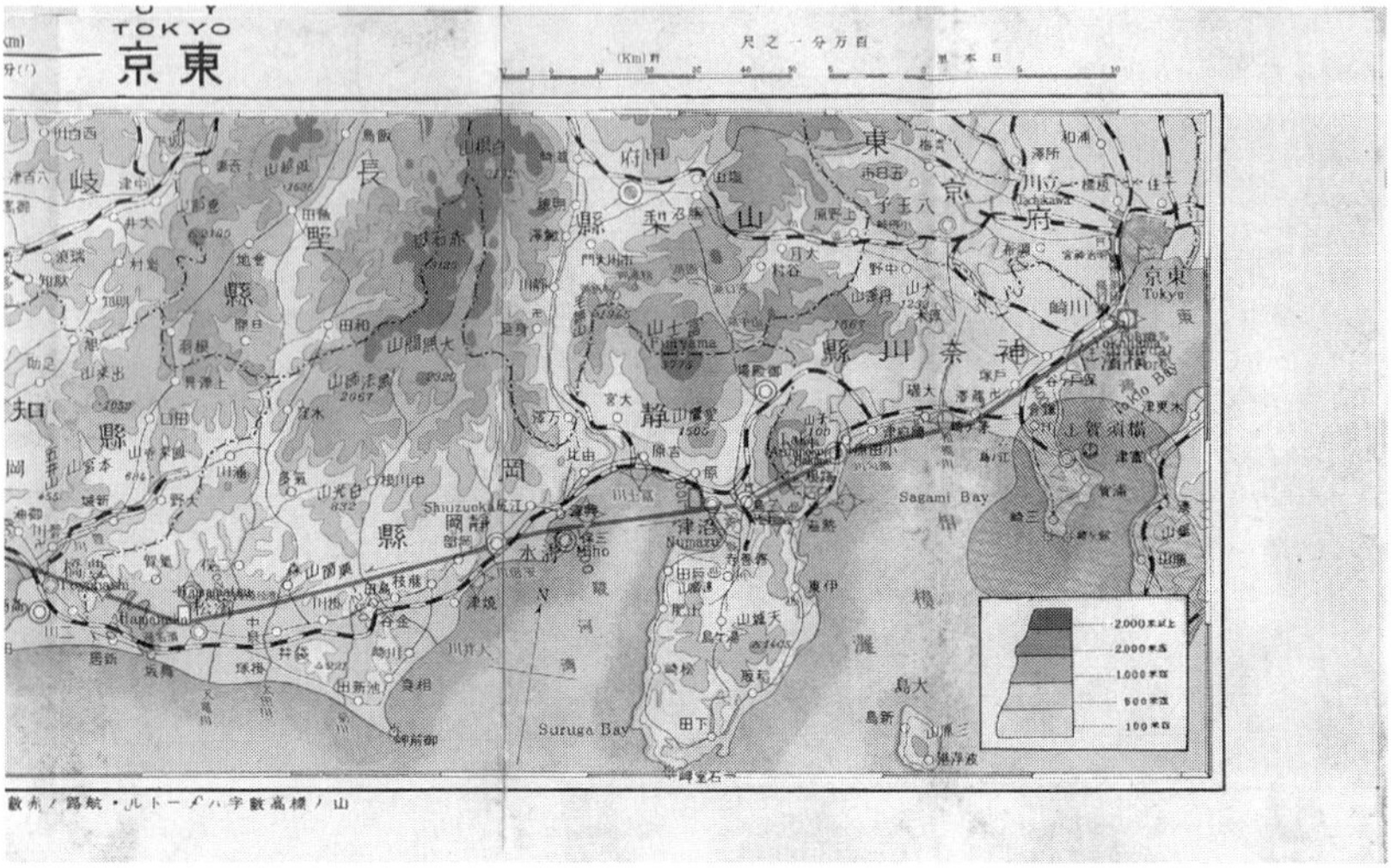

3　陸軍機、手紙を積んで東京―大阪間を飛ぶ

日本人自身の手による最初の郵便飛行は、一九一五年（大正四年）二月二十三日から始められた。始められたというのは、飛行がその一日で完了したわけではなく、それから幾日もかけて目的地への飛行を続けたからである。

そもそも、日本で最初の目的地間往復野外飛行に成功したのが一九一一年（明治四十四年）六月九日のことで、所沢と川越の間を飛んでいる。これは代々木練兵場での日本初飛行から約半年後のことである。そして第一期操縦将校の卒業飛行として所沢―国府台間の往復飛行を実施したのが一三年（大正二年）の春だった。この飛行は新聞で「総武横断大飛行」と持ち上げられているのだが、大げさの感は否めない。悪く言えば、この程度で一四年九月から十月におこなわれた青島攻略戦に参加したのだから、日露戦争の際に係留気球で旅順のロシア軍を空から偵察したのと大して違わない使い方とはいえ、よくも実戦投入を決意したものである。

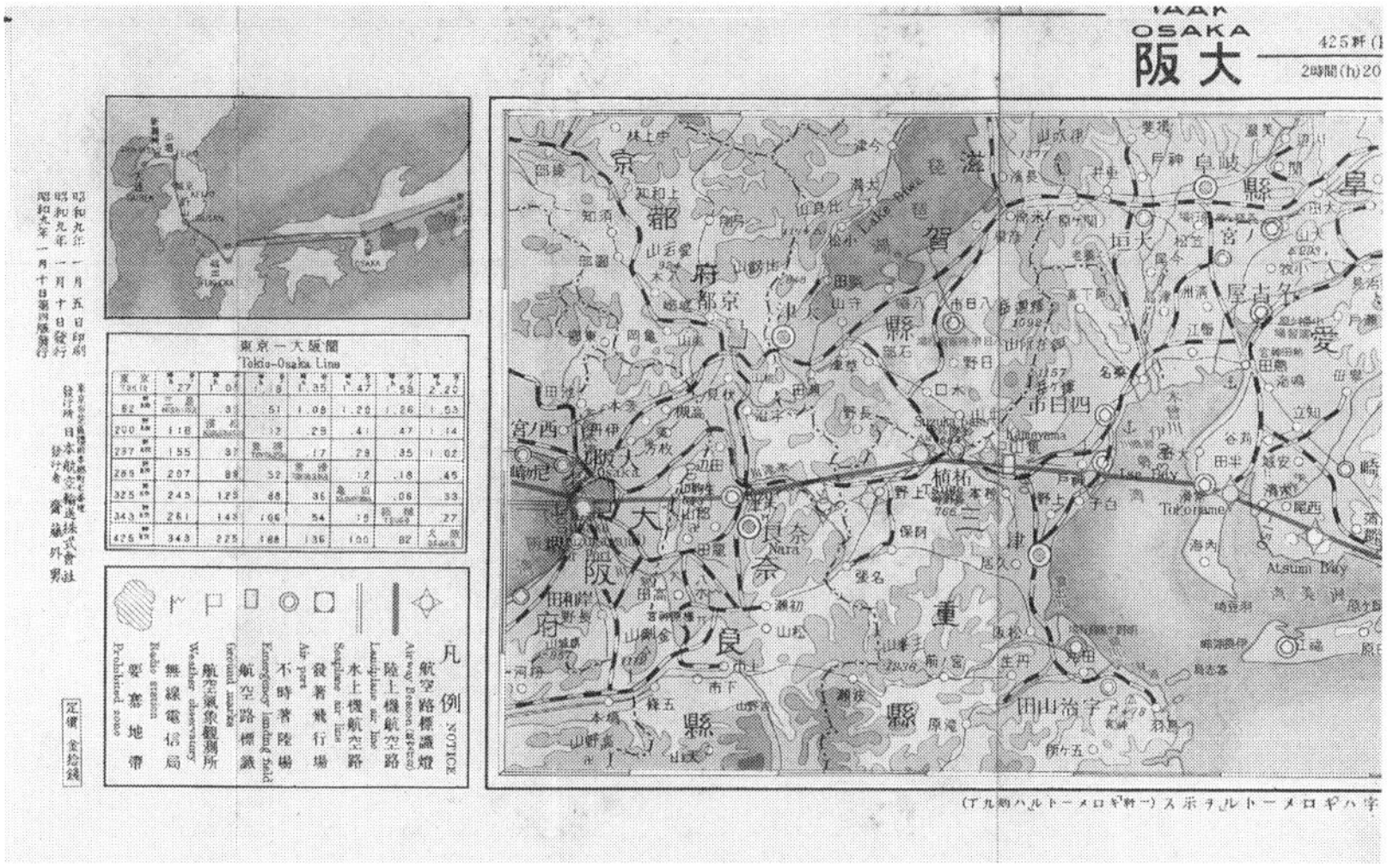

図４　日本航空輸送が作成した東京―大阪間の定期航空路地図（1934年）。事故に備えて不時着場が各所に準備されていたことから、当時の飛行機の信頼性が窺い知れるだろう

さて、この郵便飛行に使われた機体は、陸軍モーリス・ファルマン一九一三年型を日本で模倣して作ったものである。この十五号機、十六号機の二機が所沢飛行場と大阪・城東練兵場の間を飛ぶという、当時の日本にとっては記録的な長距離往復飛行に、帝国飛行協会が後援を買って出た。つまり協会は話に便乗したというのが実情で、陸軍と逓信省の了解を得て、帝国飛行協会会員が差し出したハガキを往復ともに運ぶことになったのである。

二月二十三日の往路は、沢田、坂元の両中尉がそれぞれ十五号機、十六号機に搭乗して出発。東海道線に沿うように飛び、静岡を経て昼には名古屋に到着した。しかし、ここで天候が悪化し、翌日出発の予定が三泊もの待機を強いられることになる。

そして二十六日、名古屋をようやく飛び立つものの、途中でまた雨に降られて大津練兵場にひとまず不時着。その後再び飛行を続けるが、この日の午後三時二十五分に大阪・城東練兵場に着いたのは沢田機だけだった。坂元機は悪天候を乗り切れずに京都深草練兵場に不時着し、大阪には翌二十七日の到着となった。

往路の成績は、沢田機が足かけ四日で実飛行時間六時

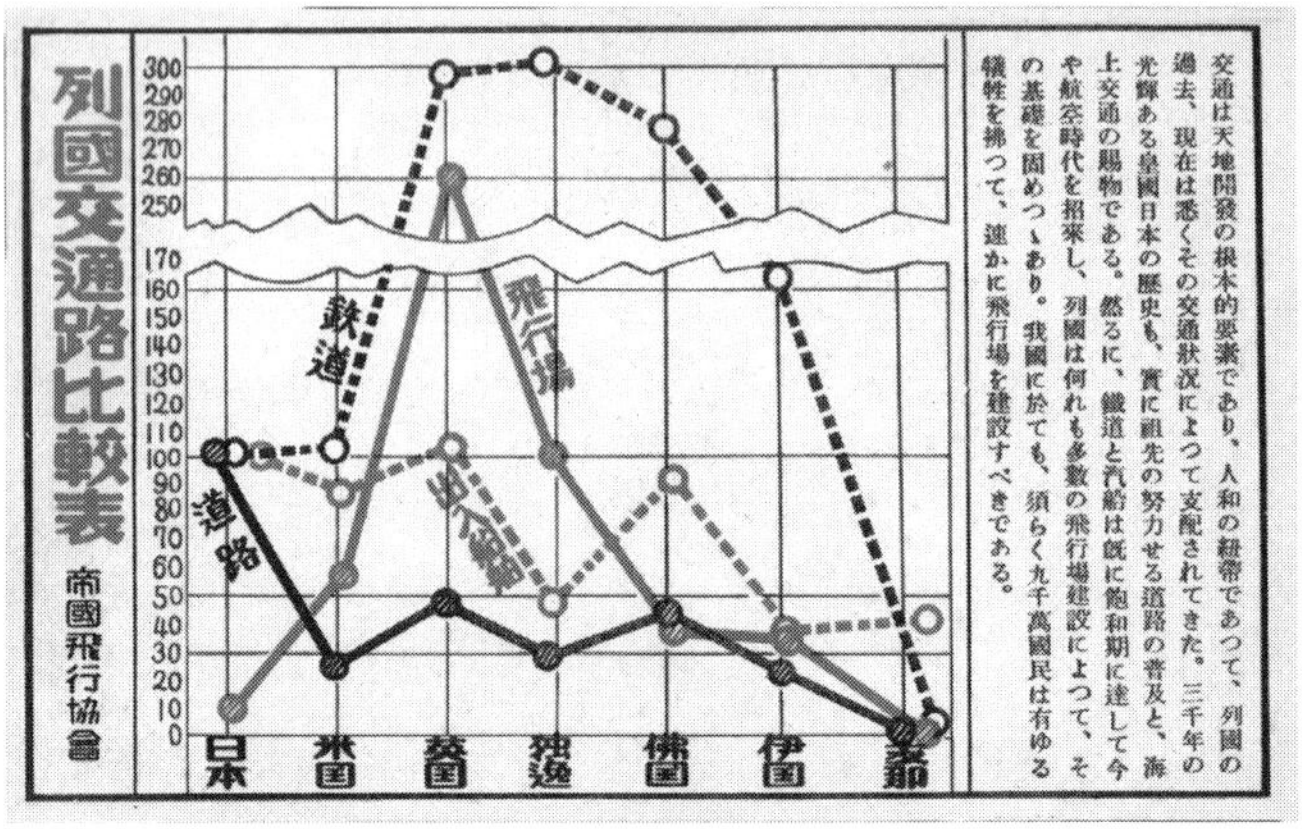

図5（左ページも）　帝国飛行協会が制作した絵ハガキ。時期不詳。民間航空の消長が国力に結び付き、また軍事力と密接な関係にあると見なされていたことがわかる（筆者所蔵）

間五十二分、坂元機が足かけ五日で七時間四十八分という成績だった。なお、約千二百通のハガキは、到着後直ちに大阪中央郵便局に運び込まれている。

復路は真壁中尉、武田中尉が操縦した。ただし、どちらがどちらの機体に乗ったのかについては記録によって食い違いがあり、はっきりしない。ちなみにこの両中尉は、所沢で沢田中尉、坂元中尉の出発を見送った後に汽車で大阪入りしていたというのだからのんきといえばのんきな話だが、つまり、それだけ当時の飛行機は遅かった。

帰路の出発は三月一日。大阪を飛び立った両機は、今度は雨にたたられることなく名古屋まで順調に飛行した。ここで一泊して、翌二日には静岡経由で所沢に向かうが、十二時三分に所沢に帰り着いたのは武田機だけだった。真壁機のほうは目的地を前にエンジンの不調で相模川河川敷に不時着してしまったのである。そして真壁機は、河原で一夜を明かして翌日朝に所沢着。復路の成績は、武田機が二日にわたる飛行で実飛行時間五時間二十三分、真壁機が三日がかりで五時間三十分。搭載郵便物は両機合わせて八百三十通であった。

関東平野を飛び立った飛行機が箱根の山を越え、大阪まで初めて飛んだ。その意味で日本航空史上に特筆すべき大飛行だったといえなくもないが、それよりも、長距離飛行に際して当時の飛行機の信頼性が一体どの程度のものであるかを明らかにしたという点で、この飛行は評価されるべきものだろう。

雨にたたられて延着し、あげく河原に不時着するなど、不確実で、およそ汽車で運ぶよりもはるかに時間がかかった「郵便飛行」である。運んだほうも運ばれたほうも、さぞかし学ぶことが多い飛行だっただろう。なお、運ばれた郵便物は、往復ともに航空料金のような特別料金こそ不要だったものの、それらは帝国飛行協会の会員が差し出したものに限られていたので、事実上は一銭五厘の郵便料金のほかに一円の飛行協会会費が必要であっ

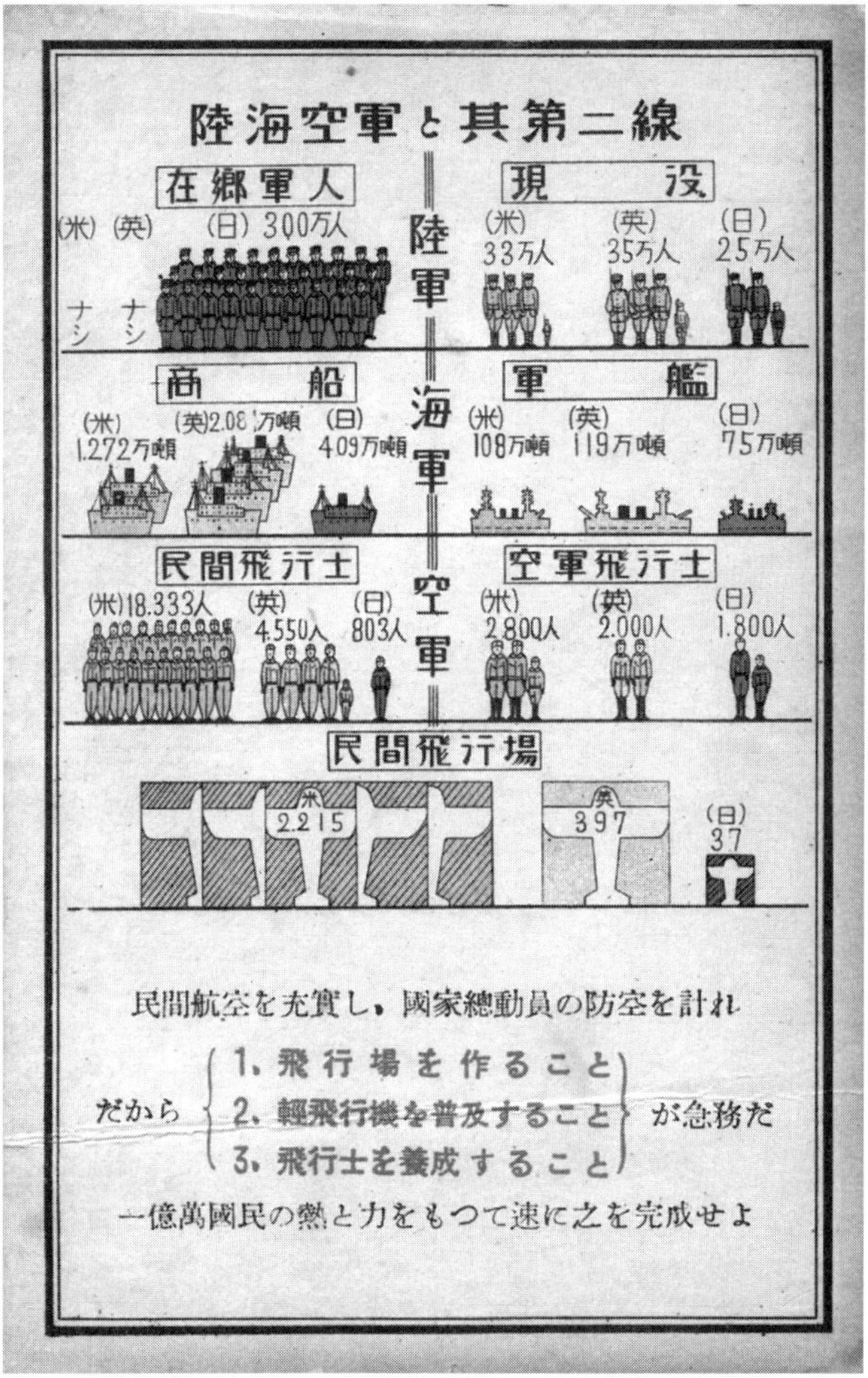

図５

た。これは、アットウォーターによる飛行の見物料が一円という事実とあわせて考えさせられる問題である。つまり、こうした特別料金を支払ってはじめて利用できる郵便飛行で、しかもいま述べたように確実性に劣るとすれば、輸送機関としては、とても一般公衆に供しうるものではなかった。

4　帝国飛行協会、懸賞金つきの郵便飛行を企てる

第一次世界大戦がまだ終わらないうちから、世界の趨勢としては、さらに本格的な郵便飛行が目指されていた。たとえばアメリカ連邦政府は、先述した東京―大阪間の「大飛行」から二年後の一九一七年（大正六年）、試験的郵便飛行に十万ドルもの予算を計上している。

しかし日本では、民間航空といえばせいぜい資産がある好事家や研究者が独自に、あるいはヨーロッパ製の機体を模倣して作り、飛ばしていた（あるいは飛ばそうとしていた）状態だった。エンジンの国産などいまだ夢の話であり、手作りレベルのコピー品を除けば、貴重な輸入エンジンを調子が悪い機体から転用したり、あるいは何人もの研究者や飛行家の間で転々と使い回したりという状態がしばらく続く。

それもそのはずで、たとえば飛行機や自動車に欠かせないゴム工業を例にとると、小規模ながら産業として軌道に乗るのが明治後半で、イギリスのダンロップが日本に進出してダンロップ護謨《ゴム》極東株式会社を設立したのが一九〇九年（明治四十二年）、そして、そのダンロップ極東による自動車用国産ゴムタイヤの生産開始が一三年（大正二年）、さらに横浜護謨製造株式会社がアメリカの技術でタイヤ生産を開始したのが二〇年、つまり、ようやく国産タイヤが市場に出回るかどうかという時期であり、基幹産業がこのように脆弱な状態とあっては、飛行機産業など成り立つはずもなかった。まがりなりにも一万トン級の貨客船を北太平洋に就航させ（もっとも主要な部品の多くは輸入に頼っていたが）、また国産蒸気機関車の本格的量産（デッドコピーによる技術習得の結果ではあ

ったものの）が始まった時期ではあったが、必ずしもすべての分野で世界に追いついたというわけではなかった。特にパッキンやタイヤなど、質のいいゴム製品が作れないというのは、内燃機関を有する交通機関にとって必須となる消耗品の補充が不可能ということであり、つまるところ日常の保守点検さえかなわないことを意味する。

日本の工業力がこのように未成熟ななか、一九一九年（大正八年）、帝国飛行協会は東京―大阪間の郵便飛行大会を企画した。逓信省でも航空事業委員会を発足させて審議を重ねた結果、これを「飛行郵便試行」と位置づけ、記念切手と記念日付印を作成し、補助金の支給もおこなうことになった。懸賞金も、飛行機とパイロットそれぞれに対して七百五十円ずつという協会からの賞金に加え、同額の恩賜金が政府から払われることになった。また、十二時間を基準とする往復の飛行時間を設定し、それを三十分短縮するごとに二百五十円が加算されるという規定も設けられた。物価や賃金の現在との比較は難しいが、月の稼ぎが二十円にも満たない職工が当たり前に存在した時代であることを考えれば、この賞金は、郵便飛行に対する関係者の期待や関心がそれだけ大きかったことの表れといえる。ところが参加するにあたっては、宿料や消耗品は自弁、機体や付属品の警備も自分でおこなうという、割に合わない条件も加えられていたのである。裏返せば、事業規模として見れば心もとない金額で一定の成果を上げようという、いささかムシのいい話だったといえなくもない。

東京―大阪間を飛行可能で、かつ前述したような厳しい参加に耐えうるとなれば参加者はおのずと限られてくる。実際、参加を表明したのは水田嘉藤太飛行士の中島式6型と、山形豊太郎飛行士の伊藤式恵美5型のわずか二機だけだった。ちなみに水田飛行士は元操縦将校で中島飛行機に所属していた人物、山形飛行士は、伊藤音次郎飛行士の研究グループで助手を務めていた。つまりこの時期、事業化の可能性はともかくとして、ある程度の資力と経験を有するグループが民間のなかに育ってきていたわけだ。協会が、先述したような、割に合わない条件をパイロットらに平然と付け加えたのも、こういう状況があってのことだろう。

しかし、この郵便飛行は延期となる。予定していた十月四日は天気がはっきりせず、最初に飛び立った山形飛行士が途中で雨に降られて三十分で引き返してきたためである。せっかく積み込んだ郵便物も東京中央局に戻されてしまった。翌日になると天気はさらに悪化。せっかく飛行郵便として集めた一万通にのぼる郵便物も、記念目的に差し出されたものとはいえ郵便物にはちがいないため配達を先延ばしにするわけにもいかず、「事故飛行中止」の印を押されて、汽車で大阪に向かった。

協会は、十月二十日に延期を決定、今度は、天候不順でさらに延期になった場合でも郵便物は実施まで留め置くことを前もって決めておき、急ぎのものは受け付けないことにした。速達性という飛行郵便（航空郵便を戦前はこう呼んだ）の内実が無視され、急ぎのものは断るというのだから、この一事をもってしても、民間航空界が置かれていた当時の状況が推し量られよう。

さて、延期となった飛行には、中島式4型で佐藤要蔵飛行士が参加、これで機数は合計三機となった。しかし延期した二十日は大雨でまた中止となる。翌日の昼になって晴れてきたものの、大阪まで飛ぶにはもう遅い時間であるという理由でこれまた延期となる。結局この「飛行郵便試行」は、延期に延期を重ねたあげく、十月二十二日になってやっと実施された。

こうして迎えた二十二日午前十時五十分、水田飛行士の中島式6型が東京・洲崎を出発。続いて五十四分に山形飛行士の伊藤式恵美5型、五十九分に佐藤飛行士の中島式4型がそれぞれ飛び立った。

大阪・城東練兵場に最初に姿を現したのは佐藤飛行士操縦の中島式4型である。所要飛行時間は三時間四十分。次いで伊藤式恵美5型が四時間四十六分の飛行で到着する。しかし、真っ先に離陸したはずの水田飛行士の中島式6型が姿を現さない。

三機は離陸後、東海道線と関西線の線路に沿うようにして飛行を続けたといわれる。とはいっても、べつにひたすら線路だけを見ながら飛んだわけではないだろう。おそらく、このときの航法は地図や航空図のうえで位置が判明している地上目標を目視で観測し、飛行機の実測位置を求めながら飛ぶ地文航法ではないだろうか。偏流といって風に流されて位置がずれる分があるから、その分も修正しながら飛ぶ。しかしこの方法は、高度や雲量など天候による視界の障害が発生することもあるため、決して簡単ではない。

ちなみに姿を現さなかった水田機は、鈴鹿山脈上空で視界を雲にさえぎられて機位を失い、和歌山県の紀ノ川河川敷に不時着してしまっていたのである。

水田機の落伍で、大阪発の帰路は二機となった。翌二十三日に佐藤機が十時十一分に城東練兵場を離陸。続いて山形機が十時二十七分に飛び立ち、それぞれ三時間十八分、三時間四十七分の所要時間で洲崎の埋め立て地に帰り着いた。一方、失格となった水田飛行士の中島式6型は二十六日、栗原技師を同乗させて城東練兵場を飛び立つが、折からの追い風に恵まれて二時間十分という東京―大阪間の新記録を打ち立てた。

5　繰り返される懸賞金つき郵便飛行

帝国飛行協会の郵便飛行は、一回の往復では終わらなかった。細かい成績などは、くだくだしくなるため表5としてまとめる。続く第二回の懸賞飛行の実施日は一九二〇年（大正九年）十一月二十日からの三日間、飛行区間は大阪―善通寺―大分―久留米と決まった。大阪―善通寺間は岡山上空を経由、また善通寺―大分間は松山上空を通過することとし、郵便物の搭載は区間ごとに限られた。

第一回では相当な自弁を強いた競技だったが、今度は大阪発ということもあってか、来阪時の交通費ならびに飛行途中での任務解除の際の飛行機輸送費や旅費が支給されることになった。また航空局（当時、官制上はまだ陸軍省の外局であった）も整備用器材を用意して貸し出すという便宜を図った。こうした支援の甲斐あってか、参加を表明したパイロットは七人もいた。第一回の郵便飛行で一等となった佐藤章飛行士（佐藤要蔵を改名）をはじめとして、ヨーロッパ大戦でフランス軍に従軍したことで知られる石橋勝浪飛行士や、玉井式各型飛行機で知られた玉井清一郎の弟である玉井照高飛行士も含まれていた。しかし事故や故障で、当日の参加者は五人にまで減少してしまった。それでも、当時一流のパイロットがそろい、たとえば高橋信雄は白土飛行場の主将。島田

表5　帝国飛行協会主催郵便飛行競技の成績内訳

第2回・大阪—善通寺—久留米郵便飛行競技成績

島田武夫	白土式32型	大阪離陸直後に発動機故障、着陸時に大破
石橋勝浪	スパッド13	1位、総飛行時間3時間27分
水田嘉藤太	中島式5型	善通寺出発直後に発動機故障、引き返す
後藤勇吉	伊藤式16型富士号	3位、総飛行時間4時間25分
高橋信雄	白土式25型球磨号	2位、総飛行時間3時間58分。ただし最後に胴体着陸

第3回・東京—盛岡郵便飛行競技成績

高橋信雄	白土式37型	往路3時間35分、復路、離陸時に足を引っ掛け転覆大破
後藤勇吉	川西式 K-1	往路を濃霧で銚子沖海上に迷い、引き返して棄権
島田武夫	白土式25型球磨号	往路5時間8分なるも、コース反則で等外
水田嘉藤太	中島式5型	燃料漏れと濃霧で往路引き返すも、修理後3時間22分で飛行
福長四郎	福長式天龍6号	往路途中、宮城県金ヶ瀬村付近に不時着、棄権

第4回・金沢—広島郵便飛行競技成績

高橋信雄	白土式改造37型	4時間6分
石橋勝浪	石橋式スパッド13	3時間57分の飛行をするも、福山に不時着
福長四郎	福長式天龍6号	5時間4分の飛行後、岡山に不時着
小栗常太郎	小栗式2号練習機	岡山に不時着
後藤勇吉	不明	福井市付近に不時着
水田嘉藤太	不明	5時間34分

東京—大阪間定期式郵便飛行競技成績

月日	飛行士	成績
11月3日	高橋信雄	東京発・エンジン故障で滋賀県日野町に不時着
	大蔵清三	東京発・4時間23分
	後藤勇吉	大阪発・2時間34分
11月4日	宮 登一	東京発・3時間26分
	乗池判治	東京発・エンジン故障で浜名湖畔に不時着
	藤原 延	大阪発・2時間58分
11月5日	片岡文三郎	東京発・3時間26分
	小出菊政	東京発・3時間02分
	島田武夫	大阪発・3時間31分
11月6日	謝文達	東京発・3時間54分
	安昌男	東京発・4時間21分
	安岡駒好	大阪発・送油パイプの故障で豊橋に不時着

11月7日	後藤勇吉	東京発・3時間00分
	大場藤太郎	東京発・3時間38分
	石橋勝浪	東京発・3時間02分
	大蔵清三	大阪発・3時間21分
11月8日	雨天順延	
11月9日	藤原 延	東京発・故障により足柄山麓に不時着
	島田武夫	東京発・2時間54分
	片岡文三郎	大阪発・2時間55分
	宮 登一	大阪発・2時間39分
11月10日	雨天順延	
11月11日	加藤寛一郎（番外）	東京発・2時間20分
	安岡駒好	東京発・エンジン故障で奈良県柳生村付近に不時着
	大場藤太郎	大阪発・燃料不足で神奈川県平塚に不時着
	安昌男	大阪発・3時間25分
	謝文達	大阪発・3時間55分
	石橋勝浪	大阪発・2時間53分
	加藤寛一郎（番外）	大阪発・2時間27分

武夫もいくつかの飛行競技大会で経験を積んでいる。後藤勇吉は、後に最優秀の水上飛行士と呼ばれる人で、このときは自分で買ったエンジンを使用し伊藤飛行場に発注した機体で参加した。

第三回の競技は、東京―盛岡間往復飛行だった。実施日は一九二一年（大正十年）八月二十一日。これは二十日の予定が雨で順延になったものである。しかしこの大会は完全に失敗だった。内訳は表５に示すが、まがりなりにも往路を飛びきったのはわずかに二機だけ。復路に至ってはゼロである。この年の四月には航空法が制定され、参加機も堪航証明がある機体に限られていたが、それでもこのありさまである。特に高橋機の離陸失敗は特筆しておくべきだろう。この事故は、練兵場にある記念碑に脚を引っ掛けたことが原因だった。気象条件の思わしくない時期に長距離飛行を強いたこと、そして依然として飛行場としての整備がきちんとなされた場所ではなく、練兵場を発着地点としていることなどが問題点として浮かび上がる。つまり、帝国飛行協会をはじめとする大会関係者自身が、飛行機の特性や運用にあたっての研究を十分におこなっていたとはとても思えないのである。このとき、協会総裁の久邇宮邦彦王から「なお研鑽を要するもの少なからず、将来一層の奮励を望む」との言葉があったというが、操縦士よりも、大会主催者こそが研鑽を積むべきだった。

第四回は、同じ一九二一年の金沢―広島間。十一月三日の明治節におこなわれることになった。参加機のうち白土式改造37型は、先に盛岡飛行場で大破した機体を改修したものである。この日の朝は雨が上がっていたが、各機の離陸後、強風と雨が入り混じり、不時着や長時間飛行を強いられた。しかし、死傷者を出さずにすんだのは不幸中の幸いである。なお四回目ともなると、さすがに新鮮味がなくなってきたのか記録が乏しく、参加機すべての特定には至らなかった。

郵便飛行競技というイベントを続けてはいても、実用的な定期飛行は相変わらず事業化できないままだった。そのあたりに対する意識があったかどうかは不明だが、帝国飛行協会は、今度は東京―大阪間を双方から飛ばし、しかもそれを一週間続けるという「定期飛行」式の競技を考え出す。希望者には航空局（一説には協会ともいわれる）が中島式を貸し出すという条件もあってか、多数の飛行士が参加した。しかし飛行界の盛況とは裏腹に、一般からの郵便差し出しは少なかったようである。ちなみに開催予定日は一九二二年（大正十一年）十一月三日であった。

ところでこの年の四月、三等操縦士に十一人の合格者がでた。このなかには、正式な民間操縦士としては女性初となる兵頭精や、後に大毎・東日両新聞社の航空部で活躍することになる大蔵清三が含まれていた。

十一月三日、競技は予定どおりに開始された。しかし表5に見るとおり連日の不時着が発生している。そのなかにあって、新人の大蔵が往復飛行に成功していることに着目したい。なお、このときの参加機などの概要は諸説あり、はっきりしない部分が多い。おそらく間違いないのは、五機の中島式5型が参加したこと（貸し出し機と思われる）、そして石橋勝浪が石橋式スパッド13型（スパッドとはいってもフランスからの輸入機ではなく、石橋が真似て作ったもの）、後藤勇吉が川西式K―3、小出菊政が白土式40型、他機に比べてエンジンが強力すぎるために番外参加となった加藤寛一郎が中島式B―6らしいこと（ブレゲー14型とする記述が散見されるが、誤りだろう）

というものである。

このように帝国飛行協会が主催する郵便飛行競技が毎年開催されるのはいいとしても、そのなかから協会が郵便飛行について必要な何事かを学んだということか、また、大会での失敗を次の競技に生かしたという形跡は見られない。ただ飛行士と整備士の個人的技量に寄りかかって、飛行機の宣伝普及を漫然とおこなっていたようにしか見えないのである。これでは郵便飛行の事業化など無理だろう。そして協会主催の郵便飛行競技は、これが最後となった。

このとき、海外では、いわゆる列強だけでなく、チェコ、オーストリアでも郵便飛行業務が始まっていて、一九二一年（大正十年）には、隣の中国で北平《ペーピン》（現在の北京）―済南《チーナン》で旅客と郵便の定期飛行が開始されている。それらと比較すると、日本の航空界はまことに頼りない状態にあったといわざるをえない。

ところで話は少しさかのぼるが、横浜の貿易商セール・フレザー商会が東京―横浜間の定期郵便飛行を計画し、一九一八年（大正七年）にイギリスのハンドレページ社からノーマン・トムソン飛行艇を輸入した。しかし同機は同年七月二十一日に芝浦で墜落し、計画は中止になっている。この年はまた、Ｅ・Ｈ・パターソンという名のアメリカ人が飛行機工場と東京―大阪間郵便飛行会社の設立をもくろんで来日したものの途中で頓挫、持参した機体を置いて帰国した。このとき、その機体を引き取ったのが興行師の櫛引弓人である。機体はさらに伊藤音次郎に買い取られて改修を受け、伊藤式恵美５型となった。これが第一回の東京―大阪間の飛行郵便試行に参加した機体である。そしてこれはさらなる余談だが、櫛引は同じ頃にゴーハムという若いアメリカ人技術者の来日をマネジメントしている。このゴーハムこそ、後に鮎川義介の戸畑鋳物（後の日産自動車）に雇われ、戦前・戦中を通じて終生を日本の自動車産業育成に尽くしたウィリアム・Ｒ・ゴーハムその人だった。

6　民間主導で始まった定期航空

大阪の堺に、月星自動車商会という名の貸自動車業を営む井上長一という人がいた。貸自動車業といっても、いまで言うところのレンタカーではない。要はタクシー業なのだが、昔はハイヤーやタクシーに乗ることを、「車を雇う」とか「車を借りる」と言ったのである。

井上は、千葉県の稲毛海岸にあった伊藤飛行機研究所で飛行練習をおこなったパイロットでもあった。一九一七年（大正六年）の台風によって稲毛の伊藤飛行場施設が全壊したときに、井上は師の伊藤音次郎とともに大阪方面に代わりとなる場所を求め、大阪湾に面した堺大浜の海岸に的を絞るものの、その土地を使うことはできなかった。

このときは結局、伊藤飛行場は千葉県津田沼に移ったのだが、井上はその後、関西実業界の後援も得て航空事業に進出し、大浜南町の海岸を市から借りて日本航空輸送研究所を設立する。なお堺大浜飛行場の開場は一九二二年（大正十一年）六月四日だった。

研究所とはいっても、飛行機技術についての純然たる研究機関ではない。昔は「研究所」を名乗る事業者が珍しくなかったが、井上がここでもくろんだのも、飛行機の研究ではなく商業定期飛行である。創設当初の主力機は、海軍払い下げの横廠式イ号甲型水上練習機。また、伊藤飛行場に依頼し、稲垣知足技師が設計した伊藤式31型も導入。十一月十五日には横廠式の「ちどり二号」と伊藤式の二機で高松港まで飛行した。一時間半の飛行だったと伝えられているから、それまで鉄道と船を介して結ばれていた大阪—高松間での時間短縮の効果は著しく大きかったことになる。

まだ全天候型の飛行機が飛ぶ時代ではないため、天気の具合を見ながらではあったが、同研究所は週一回の堺

―徳島線と週三回の堺―高松線を開拓。十二月二十日には表彰状と奨励金八千円を航空局から授与されている。ちなみにこの年とその翌年は貨物営業だけで、旅客、郵便の運送はおこなわれていない。

関西を拠点とする飛行機会社としては、一九二三年（大正十二年）七月一日に大阪の木津川尻に設けられた水上飛行場を拠点として、大阪―別府間で週一回の定期飛行を開始した日本航空も忘れてはならない。ちなみに日本航空という名前だが、現在の日本航空とはまったく関係がない。この会社は川西龍三によって始められた会社だったが、もともとは大阪―福岡―釜山間の定期航空をもくろんでいた。ただ当時の状況では福岡―釜山間の洋上飛行が危険と判断されて、別府方面への定期航空をおこなうことになったのである。

日本航空は、当初は貨物輸送だけをおこなっていたが、一九二五年（大正十四年）から郵便の逓送もおこなうようになった。

さて、この時期に航空事業に進出した大手として、朝日新聞社の名を挙げなければならないだろう。一九二三年（大正十二年）一月一日、東京と大阪の両「朝日新聞」は、紙上に「東西定期航空会」の設立を大きく発表した。中心となったのは、編集および営業から独立して存在していた朝日新聞社計画部だった。伊藤音次郎や白戸栄之助から現物出資（伊藤式29型、白土式25型）があり、また陸軍から中島式5型の払い下げを受けて飛行をおこなうという計画で、飛行場は東京・洲崎、浜松・三方ヶ原、大阪・城東練兵場の三カ所、飛行は毎週水曜日に実施する。東京と大阪から飛び立った飛行機が浜松に着陸し、搭載貨物を交換してそれぞれ帰路につくという運航方法である。貨物の受け付けは東京、大阪の両朝日新聞社と浜松支局でおこなわれ、また東京、横浜、浜松、大阪、神戸の市内に限って無料宅配を実施するというものだった。

東西定期航空会の第一期は、この年一月十一日から三月末までである。この間に、事故や火災で中島式の一機を除いてその他の飛行機は事故や火災で全滅した。もちろん伊藤、白戸が現物出資として提供した機体も失われた。それでも飛行回数五十四回、一万キロを超える総飛行距離という成績を挙げ、それに対して航空局は、一万五千円の奨励金を支給した。

その後、陸軍から二機の払い下げを受け、また、大阪の春海商会からの寄付による購入と川崎造船所（現・川崎重工）からの寄贈によって得たサルムソン２Ａ２（陸軍乙式1型偵察機）の二機で陣容を立て直し、一九二三年（大正十二年）八月十四日からの第二期が始まる。今度の使用機は、フランスで三千機以上が作られ、アメリカでも七百五機がライセンス生産されたという優秀機である。そして第二期以降は、浜松での中継を取りやめ、東京―大阪間を直接結ぶことになった。

7　関東大震災

こうして東西定期航空会と西日本の航空輸送研究所、そして日本航空が定期航空事業を軌道に乗せようとしたまさにそのとき、一九二三年（大正十二年）九月一日に関東大震災が発生した。震災により朝日新聞社の東西定期航空会は所有する飛行機をすべて喪失した。また、これまで日本の民間航空界を支えていた小栗飛行学校や白戸飛行場も打撃を被り、小栗飛行学校は解散、白戸飛行場も被害を回復することができず、木工場へと事業転換を余儀なくされる。

しかし、災害時での通信手段として飛行機の威力をまざまざと見せつけたのも、この震災だった。

関東大震災による交通の被害は甚大で、地震発生時に東京と近県を走っていた列車のうち二十四本が遭難したという状況だった。とりわけ相模湾に沿った東海道線の被害は甚大で、たとえば、根府川駅は地崩れで鉄道官舎もろとも海に滑り落ち、折しも駅に進入していた第百九列車も海に転落。乗客約百七十人のうち助かったのは三十人という惨状に見舞われている。また、地震発生後の大火災で主要駅構内に留置されていた車輛もかなりの数が焼損し、線路も寸断され、東京市街部と外部とを結ぶ交通機関は事実上の途絶に陥った。

そのなかで、通信や輸送に活躍したのが飛行機だった。まず震災の翌日、陸軍の所沢や下志津、立川の部隊が代々木練兵場を着陸場にして飛行し、被災状況の説明や陸軍中央からの命令を伝えるとともに、帰路の飛行で救援物資の輸送をおこなっている。

木津川の日本航空も、「大阪朝日新聞」の記者を乗せて東京に向かっている。続いて九月四日には、浜松の日本楽器が大場藤治郎操縦士の中島式5型で東京支社の社員あてに救援物資を輸送した。そしてその復路で、逓信省から数千通の郵便物を受け取って輸送し、それらを浜松から差し立たせたという。また帝国飛行協会も燃料を入手して、罹災者の郵便物を受け付け、静岡県三島町、ならびに江尻町まで飛行機で運び、差し立たせることにした。

こうして未曾有の自然災害がきっかけで始まった飛行郵便の状況を、当時の断片的な記録や報道から抜き書きすると次のようになる。

日本航空……品川―江尻町を飛行、江尻で郵便局に託す
日本飛行学校……東北地方向け郵便物を担当。代々木―立川を飛行、立川で郵便局に託す
東西定期航空会……十三日以降、中島式5型で代々木―大阪を飛行
伊藤飛行機研究所……二十六日、サルムソン2A2で大阪から東京宛郵便物を輸送

そのほかにも、民間パイロットが個人の資格で自発的に輸送した例もあり、また、陸・海軍も随時郵便飛行を実施した。堺大浜の日本航空輸送研究所はダイヤを変更して郵便物を引き継ぐなど、これに協力した様子が見られる。軍航空のうちでもとりわけ目覚ましい活躍を見せたのは陸軍機で、郵便を運ばなかったものも含め、九月二日から十月四日の間に四百九十九回もの飛行を実施している。

やるせないのは、震災の惨状はもちろんのこと、朝鮮人が井戸に毒を入れるとか暴動を起こすとかというデマが流されたことを機に、朝鮮人や被差別民、方言の話者が東京およびその近県で自警団によって殺されるという

凄惨な事件が多発し、そして甘粕事件や亀戸事件のように、思想家や労働運動に関わった者を軍が殺害したり、さらには民本主義者を官憲が拘引するといった弾圧が地上で繰り広げられた一方で、未来的な乗り物であった飛行機が空を舞い外部との交通に活躍したという事実である。それは、地獄を舞台に実現した未来絵図であった。

8　定期郵便飛行の開始

震災後、東京の拠点を立川に移し、また陸軍からサルムソン四機の払い下げを受けて陣容を立て直した東西定期航空会は、再度東京―大阪間の定期飛行を開始する。ここで重要なのは、軍もまた民間に対する払い下げをおこなえるほどに器材の確保に余裕が出ていることである。それは、ライセンス生産とはいえ供給が以前とは比べものにならないくらいに安定してきていることを意味する。しかも代替機が以前と同一の機体であるとすれば、定期飛行の成績も安定させることができる。事実、十一月に再開された第二期は、一九二四年（大正十三年）三月末の終了まで飛行中の事故が皆無だった。ちなみに、過去に出版された航空史に関する本では、これと比較した場合の第一期での事故の多さ（不時着十四回、墜落一回）について伊藤と白戸を批判する記述が散見され、そのなかには、両人を金目当てとまで誹謗するものもある。だが、そうした評価はいささか不当にすぎるだろう。様々な機体の寄り合い所帯と、ほぼ一定の性能で安定した機体で統一された集団とでは、安全性の確保という課題も含めた運用面で大きく差が出るのはけだし当然のことである。

表6　東西定期航空会期別成績表（距離はキロメートル）

	年月	飛行回数	飛行時間	飛行距離
第1期	1923.1-1923.3	54	96時間26分	10,216
第2期	1923.8-1924.3	74	175時間29分	26,180
第3期	1924.4-1925.3	256	359時間07分	52,207
第4期	1925.4-1926.3	464	774時間45分	113,203
第5期	1926.4-1927.3	884	1,293時間10分	197,592
第6期	1927.4-1928.3	不明	1,461時間32分	219,600
第7期	1928.4-1929.3	1,102	1,621時間16分	241,543

※第2期は、関東大震災による中断あり。第7期は、新開設の東京―仙台を含む。

ちなみに、朝日新聞社の東西定期航空会の成績は表６のとおりである。つい先日まで、帝国飛行協会が主催した郵便飛行大会とは段違いの好成績である。

また関西に目をやると、日本航空はこの頃になると、大阪―三田尻―福岡と、三田尻―別府の二系統の貨物運送を手がけるようになっていた。

日本航空輸送研究所は、人身事故もなく、使用機も八機まで増やしている。

こうした状況に鑑み、逓信省郵務局は航空局と協議して、まずは試験的に郵便の航空逓送をおこなうことになった。開始は一九二五年（大正十四年）四月二十日。飛行機の機体表面には〒マークが加えられ、取り扱い郵便物は、表面に「飛行」と朱書された第一種（封書）と第二種（ハガキ）の普通郵便と定められた。したがって朝日新聞社の東西定期航空会では、第四期に入って間もなく郵便の逓送を開始したことになる。

このときに郵便物逓送がおこなわれることになった路線はすべて、定期貨物飛行を安定的に継続してきたという実績が評価された。この点で、帝国飛行協会がパイロットの個人的技量に寄りかかっておこなっていた郵便飛行競技とは本質的に異なる。こうして、日本での本格的な郵便飛行の幕は切って落とされたのである。

その一方で政府は、一九二七年（昭和二年）七月二十日の閣議で航空輸送会社設立準備調査委員会の設置を決定し、より本格的な、国策会社としての航空会社の設立に乗り出した。この年度から航空路設置予算が計上され、また逓信省航空局の児玉常雄技術課長は、軍機保護という理由から、朝鮮海峡上空の飛行に難色を示す陸軍と参謀本部に対し折衝を重ねていった。そして渋沢栄一ら財界人の協力も取り付け、官が主導する国策航空会社、日本航空輸送が誕生するのである。

表7　日本航空輸送発足時の発注機材とその員数

フォッカー F7b/3M	6	
アトランチック・エアクラフト・スーパーユニバーサル	6	
同水上機	3	
ライトホワール・ウインド J5エンジン	12	F7b/3M 用予備エンジン
ジュピター6エンジン	18	スーパーユニバーサル用予備エンジン

9　日本航空輸送の出発

一九二八年（昭和三年）十一月一日、日本航空輸送は登記を完了した。そして東京以西の、東西定期航空会や日本航空によって運航されていた幹線空路をも政府の肝煎りで難なく手に入れたが、その一方で、二九年四月一日の運航開始に発注しておいた新型機が間に合わないという珍事を起こしている。ちなみに機体の到着が遅れた理由として、前年十月三十日に東京を出発した会社関係者が、欧米視察の際に機種選定をおこなったからという説もあるが、これはあまりにも信憑性がない。大日本航空社史刊行会による『航空輸送の歩み』（日本航空協会、一九七五年）によれば、発注手続きの完了は十月三十日。開業まで余すところ半年を切っている時期だが、営業開始の半年前になっても機種選定がすんでいないという説は、この記録に照らしても、いくら何でも話を面白くしようとしすぎである。

なお発注された飛行機とエンジンの種類と数については、表7にまとめておいた。陸上機十二機、水上機三機という陣容はいかにもささやかなものだが、それでも旅客営業を始めてみれば客が集まらなかったというから、身の丈に合わないおごりようというのか、つまりそれだけ日本の航空事業は立ち遅れていたとさえいえるだろう。

当時、オランダ・フォッカー社の機体は欧米で多用され、実績を積み重ねていた。この点をみれば堅実な機種選定である。あるいは国内民間航空の実情を考えれば野心的な選択といえるかもしれない。何しろこれは商業飛行だけでなく、冒険飛行にも使用されていた機体で、例を挙げれば、リチャード・E・バードとフロイド・ベネットという二人のアメリカ人がフォッカーF7a/3Mを操って一九二六年五月九日に初の北極点飛行を成し遂げた。二八年にはオーストラリアのキングスフォード・スミスが、サザンクロス号と名付けられたフォッカー（しばしば/3Mと書かれるが、こちらは単発のF―7を三発機に改造した機体）で、アメリカのオークランドからハワイとフィジーを経由しブリスベンまでの一万一千九百キロを十日間（五月三十一日から六月九日）にわたって飛行し（実飛行時間八十三時間十五分）、南太平洋横断飛行を成功させている。スーパーユニバーサルも原設計はフォッカーの手によるもので、フォッカー・ユニバーサルという飛行機にアメリカのアトランチック・エアクラフトが改良を加えてスーパーユニバーサルと名付けた機体である。この飛行機は、後に航空局の命令で中島飛行機が製造権を獲得し、日本の影響圏で広く使用されることになった。

図6　フォッカー・スーパーユニバーサル。中島飛行機でライセンス生産され、堅実な設計と構造により初期の日本民間航空を支えた名機

　さて、日本航空輸送の当初の計画では、東京―福岡―大連線にF7b/3Mを、そしてスーパーユニバーサルを国内線に投入する計画だった。こうした機体の導入は、これまでに比べてより本格的な旅客輸送につながるはずだった。また、これら陸上機とは別に、航空局から川崎造船に発注された、ドルニエ・ワール飛行艇を改設計した機体を福岡―上海線に充当することも計画されていた。

　だが、先に述べたように、営業を開始しようにも飛行機が間に合わなかった。そこで日本航空輸送は、急遽サルムソン2A2をかき集める。陸軍からの払い下げを受けることはもちろん、日本電報通信社などからも借り受け、何とか十八機をそろえることができた。

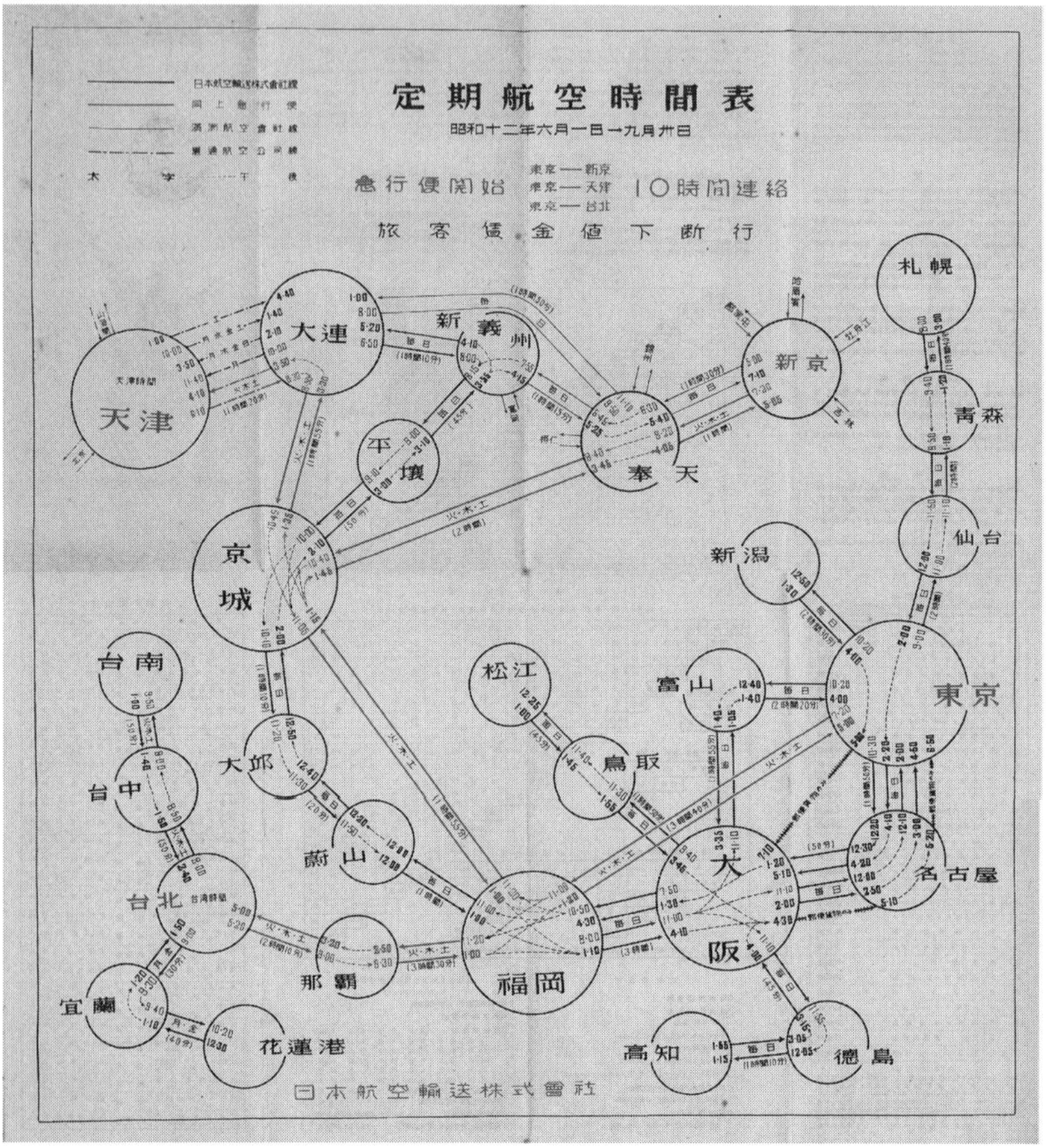

図7　日本航空輸送
日中戦争勃発直前のダイヤグラム。欧米の航空路とはまだ接続されず、海外への乗り入れも、満洲国や、日本が勢力を伸ばしつつあった華北に限定されている。これが日本の航空界の実力だった
(出典：日本航空輸送『定期航空案内』日本航空輸送、1937年)

しかしサルムソン２Ａ２は旅客輸送ができないので、当分の間は貨物と郵便だけを輸送することになった。飛行場も、羽田の東京飛行場はまだ工事さえ始まっておらず、福岡も民間飛行場が未設置という状況から、東京では立川の陸軍飛行場を、そして福岡はやはり大刀洗にあった陸軍飛行場を使用することになった。そして一九二九年（昭和四年）三月二十六日には航空郵便規則が制定され（同年四月一日から施行）、日本航空輸送も四月一日から営業が開始された。もっとも、サルムソンでは朝鮮海峡横断のような海上飛行に不安が感じられたためか、当初は東京─大阪─福岡と蔚山《ウルサン》─京城─平壌─大連の二区間に分けて運航がおこなわれた。それからしばらくして、六月二十一日以降は福岡─蔚山間も飛行機で結ばれることになる。

やがて、発注しておいた機体が次々と船で届くにおよんで、七月十五日からは東京─大阪─福岡間で旅客輸送を開始、九月十日からは福岡─蔚山─京城─平壌─大連間でも旅客輸送を開始した。なお飛行艇の使用が考えられていた福岡─上海間については、日中間の交渉がまとまらず、営業開始に漕ぎ着けられなかった。この時期、国家統一を目指す南京の国民政府と満洲南部に権益を有する日本の利害が対立し、一九二七年（昭和二年）以来の二回にわたる山東出兵と、その結果日中両軍が衝突する済南事変、そして日本にとって利用価値が乏しくなってきた張作霖の爆殺と、大陸はきな臭さを帯びていくのである。

10　郵便逓送の本格的態勢

これまで見てきたように、民間航空といえば、人間を運ぶよりもまず郵便飛行だった。

現代日本では、海外への郵便といえば航空便で出すのが当たり前、国内郵便も、特に別料金を払わなくても遠隔地には飛行機で運ばれるのが日常風景になっている。だいいち、飛行機そのものが交通機関として特別なものではなくなってきていて、だから郵便飛行というものを意識する機会は乏しい。

だが、飛行機が特別な乗り物であった時代はそうではなかった。その性能から、まだ大量輸送機関とはとてもいえない時代から、飛行機は郵便を運んできた。というのも、郵便の軽量で速達性が尊ばれる特性が、飛行機によく合致したからである。

ここでは、これまであまり触れられることがなかった、日本航空輸送という国策会社と郵便制度との関係について触れてみたい。

フォッカーに発注した新型機こそ間に合わなかったものの、この一九二九年（昭和四年）四月一日は日本の郵便飛行史上において画期的な日である。まず名称が、これまでの「飛行郵便」から現代のわれわれにもなじみがある「航空郵便」となった。また料金については、これまでは通常郵便物としての料金だけで受け付けていたものを、この日から速達や書留と同じように、航空料金を加算することになった。したがって、もし目方が四匁（十五グラム）までの手紙を差し出そうとすれば、内地相互間であれば四匁までの封書料金三銭に、四匁までの航空料金十五銭を加算した十八銭を支払うことになったのである。これは、航空便を通常郵便物として差し出せていた頃に比べれば利用者の負担増ではあるが、特殊な取り扱いとして料金体系上制度化されたという意味で重要な変化である。この新規に料金が設定された航空郵便に使うため、俗に航空切手と呼ばれる郵便切手が、半年遅れながら十月六日に発行された。表書きの朱書きについては、それまでの「飛行」に加え、「航空」の文字も用いられるようになった。ちなみに、日本航空輸送が営業開始から六カ月間（一九二九年四―九月）で運んだ郵便物は約二万通。これを多いと見るか少ないと見るかは難しいところだが、数カ月間の運行で数百通から千数百通といったこれまでの記録に比べれば、違いを感じざるをえないだろう。また航空郵便料金の設定によって、そのうち九割五分を運んだ郵便物の数に乗じて算出された金額が、逓信省から支払われるようになったことにも注目したい。この料金設定により、それまで支給されてきた奨励金とはまったく性質の異なる、輸送実績による収入が見込めるようになったのである。

この航空郵便料金は、日本航空輸送だけでなく、路線を縮小・変更させられた航空輸送研究所、および東京―

新潟間に追いやられた朝日新聞社の定期航空にも適用された。ちなみに東京―大阪間を取り上げられた後、朝日新聞社にはしばらく東京―仙台間の継続が認められ、そして東京―新潟間の航路開拓が逓信省から委託された。東西定期航空会はひとまず解散し、あらためて定期航空会を設立して東京―新潟間の空路開拓にいそしむことになる。とはいえ、降雪期の飛行にはまだ無理があったので、運航は六月から十月末までに限定された。

各社ともに、恐慌の影響や航空事業への無理解による営業実績の伸び悩み、あるいは株式払い込みの遅れもあって、順風満帆とはいかない苦しい営業を続けることになるが、ここでようやく官民挙げての、今日につながる意味での本格的な航空事業と郵便飛行への取り組みが始まったわけである。

遅れていた羽田の新飛行場も一九三〇年（昭和五年）に着工され、翌年八月二十五日に竣工する。

11　夜間郵便飛行の開始

保安施設の不備もあって、当初飛行機といえば天気が悪くない昼間に飛ぶものと決まっていたが、四年後の一九三三年（昭和八年）から夜間郵便飛行も実施されることになった。とはいっても、郵便サービスの利便性向上という観点から出てきたサービスではない。会社の収益状態が悪化したことに対して航空局から業務改善命令を受けるなか、資・器材の償却期間延長や経費の削減を図ると同時に、夜間郵便飛行の実施による増収をもくろんだのである。計画では東京―大阪間の旅客便を上下一便ずつ減便して、代わりに夜間便による郵便収入の増加を目指す、というものだった。

一九三二年（昭和七年）、日本航空輸送は東京―大刀洗間での夜間試験飛行を四月二十一日から二十二日にかけて実施する。使用機体はフォッカー F7b/3M。ちなみに大刀洗からの復航は五月二日から三日にかけて実施された。翌年二月（一月ともいわれる）、同社は中島飛行機に専用の単座郵便機八機を発注。中島では、海軍の九〇式二号水偵3型を基準として、それを陸上型の郵便機に発展させたP―1郵便機を作り上げる。一機あたりの価格は三万二千六百五十五円。防眩のために排気管を胴体下部の操縦席直下まで這わせ、下翼下面には離着陸用の照明灯を装備した。また送受信両用の無線電話も設けられた。しかし、原形機の複座のうち前席を貨物室とし、後席を操縦席としたために前方視界は悪く、また無線電話機も、検見川、神戸の両地上局からの送信は電波が強いこともあって機上でも容易に受信できたが、飛行機からの送信を羽田と大阪で受信するのは、出力が微弱なうえに雑音と混信も加わり、きわめて困難であったと伝えられている。

地上設備は、まず東京―大阪間の各所に航空灯台が、そして飛行場には照明が設備された。加えて静岡県の三保と浜松には、不時着に備えて照明灯が用意された。これらの出費は、政府からではなくて会社負担である。だが運用管理をおこなうのは政府で、会社も後に施設を献納したというから、いかに恐慌下の緊縮財政とはいえ、国家としていささかムシがよすぎる話である。ちなみに、このときかかった費用は次のとおりである。

航空灯台……三十三万五百五十四円七十六銭
各種照明……五万九千七百六十一円七銭
合計　　……三十九万三百十五円八十三銭

参考までに、ハガキが一銭五厘、封書が三銭、省線電車の初乗り運賃が五銭で、東京から大阪までの鉄道運賃が三等で五円九十七銭、さらに付け加えれば五千円もあれば東京近郊に女中部屋付きのモダンな一戸建てが建てられるという時代である。いまの感覚にすれば、さしずめ数億円から数十億円近くを会社が負担したことになるだろうか。

機体が完成し、テストと訓練が始まったのは五月六日の夜。しかし訓練を受ける操縦士たちの間から、設備や態勢の不備を指摘する声が上がった。確かに航空灯台や着陸照明灯は整備されたが、滑走路灯はなく、また電波による誘導も不十分極まりない。また大阪の飛行場も、当時は木津川尻にあり、周囲には大量の煙を吐く工場の大煙突が立ち並ぶという立地の悪さだった。さらに周辺の地理的な問題から霧が発生しやすいという悪条件がそれに加わっていた。

つまり、このまま夜間飛行を実施するのは危険であると、彼らはそう主張したのである。

しかし、こうした訴えは会社幹部の受け入れるところとならず、同年十一月一日の開始は強行されてしまう。東京—大阪間が夜間飛行で、しかも到着次第、発着地と速達実施地域では即時配達をおこなう。そして大阪—大刀洗間は明け方の飛行により、下り大刀洗発大連行きに接続しようというものである。しかし初日は悪天候のため東京—大阪間は休航。大阪—大刀洗間の飛行だけが実施された。したがって、東京—大阪の夜間飛行開始は翌十一月二日ということになる。

こうして実施された夜間郵便飛行だが、操縦士たちが抱いた不安は早くも現実のものとなってしまう。二十三日には細川優操縦士が明野に不時着、二十七日になると岡本徳治操縦士が大阪で地面が見えない濃霧のなかを強行着陸し、機体が転覆。幸いにも岡本操縦士は軽傷ですんだが、機体は大破した。翌一九三四年（昭和九年）一月六日には西隆一操縦士が大阪でテスト飛行中に煙突に衝突し、墜落して重傷を負う。たまりかねた操縦士たちは、「朝日新聞」や「大阪毎日新聞」「東京日日新聞」の操縦士とともに、逓信大臣に対して新しい大阪飛行場の設置を陳情することになる。

そして、とうとう最悪の事態が発生する。一月三十一日午後八時四十分、大阪に到着した鶴原貞一操縦士は濃霧のなかを着陸しようとしたが、進入高度が低く、木津川の水面に降りてしまったのである。機体と落下傘は発見されたので、おそらく泳いで岸にたどり着こうとしたものと見られたが、鶴原操縦士は行方不明となってしまった。

この事故により、夜間郵便飛行は中断され、照明設備や航空灯台のさらなる増設がおこなわれることになった。大阪飛行場の移転が考えられるようになったのも、このときである。

夜間郵便飛行の再開は、一九三五年(昭和十年)四月一日。なお鶴原操縦士はその後、飛行服が淡路島の海岸で、また遺体は、安治川河口近くで見つかったという。

12 花咲くも国策会社に翻弄されたローカル定期航空路

東京―大阪―福岡および朝鮮、関東州への空路が日本航空輸送の独占になった後、新たな空路開拓をおこなおうとすればローカル線を開くよりほかになかった。東京と大阪を結ぶ幹線を日本航空輸送に取り上げられた朝日新聞社は、一九二九年(昭和四年)夏から東京―新潟間を、また三四年(昭和九年)五月には東京―富山間の航空路を開拓する。これらの空路によって運ばれた郵便物は、日本航空輸送の東京―大連線はもちろんのこと、同線を介して他社路線にも連絡した。大正の三社鼎立の頃とは違って、航空会社をまたがるようにして郵便行嚢が引き継がれることになったのである。

日本航空輸送の開業に伴って路線変更を余儀なくされた日本航空輸送研究所は、堺―高松―松山線のほか、一九三四年(昭和九年)には南紀白浜への運航も開始する。堺―白浜線の空路が郵便逓送路に相当したのかどうかについては資料の不足で判然としないが、会社の規模は小さいながらも、こうしたローカル空路の開拓が、戦前期におこなわれていたことはもっと知られていいだろう。

また関東では、一九二九年(昭和四年)十一月十七日に東京航空輸送が東京―下田―沼津―清水間に定期航空路を開設している。はじめは海軍払い下げの複座水上機を使っての営業で、一便あたり一人の客を運ぶか否かという状態だった。三一年(昭和六年)二月二十七日には愛知時計電機のＡＢ１型水上機を導入する。ちなみに本機は逓信省航空局の提唱によっておこなわれた国産輸送機競争試作によって生まれ、水上飛行機として一等賞をとった。日本航空輸送でフォッカー到着までの間に陸上機として使用され、その後、東京航空輸送で使われている。

この東京航空輸送が郵便逓送を開始したのは一九三一年（昭和六年）四月二十七日からである。もちろん定期航空命令に基づくもので、正規の航空料金を徴収した郵便物を輸送している。

東京航空輸送の郵便逓送開始と同じ年、山陰では日本海航空会社が営業を開始した。この会社は兵庫県の日本海沿岸にある城崎町（志賀直哉『城の崎にて』の舞台となった、あの町である）に作られた遊覧飛行会社だが、設立時の構想では、大阪からの航空路開設も視野に入れていたらしい。その後、七月二十七日の開業からほどなくして九月には鳥取、十一月に松江、十二月には米子へと、わざわざ出張遊覧をおこなっている。こうした遊覧事業や、また監督官庁へのはたらきかけが功を奏したのか、一九三二年（昭和七年）には城崎—鳥取線と城崎—天橋立線での旅客運送事業が認可され、それぞれ五月十一日、同十二日から営業を開始している。

同社が念願の大阪乗り入れを果たすのは一九三五年（昭和十年）六月六日。この日大阪—城崎—松江線の営業が開始され、郵便物の逓送もおこなわれている。ただし、同区間では航空料金が適用された痕跡がなく、営業初日の郵便は基本料金だけで運ばれている。あるいはこの会社は、郵便逓送による助成が受けられなかったのだろうか。

しかし、こうして築き上げられたローカル空路は、やがて次々と日本航空輸送に取り上げられてしまう。一九三六年（昭和十一年）十月一日、朝日の定期航空会が開いた東京—富山—大阪線、東京—新潟線、そして日本海航空の大阪—鳥取—松江線は、日本航空輸送の新路線として「開業」した。ローカル空路で国策会社に取り上げられずに残ったのは、日本航空輸送研究所の大阪—高松—松山線、松山—別府線、大阪—白浜線、そして東京航空輸送の東京—清水線である。また日本海航空は航空路の取り上げとは関係なく、鳥取—城崎線に縮小されてしまったと思われる。

さて、こうしてまたいくつかのローカル空路を手に入れた日本航空輸送だが、郵便逓送料は、これまでの幹線航空路とは違った方法で受け取っている。すなわち東京—新潟、東京—富山—大阪、大阪—松江、大阪—高知の各線については、郵便物量に基づいて算出された逓送料ではなく、代わりに毎月定額の郵便逓送料が支払われたのである。

一九三七年（昭和十二年）四月一日からは、東京―仙台―青森―札幌線の定期便も開業を見るに至っている。もちろん営業は日本航空輸送の手によるものである。この線には、三菱式ひなづる型（エアスピード・エンボイのライセンス生産機）が投入されている。

13　内地―台湾間連絡

内地ではないが、ここで台湾での飛行業務についていくつか見ておきたい。

日清戦争の講和条約によって日本領となった台湾に初めて飛行機がお目見えしたのは、おそらく一九一四年（大正三年）三月のことである。内地から船で持ち込まれた野島銀蔵操縦士のカーチス・プッシャーによる飛行だが、台湾各地でおこなわれた飛行の名目は「理蕃飛行」というから、内地の見せ物興業とはまったく異なる、いわば現地人に対する示威行動であった。ちなみにこの飛行には、玉井式飛行機で知られる玉井清太郎、玉井藤一郎の兄弟も参加している。

台湾で、飛行機の実用を始めたのは台湾総督府警務局であった。総督府では、一九一九年（大正八年）に警察飛行班を設置するが、その理由について「理蕃策上ノ必要ニ依リ」と公文書に記録されているから、やはり現地人――ありていに言えば、清朝の頃から外来の支配者を悩ませていた高地原住民に対する示威行動のためだったのである。

ちなみに総督府の警察飛行班初代班長は、所沢で航空学校教官の任にあった工兵大尉佐藤求巳と記録されている。これは総督府から陸軍に現役将校の派遣を希望したための人事で、彼は部下となる台湾総督府依託操縦術練習員の教育にあたった後、現地に派遣されている。なお、この警察飛行班の飛行場は、台湾南部の屏東《へいとう》に設けられた。

ところで、警察飛行班の任務はどのようなものだったのか。この点については、内閣授受の公文書をまとめた『公文類聚』（第四十三編、一九一九年、国立公文書館蔵）に興味深い文書がある。すなわち「台湾総督府部内ノ職員ニシテ航空機ニ搭乗スル者ニ手当給与ノ件ヲ定ム」と題する文書がそれで、内容は、一九一九年（大正八年）七月十六日に公布された、勤務者に対して日額五円以内という基準で一種の危険手当を支給するというもの。その理由には「警察飛行班ニ在リテハ蕃匪ノ捜索又ハ討伐ノ如キ任務アリテ常ニ高嶽峻嶺重畳シ従テ気流ノ劇変ナル蕃地深ク飛行シ或ハ遠距離飛行ニ従事スル等（略）至難且危険ナル実況ナルヲ以テ」という記述がある。先住民族に対する軍事的制圧はおおむね終了していたものの、彼らに対する当局の監視や警戒が緩められることなく続いて討伐の準備を怠らなかった様子や、さらには当時の台湾内陸部での飛行任務の困難さがうかがえる。

前置きが長くなったが、台湾での最初の郵便飛行は、この総督府の警察飛行班が実施した。一九二三年（大正十二年）八月二十二日で、現地人に対しておこなわれた示威飛行の、台北からの帰路を利用しておこなわれた。区間は台北―屏東間。なおこのとき、総督府逓信局では郵便飛行の試行という位置づけをしていて、告示も出されている。その後も警察飛行班や、その後屏東の飛行場を移管された陸軍飛行第八聯隊（後の飛行第八戦隊）による逓送がしばしばおこなわれた。

最初の内地―台湾間飛行は、日本航空輸送によって一九三一年（昭和六年）十月に実施されている。まず四日に、フォッカー F7b/3M・雲雀号（登録記号 J―BBSO）が、那覇を経由して大刀洗―台北を九時間二十分で飛んだ。続いて五日には、福岡からドルニエ・ワール飛行艇・白鳩号（登録記号 J―BCDO）が九時間三十六分で台湾北部の淡水に飛んでいる。

帰路は、白鳩号が九日に十三時間四十四分で、また雲雀号は十日に十時間九分という飛行時間で帰還した。帰路の所要時間が大きいのは、おそらく向かい風の飛行だったからだろう。なおこのときの飛行には、郵便物逓送料として台湾総督府から二万五千円が支給されたという。

定期航空としては、一九三四年（昭和九年）七月二十五日（往路）、同月三十日（復路）の準備飛行をおこない、翌年十月八日から週一往復の郵便・貨物輸送が開始された。使用機はやはりフォッカーF7b/3Mで、経路は大刀洗―那覇―台北である。この日から、郵便物は正規の航空郵便として取り扱われることになり、したがって基本料金のほかに、航空郵便料金が徴収されることになった。

なお、同区間で旅客営業を開始するのは一九三六年（昭和十一年）一月一日からで、三月二十九日からは新鋭のダグラスDC―2も導入され、これまで船で二日から三日を要した行程が、六時間に短縮された。これはもちろん、高い航空運賃を支払うお金があればの話ではあるが、これだけの時間短縮はまさしく朗報だったようで、郵便旅客ともに活況を呈したという。

14 大日本航空の成立

一九三七年（昭和十二年）に勃発した日華事変は翌年の武漢攻略で早くも攻勢の終末点を迎え、以後の作戦行動は奥地爆撃と後方（援蔣ルート）遮断を実施する程度という、いわゆる「泥沼」の様相を呈するようになった。しかしそれでも、満洲国との連絡と、曲がりなりにも占領した地域での要地連絡、そして将来予想される国際航空路の開拓をおこなえる強力な国策会社設立の必要性を政府は感じていた。そこで、これまでの日本航空輸送と、まだ開業に至っていない国際航空をともに解散させ、新たに大日本航空株式会社を設立することになる。

国際航空とは、一九三七年（昭和十二年）三月二十日の閣議決定「日満独連絡航空路設定ニ関スル件」に基づいて同年八月に設立されたものである。その名のとおり日本・満洲・ドイツの連絡空路を開拓、運行する目的で設立された会社で、予定飛行ルートは、閣議決定によれば「東京ヲ起点、伯林ヲ終点トシ新京、安西、「カブール」、「バグダッド」及「ロードス」ヲ経由地トスルコト」となっていた。しかし中国領内の内蒙古奥地に中継地を確保することができず、また日華事変勃発のあおりもあって実現できずにいた。この飛行ルートに関わる話は、後ほど第5章で見ることにする。

さて日本航空輸送は、解散するとはいえ、新会社の資本のうち一千万円が同社からの出資であり、従業員もほとんど引き継がれているから事実上の発展解消といっていいだろう。しかし、このときあらためて設立された新会社は大日本航空株式会社法（一九三九年四月十一日法律第八十四号）によって、空に対するロマンチシズムからは乖離した、いささか特殊性を帯びた会社となった。

同法によって、国内および植民地での航空事業は基本的に大日本航空の独占となった。また同法施行令によって存続が許された既存の定期航空路は、三百キロを超えない事業だけである。政府出資も同法に基づいておこなわれることになったから、これで名実ともに半官半民という性格を持つことになった。しかしとりわけ大日本航空の最も強い特殊性を語るのは次の条文だろう。

第十二条　大日本航空株式会社ハ航空輸送事業ノ経営竝ニ航空輸送事業調整ノ為ニスル投資、融資及助成ヲ為スモノトス

大日本航空株式会社ハ政府ノ認定ヲ受ケ前項ノ事業ノ外本会社ノ目的達成上必要ナル諸事業ヲ営ムコトヲ得（「大日本航空株式会社法ヲ定ム」）

これは、ありていに言えば、満洲国ならびに中国の航空輸送事業に対する投・融資、もしくは助成のことである。東亜の指導的国家として、といえば聞こえはいいが、要は採算が取れるか否かにかかわらず、政治ならびに軍事上の必要から日満華の航空が連携するということである。なお付言しておくが、ここで言う「中国」「華」というのは、言うまでもなく日本の後ろ盾で成立した傀儡政権、すなわち中華民国維新政府と臨時政府のことで

ある。

大日本航空は、同規定により、満洲航空に対して五百万円の出資をおこない、また中華航空に対しては二千九百万円を出資している。

なお、日本航空輸送の解散と大日本航空の設立に先立つ一九三七年（昭和十二年）の夏、内地相互間の航空郵便は制度上廃止され、以後は速達郵便が飛行機によって運ばれることになった。それ以降、敗戦による航空禁止まで、郵便制度上の「航空郵便」は内地と植民地・占領地間の制度として生き続けることになる。

第3章　空路は海外へ

1　陸軍による所沢―奉天間飛行演習

日本最初の海外への飛行がおこなわれたのは、一九二一年（大正十年）九月二十七日からのことである。ここで「二十七日からのこと」と書いたのは、つまり、その日一日だけで長距離飛行を終えることは、まだ当時の飛行機の性能から見て不可能だったからである。日本に限らず、この時代の長距離飛行は何日もかけておこなわれている。

飛行にあたったのは陸軍で、第一次世界大戦後に招聘したフランス教官団の指導もあり、この頃には機材も技量も面目を一新したかのように進歩していた。参加機は、サルムソン2A2、またの名を乙式1型偵察機と呼ぶ機体が四機。操縦者は、樋口歩兵中尉、今田騎兵中尉、依田歩兵特務曹長、小沢工兵軍曹の四人。飛行ルートは所沢―大刀洗―京城―長春―奉天で、帰路は奉天から大連を経由して、陸路と船で帰ってくるというものである。朝鮮半島は既に日本の植民地だったが、その先は中国領内の飛行ということで、外交上の協議を重ねたうえでの飛行となった。

ちなみに、この飛行にあたって北京政府が示した条件は次のとおりである。

①入境時における検査の実施
②写真機、無線機、および郵便物の携行禁止
③人口稠密な地点で低空飛行をおこなって人民の生命財産に危険を発生させないこと
④離着陸は、中国側の指定する地点でおこなうこと

当初、日本側はこれに反発した。外務省は北京で交渉にあたった小幡酉吉公使に宛てた四月九日付の電報で「演習ノ為ナルトハ云ヘ其ノ飛行機ノ軍用タルニ顧ミ支那官憲ノ検査等ヲ受クルカ如キハ到底承認シ難キ所ナリ」とし、現にイタリアの飛行機が飛んできたときに「支那政府」は同様の措置をとったのか、フランスの飛行機が飛んできたときも、何の支障もなかったではないか。それなのに日本に対してだけこのような態度をとるとは、「国際礼譲ヲモ無視スルモノニシテ」「我方ノ到底忍ヒ難キ所ナリ」と伝えたのである。

それに対し小幡公使は、四月十四日付の返電で、中国当局者の言葉として本省にこう伝えている。イタリア機が飛来したときも、「支那政府ハ今回日本ニ対スルノト略仝様ノ条件ヲ附シ現ニ広東税関ニ於テ該飛行機ヲ検査シ」、飛行経路も多少の修正を加え、指定した経路を飛行させた。だが今回は好意をもって経路には何らの変更も加えずに承諾する次第である。

この条件は、結局そのまま日本側が飲むことになった。対華二十一カ条の要求をはじめ、いろいろと中国に対して無理難題を吹っかけていた日本だが、こんなところにまで難癖をつけるのは得策ではないと判断したのか、それとも飛行そのものには影響がない程度のものと考えたからなのか、そのあたりの理由は不明である。なお入国時の検査は、中国側の安東には適切な着陸地がなかったため、日本側の新義州《シニジュ》に中国官憲が出張しておこなうことになった。

さて、所沢を九月二十七日に出発した一行だが、途中、伊賀上野付近で今田騎兵中尉操縦の機体がエンジン故

障により脱落し、他機は大刀洗で一週間近く滞在（その理由は不明）した後、十月四日午前に離陸するも、玄界灘で小沢軍曹機が視界不良で行方不明となった。海上での遭難とあって、佐賀県や朝鮮総督府だけでなく海軍までが乗り出す騒ぎとなった。

小沢機の遭難で二機に減少した編隊は、十月五日午前に京城を出発、だが、依田特務曹長機に何かトラブルでも起きたのか、その日のうちに長春にたどり着いたのは樋口中尉機だけだった。なお玄界灘上空で消息を絶った小沢軍曹とその乗機は、十月八日に青島《チンタオ》守備軍から「人、機体ト共ニ無事ナリトノ電報ニ接シタルニ依リ救援ノ為将校ヲ急派」という連絡がもたらされた。飛行機は青島の南およそ二百キロ、江蘇省阜寧《ふねい》の近くまで流されて不時着し、小沢軍曹は地元官憲によって無事保護されたのである。ただ、陸路の救援が悪路に阻まれて難航したために、代わりに船を差し向けるなどの手間がかかり、小沢軍曹は十一月三日に東京駅に到着したと記録に残されている。

2　日本航空の大阪―大連間飛行

陸軍による所沢―奉天間の次に日本と大陸を結んだのは、純然たる民間機だった。朝日新聞社の訪欧機（一九二五年〔大正十四年〕）がハルピンに立ち寄ったことを除けば、一九二六年（大正十五年）に日本航空が実施した大阪―大連間の往復飛行がそれにあたる。

ところで、第二次世界大戦で海軍機の製作にあたったことで知られる川西機械製作所飛行機部（後の川西航空機）は、この時期は特色ある郵便飛行機の設計製造をおこなっていた。それらの飛行機を利用して、川西経営の日本航空（念のために断っておくが、第二次世界大戦後のフラッグシップたる日本航空とは関係ない）は、前に見たように一九二三年（大正十二年）から大阪と九州を結ぶ定期飛行を実施していた。

図８　大連の空の玄関、周水子飛行場。満洲事変で日本航空輸送が関東軍に協力した際の拠点でもある（著者所蔵絵ハガキ）

さて、着実に実績を積み上げていった日本航空は、逓信省からの委嘱を受けて、大阪―大連間飛行の研究を開始する。そして飛行を一九二六年（大正十五年）九月十三日に実施した。郵便飛行の実績を積み上げていた会社による大阪―大連間飛行とあって、計画を知った切手収集家や航空郵趣家からの注目も大きかった。彼らは、この飛行で運ばれた郵便物を手元に残そうと、搭載を希望する郵便物を大阪中央郵便局へと送ったのである。このような、ある郵便局からの差し出しを希望して、その差し出したい郵便物を郵送してその局に依頼することを「郵頼」という。一般にはなじみのない概念だが、収集目的などのために昔からよくおこなわれている方法である。なお郵便切手発売日などの消印を押してもらうよう依頼するときにも郵頼は利用される。

多数の郵頼が来た大阪中央郵便局は、その反響の大きさに驚いたといわれる。しかし逓信省としては、この飛行で郵便の逓送をおこなうことは考えていなかった。そのため、郵頼によって集まった郵便物は、正式に引き受けられないまま京城へと運ばれたのである。

一方、朝鮮総督府と関東庁は、飛行郵便の実施を計画し、告示を出すなどの準備をしていた。内地であれば郵便を管轄するのは逓信省だが、外地では、朝鮮総督府ならびに関東庁に逓信局があり、朝鮮と関東州の郵便事業をそれぞれ所管していた。そのため、このように内地と外地で扱いに違いが生じることもあったのである。

京城局では、大阪から運び込まれた郵便物も含めて飛行郵便の引き受けをおこない、日本航空の飛行機による大連への逓送が実施された。また帰路の飛行でも同様に、大連中央局と経由地の京城局でそれぞれ引き受けられた内地宛郵便物を載せ、大阪に帰着した。そのため、大阪中央郵便局から見れば、往路では一通の郵便物も運ばせなかった一方で、復路の便で大量の郵便物を運び込まれたことになる。

話が少し脱線したが、この飛行に関する記録は、新聞や収集家によって詳細に残されている。それによって飛行の概略を示せば、次のとおりである。

往路：大阪（九月十三日発）→大刀洗（同日着、十五日発）→京城→大連（同日着）
復路：大連（九月二十日発）→京城（同日着、二十一日発）→広島（同日着、二十二日発）→大阪（同日着）

なお往路の大刀洗で二日を過ごしたのは、台風をやり過ごすため、復路の京城一泊は、機体整備のためと伝えられている。ちなみに日本航空では、この年に六回にわたる大阪―大連間飛行を実施した。

日本航空の大阪―大連間飛行は、この一期では終わらなかった。一九二六年（昭和元年）のこの飛行を第一期として、翌二七年の数回に及ぶ飛行が第二期のものとして記録されている。しかも、第二期二回目の飛行は、日本の民間機がわが国の主権下を離れ、奉天まで飛行したという点で特筆される。

第二期は、一九二七年（昭和二年）八月十日から十三日にかけておこなわれた大阪―大連間の飛行で幕を開けた。しかも出発時には、朝日新聞社による東西定期航空会の、東京からの郵便機が連絡している。したがってこの飛行では、東京から大連まで飛行機で運ばれた郵便物が存在した、ということでもある。ちなみに帰路は、八月十八日に大連発、京城および広島に途中着陸して、大阪には二十日に帰り着いた。

そして続く第二期第二回の飛行で、大連にとどまらず奉天までの飛行が実施された。八月二十九日に大阪を出発し、途中広島に立ち寄って八月三十日に大連に到着、そして大連にしばらく滞在し、九月五日に離陸し、奉天にはその日のうちにたどり着いている。帰路は、九月六日に奉天を出発したが、悪天候のため途中の京城で待機し、九月十五日に広島着、大阪には、翌日の十六日に戻ってきた。

3　満洲航空の成立

一九三一年（昭和六年）九月十八日に関東軍が満洲事変を引き起こすと、日本航空輸送大連支所は、軍のために奉天東飛行場までの連絡飛行を実施した。また平壌出張所も、朝鮮軍からの依頼もしくは命令によって、飛行第六聯隊の満洲進出に協力すべく奉天までの飛行をおこなった。

やがて日本航空輸送大連支所は、関東軍からの依頼（命令ともいわれる）もあって、支所独自の判断で半数ほどの機材を奉天に移駐させ、軍に協力することになった。そして後には、会社と関東軍との契約により、軍管理の下で次の軍用定期航空を運航するのである。

新義州―奉天―長春―ハルピン―チチハル……週三回
大連―奉天……週一回

言うまでもないが、これは中国の主権を侵害する行為である。

日露戦争後に日本が満洲で獲得した権益は主として、大連―長春間の鉄道と同鉄道の付属地での行政権、そして、その沿線での経済活動に関するものだった。一応は帝政ロシアとの間に南満洲と東部内モンゴルを日本の勢力圏とする秘密協定が結ばれてはいたが、だからといって中国政府の意向を無視した勝手な振る舞いが許されるわけではなく、内地から租借地である大連まではともかく、そこから先の中国の主権下に飛行機を飛ばすには、中国政府（当初は北京政府、後に南京政府）との交渉が欠かせなかったのである。しかし中国は、外国の飛行機が自国内の上空を飛ぶことについては非常に神経を尖らせていた。なぜなら、不平等条約の下では、外国の飛行機や航空会社に対する規制や監督行政が有効にはたらくとは考えられなかったからである。

そうした状況のなか、日本航空輸送は関東軍の軍事力による露骨な侵略を手助けする形で、満洲に航空路を開設したのである。

満洲国建国後の一九三二年（昭和七年）八月十九日には日満航空協定が成立し（もっともこれは満洲国政府と関東軍の間に結ばれた協定であり、日本国政府と満洲国政府との間に結ばれたものではない）、同年九月二十六日には満洲国政府、南満洲鉄道、住友合資会社の出資によって満洲航空が創設された。このとき日本航空輸送から、大連支所長の麦田平雄はじめ三十三人の在満勤務者を含めた計四十一人が、この新航空会社へと移っていったのである。

それから間もなく満洲航空は、九月に発生した北満の満洲里・ハイラル方面での蘇炳文率いる反満抗日ゲリラに対しては、二十八日から十月七日にかけて数度の偵察を実施、また監禁された邦人の解放交渉がソ連領内でおこなわれた際には、日本側交渉員をチチハルからソ連領内のダウーリヤまで輸送している。

さて満洲航空は、日本航空輸送が開いた軍用定期航空路を引き継ぎ、十一月三日から奉天―新義州、奉天―新京―チチハル、チチハル―ハルビンの各線で営業を開始した。ただし奉天―新義州に限っては、当初の名義は軍用定期だったといわれる。

この満洲航空の営業開始に合わせて、日満間で航空郵便の逓送が実施された。傀儡国家とはいえ、日本と海外を空路で結ぶ定期の国際郵便航空はこれが最初のものである。これで東京から新京まで、飛行機で郵便を運ぶことが可能になった。ヨーロッパ方面にもこの区間を利用して、つまり東京―新京間とイルクーツク（後にチタ）以遠の航空路を利用して郵便を出すことができるようになった。

ちなみに日満を結ぶ奉天―新義州線は、営業開始の翌年三月六日から二十四日、および五月四日から六月二日と、二回の休航をおこなっている。当時の告示に理由は明示されなかったが、後に述べる熱河作戦と、その後の華北進出を支援するために機材人員が別に動員されてしまったことの影響であるらしい。

4 熱河侵攻と満洲航空

一九三三年(昭和八年)二月に開始された熱河侵攻で、満洲航空は再び関東軍に協力した。まず作戦開始に先立って、一月三十一日から二月三日にかけて、三度にわたる地形偵察を実施している。そして二月十三日になると、今度は関東軍から輸送隊の編成に関する命令が下された。輸送隊の隊長は関東軍参謀の航空兵中佐島田隆一である。二十三日には奉天の格納庫で輸送隊の軍装検査がおこなわれ、二十四日に奉天から渤海に面した連山へと進出。そして二十五日には錦州から熱河省東部の朝陽までの間を偵察し、二十六日から前線への糧秣輸送ならびに奉天からの防寒被服輸送に従事した。

三月に入って、関東軍は満洲航空に対して輸送隊の人員ならびに機体の拡充を命じ、その間は満洲国内の定期航空を欠航しても差し支えないとした。民間需要を後回しにした軍事優先的な考え方だが、要するに満洲航空は関東軍のコントロール下にあったわけだ。発足の経緯を考えれば容易に理解できるが、満洲での民間航空の発展を目的とするよりも、軍事優先を至上とする、いわば第二空軍のような航空会社だったのである。

さて、軍の熱河侵攻に協力した満洲航空の輸送隊は、作戦の進展に伴って、糧食輸送や防寒被服の補充といった任務にとどまらず、関東軍首脳の戦線巡視への協力や、戦線各所からの重傷患者、凍傷患者の後送といった任務もこなすようになっていった。さらには軍航空部隊への支援も実施し、弾薬、燃料、爆弾などの輸送もおこなっている。ちなみに地上部隊への糧食・小銃弾などの補給は、主として空中投下という方法によったらしい。

さて、作戦の進展とともに空中輸送隊は三月二十日で任務を終了し、飛行機および空中勤務者は二十一日に、そのほかのメンバーは鉄道で二十二日に奉天へと帰着した。しかし、このときの関東軍への協力はこれで終わらなかった。

熱河を占領した関東軍ではあったが（余談だが、漢人の数が圧倒的に多くなっていたとはいえ、熱河省は満洲ではなく、そのほとんどが内モンゴルに属する地域であることを付記しておく。どうしたわけか、世の中には「熱河は満洲の一部であって中国ではない、だからこの作戦は不当なものではない」という意見があるが、地理的概念からして間違っているので、ここであえて釘を刺しておく）、今度は、万里の長城ラインに集結する中国軍を叩くことを考えた。もちろん、中国本部への本格侵攻ではなく限定的な作戦ではあったが、それでも中国側にしてみれば、こうした関東軍の行動はもはや「満洲国防衛」の域を超えた侵略以外のなにものでもない。ともあれ、熱河省を平定した関東軍は、今度は長城ラインおよびその南へと侵攻を開始した。ここで再び、満洲航空が関東軍を空から支援することになるのである。

図９　新京飛行場での満洲航空のフォッカー・スーパーユニバーサルの絵ハガキ。同機は日本航空輸送からの移管分も含めて、満洲航空でも多用された。華北や内モンゴルに対する謀略にも使われている（著者所蔵）

熱河作戦終了から間もない三月三十日には、早くもフォッカーF7b/3Mを利用して長城に沿った偵察飛行を実施している。それから二カ月とたたないうちに、満洲航空は再び空中輸送隊の編成に関して関東軍から命令を受ける。そして五月十二日には奉天を出発して錦州飛行場へと進出。その翌日には早速行動を開始し、戦傷患者の収容、敵陣地の偵察を実施した。この作戦では、患者輸送の方法が大きく工夫された。飛行場の引き込み線に患者輸送列車を入れて、戦線から飛行場までは患者を飛行機で運び、そして飛行場からダイレクトに野戦病院まで列車で輸送できるようにしたのである。戦野や悪路で大きく動揺する自動車による輸送に比べて戦傷者への負担は小さく、また同時に収容しうる患者数が大きく増えるという好結果をもたらしたそうだが、その後の日中戦争勃発から太平洋戦争の敗北に至るまでの、多くの患者が放置され、あるいは自決を強いられた状況と照らし合わせると、日本軍にしては上出来なほどの人道的措置ではある。しかしそれは、あくまで侵略行為をうまく運ぶための装置にすぎなかったということを忘れてはならない。ともあれ満洲航空は、ほぼ毎日、戦傷患者の収容にあたった。

この二度目の空中輸送隊は六月一日まで業務を遂行し、二日に奉天へと帰還した。

5　軍事的進出を背景に実現した日中定期航空路

日本から中国への飛行については、先にも見たように、大正時代に外交上の許可を取り付けたうえで、陸軍機が所沢―長春間を飛んだことはあった。その後、日本航空輸送による上海への定期航空がもくろまれたが、こちらは日中両国間の関係悪化もあって実現していない。

一九三四年(昭和九年)九月六日、朝日新聞社は北平訪問飛行を実施した。これは二四年(大正十三年)におこなわれた同社の訪欧大飛行から十周年を記念しておこなわれたものである。ちなみに北平とは、現在の北京のことである。東京と大阪から、それぞれ川崎C―5通信機、川崎A―6通信機を飛ばしている。ちなみに、その日のうちに北平南苑飛行場に到着したのは大阪発の川崎A―6だけだった。東京発のC―5は天候不良で引き返し、十日になってやっと飛行を果たした。帰路は、十三日に北平を出発したA―6が天候不良によって京城で足留めとなり、翌日、雨の福岡に何とかたどり着いた。一方C―5は十五日に北平―大阪間を七時間四十四分で飛び、無事に訪問飛行を終えた。このときのメンバーは、C―5が新野百三郎操縦士と塚越賢爾機関士、A―6が飯沼正明操縦士と島崎清機関士だった。

翌一九三五年（昭和十年）三月二十日、朝日新聞社は、今度は南京への訪問飛行を実施する。飛行機はC—5通信機、搭乗したのは前出の新野、塚越のコンビである。彼らは大阪を経由して東京—南京間を十一時間五十六分で飛びきった。こうした二度にわたる長距離飛行は、朝日の航空部にとって大きな実績になったことと思われる。ちなみに、三七年（昭和十二年）の神風号によるロンドン訪問飛行を成し遂げたのは、このとき中国への飛行を経験した飯沼正明、塚越賢爾の二人であった。

さて郵便物について見てみると、この二回にわたる中国訪問でも往路・復路ともに運ばれている。郵便料金は封書もしくはハガキの料金だけで、航空料金の徴収はおこなわれていない。

しかしこのような平和的に思われる訪問飛行がおこなわれる一方で、日本の華北に対する軍事的影響力は次第に増していった。先述した関東軍の華北進出の結果として、南京政府を立ち退かせた河北省に冀察《きさつ》政務委員会が設立されたのは、一九三五年十二月十八日のことである。この政務委員会は、まがりなりにも南京政府の認めた政権ではあったが、日本の影響や圧力に対抗できるものではなかった。

当時、中国の空は、概してアメリカ系資本と南京政府の共同出資による中国航空公司、ドイツのルフトハンザ航空と南京政府の共同出資による欧亜航空公司の二社がそれぞれの路線を持っていた。そこに日本は、冀察政務委員会と協定を結ぶことで、航空事業を進出させようと企てたのである。

その後、支那駐屯軍を仲介として、日本と冀察政務委員会との間に航空会社設立に関する合意が形成され、一九三六年（昭和十一年）十一月七日、恵通航空公司が設立される。この新会社で運航と整備の中心的役割を果たしたのは、ほかならぬ満洲航空のメンバーだった。

創立から間もない十一月十七日、恵通航空は早くも天津—大連の定期航空を開始する。この手際のよさは、つまりそれだけ「用意」が周到におこなわれていたことを意味する。やがて日華事変が始まり、中国の各都市が日本軍に占領されると、それらの都市を結ぶようにして恵通航空の路線も次第に延びていった。そして一九三八年

（昭和十三年）十二月十六日、恵通航空は発展的に解消して中華航空となった。ちなみに北京、上海、南京には、三八年十月一日から大日本航空も定期便の乗り入れを開始している。ただし、これらの便には軍事利用優先という条件が付されていた。

中国での日系航空事業は、中国側（たとえそれが日本の意に沿うよう設立された現地政権であれ）に主導権がなかったという点で、それまでのドイツやアメリカとの合弁事業とはまったく異なっている。たとえば、欧亜航空公司が中国側から認められた事業は外国郵便の逓送であり、旅客や中国国内の航空郵便を取り扱うことは許されなかった。また相手国の中国への乗り入れは許されず、したがってイギリスのインペリアル航空（ロンドン―香港）との接続も、中国航空公司による広州―香港線の開設によってはじめて実現したのだった。対して日本側は、中国への直接乗り入れや旅客輸送を実現させたという点で、それまでの中国の主導権を否定したことになる。

不平等条約による制約があっても（もしくは、あったからこそと言うべきか）、国内航空事業での主導権を握ろうとした中国と、少なくともそれを尊重した各国に比べ、日本の横暴さは際立っていたといえるだろう。そして中国の空に進出した日系航空会社は、陸軍の命令によって、軍用定期路線を開設していくのである。それは、民間航空会社でありながら軍を下支えする存在にほかならなかった。

6　南に延びる航空路

タイ王国は、イギリス領ビルマ、イギリス領マレー、フランス領インドシナに国境を接していて、その動静は東南アジアの情勢にも大きく影響するので、日本は早くから政治的・経済的進出をもくろんでいた。現地大使館付武官が、日本製航空機の優秀性を周知するために民間機を飛ばす必要を打電したという事実も記録に残されている。

日タイ航空協定の調印は、一九三九年（昭和十四年）十一月三十日である。この協定に関する枢密院の会議録によれば、三六年一月に日本側から提示したことが始まりといわれる。だがこのときの提案は、実現には至らなかった。

不調に終わった日タイ間の協定について、枢密院の記録では、一九三八年（昭和十三年）に今度はタイ側から申し入れがあり、以来商議を重ねたことになっている。しかし大日本航空関係者の筆による記述はニュアンスが微妙に異なっていて、国際情勢の影響もあって協議は紆余曲折を強いられたという文脈になっている。このあたりは今後の研究を待ちたいが、締結までに三年から四年の時間を要したことは間違いない。ちなみに協定成立後の試験飛行についても、当初は「親善、祝賀飛行」と称する予定だったようだが、これに対しては陸軍省と外務省の「親善ノ押シ売リヲ止ムルヲ可トスル」という主張が通り、単に「試験飛行」とすることになった。やたらに親善とか善隣という言葉が使われた時代だが、どうやら当局者には、それがこちらからの押し売りだという認識は少なくともあったものとみえる。

週一回の定期飛行が開始されたのは一九四〇年（昭和十五年）六月十日。なお、はじめのうちはフランス領インドシナ総督府が領空通過を認めなかったため、フランス領インドシナ上空を避け、洋上を大きく迂回しての飛行だった。後にフランス領インドシナとの間で協定が成立し、ハノイやサイゴンにも立ち寄ることになる。

当時バンコクは、イギリスのインペリアル航空、フランスのエールフランス、オランダのＫＬＭ、オランダ領東インドのＫＮＩＬＭ（クニルム）が乗り入れており、いわばアジアでの空の表玄関ともいえる地位にあった。そうした場所に日本は何とかデビューを果たし、外国郵便の逓送ルートが、直接ヨーロッパからの航空路とつながることになった。

しかしこの年、五月十日にはドイツが西部戦線で攻勢に出ていることに留意したい。戦争の影響によって、南回りルートでやってくるヨーロッパからの飛行機が途絶えがちになると、アジアでの航空勢力の地図も徐々に日本の手によって塗り替えられようとしていた。たとえば五月二十七日には、在イラン日本公使館付武官から陸軍の軍務局長に宛てて、バスラ以東でのオランダ、フランス両国の定期航空回数の減少に乗じてタイ国以西に空路を延ばす努力をするべきという内容の秘電報が打たれた記録が残っている。また一九三九年（昭和十四年）には、イラン皇太子の成婚に対する奉祝親善飛行が実施され、大日本航空のそよかぜ号（三菱式双発輸送機、海軍の96式陸上攻撃機の民間輸送型）が四月九日から十五日にかけての飛行でテヘランを訪問している。

しかし日本の民間航空は、タイより西に定期航空路を開くことはなかった。シンガポールとビルマ方面への定期航空が、軍用定期航空路として開拓されることになるのは対英米開戦後である。その実務は大日本航空と満洲航空が担ったとはいえ、占領区域の外には決して出ることはなく、またそれは軍の都合と戦況に大きく左右されるという、あまりにも不安定な定期航空だった。

7 陸軍の輸送飛行隊と化した民間航空

大日本航空の機材人員からなる特設第十三輸送飛行隊が編成を完結したのは一九四一年（昭和十六年）十月十五日のことである。同じ頃、中華航空の機材人員による特設第十五輸送飛行隊も編成された。また、満洲航空の社員を臨時召集したうえで編成された第七輸送飛行隊もあった。そのほか、中華航空と大日本航空に属する機材人員の借り上げも軍によっておこなわれている。

日本の戦争準備は、一九四一年（昭和十六年）九月六日の御前会議で「対米英蘭戦争を辞せざる決意の下に」戦争準備をおこなうこととし、十一月五日の御前会議決定「帝国国策遂行要領」でさらに一歩、開戦へと足を進めた。

そして十一月六日、大本営陸軍部が南方軍の戦闘序列を下命するにおよんで、いよいよ作戦軍を編組する段取

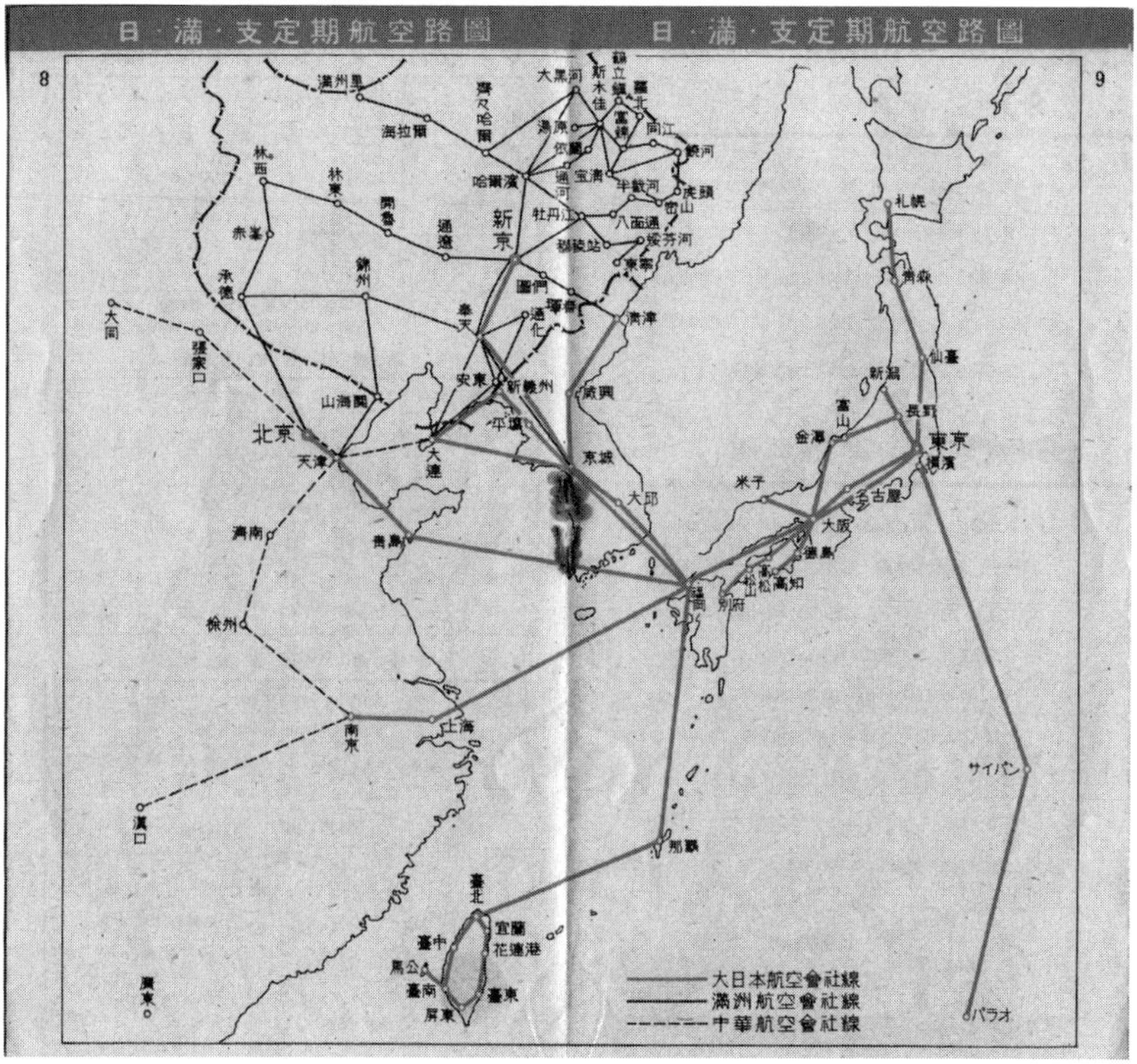

図10　この頃になると、占領地の要地を高速で結ぶ交通機関として、政府や軍にとってなくてはならない移動手段になっていた。なお図にある中華航空は日系の会社で、現在の中華航空とは無関係である
（出典：大日本航空『定期航空案内』大日本航空、1939年、8―9ページ）

りに入った。このとき、前述した第七輸送飛行隊と第十三、第十五の両特設輸送飛行隊は南方軍直轄の航空部隊として戦闘序列に加えられ、攻略作戦に従事することになった。

開戦前の特設輸送飛行隊の任務は、南方軍高級幕僚の移動、緊急輸送、そして大陸に展開している航空部隊の南方展開を支援することだった。こうした任務には、戦闘序列に加えられていないはずの、朝日と大毎・東日の両新聞社の飛行機も従事している。

軍の記録では、大日本、中華、満洲の各航空会社および特設輸送飛行隊に軍用定期航空を実施させる予定になっていたが、実際には緒戦の段階では、定期航空は大日本航空と中華航空、そして輸送飛行隊が担当し、満洲航空は各基地への側面支援が当初の任務として振り分けられたという。

なお特設輸送飛行隊の使用機は、ロッキード14WG3スーパー・エレクトラ、中島AT—2型、そして三菱MC—20である。

開戦により、サイゴンから先の空は交戦地域となり、そこに乗り入れる飛行機は民間機といえども迷彩を施すことが求められた。たとえば一九四二年（昭和十七年）一月十日から二週間の行程で南方取材をおこなった朝日新聞社の朝雲（三菱MC—20、J—BAAP）には、行程六日目のサイゴンでの整備給養時に緑の迷彩が施された。こうした措置は、航空会社が差し出した民間機にも及んだ。

なお迷彩の話に付け加えれば、一九四二年一月十六日付で陸軍は、軍用定期航空については軍用機として取り扱い、軍が会社に直接指示するという旨を逓信省に対して通牒し、同時に大日本航空に対しては、主翼の上下面両端に日章（日の丸）を表示するよう連絡している。それ以降、日本の民間機には登録記号のほかに、日の丸と迷彩塗装が付け加えられるようになる。

ところで南方に向かう軍用定期航空そのものは、日中戦争やフランス領インドシナ進駐といった事態の進展によって、広東からサイゴン、そしてタイのバンコクに至る路線が既に設けられていた。対米開戦後は、それらがさらに各戦域へと延ばされていったのである。戦局の展開によって次のように定期空路が拓かれたことが、陸軍省の密大日記（大臣官房の発受文書を綴じたもの）によって詳細に確認できる。

一九四二年一月二日、日本軍はマニラに入った。そして六日、軍は大日本航空の手によって台北―屏東―ビガン―マニラを五時間で結ぶ週三往復の便を開設させた。また同じ頃、マレー方面でもサイゴンからクアラルンプールまでの線が開設されている。

二月十三日には、台北―マニラ線を延伸する形で、週一往復のマニラ―イロイロ―ダバオ線が開設された。マレー方面では、二月十五日にシンガポールが陥落している。それを受けるようにして軍はサイゴン―クアラルンプール線を延伸し、サイゴン―スンゲイパタニ―シンガポール線としたが、この路線は、記録では二月上旬の実施とされている。

ビルマ方面では、一月二十二日に大本営から南方軍に対して攻略命令が下されていた。以後、ビルマ方面とフィリピン方面では、作戦の進展に呼応してそれぞれ次のように空路が開設されていった。

中華航空分担
二月十七日　バンコク―シンガポール
二月二十日　バンコク―モールメン
大日本航空分担
二月十八日　サイゴン―シンガポール
二月十九日　サイゴン―ミリ―ダバオ

南方要域への急速な空路延伸は、限られた機材人員の逼迫を招いたと思われる。というのも、前述した区間のうちサイゴン―ダバオ間は、東京―北京間の軍用定期航空を中止して機材と人材を充当するとされたからである。ちょうどこの頃、二月十九日に「軍人軍属定期航空機搭乗ニ関スル件」と題する通牒が改定されて台北―マニラ

—ダバオ線が加えられたが、このとき、それまで運航していた東京—福岡—新京線と東京—福岡—北京線の二つの軍用定期航空が中止されている。これも、もしかすると人員機材をやりくりする必要に迫られたのではないかと筆者は考えている。なおこのとき、ほかの新規開設軍用定期航空は、まだ陸軍一般には通牒されていない。

二月十四日には、スマトラ島パレンバンへの落下傘部隊降下を皮切りとするジャワ作戦が開始され、三月五日にはバタビヤ、続いて七日にはスラバヤを占領した。そして三月十八日からは、週一回ペースのサイゴン—昭南(占領直後にシンガポールから改名)—バタビヤ線と、週二、三回ペースの昭南—バタビヤ—スラバヤ線の運航が、特設第十三輸送飛行隊の手によって開始された。ちなみに前記の区間については予定された使用機についての記録があって、それによればサイゴン—昭南—バタビヤにロ式輸送機(ロッキード14WG3スーパー・エレクトラ)もしくは一〇〇式輸送機(三菱MC—20)、昭南—バタビヤ—スラバヤに九七式輸送機(中島AT—2)を充てることとなっている。

三月上旬になると、大日本航空が分担する形で、要地を直接結ぶ空路が開設される。すなわちサイゴン—昭南直通線(週二往復)とサイゴン—マニラ線(週一往復)である。この新路線開設に伴い、それまで運航されていたサイゴン—スンゲイパタニ—昭南線は廃止になった。

ビルマ方面では、三月八日にラングーンを占領している。そして四月十七日になると、サイゴンの南方軍は大日本航空、中華航空、そして特設第十五輸送飛行隊に対して次のような命令を出す。

一、大日本航空と中華航空は、五月一日からサイゴン—バンコク—ラングーン間の軍用定期航空を実施すること。

二、特設第十五輸送飛行隊はバンコク—ラングーン—トングー間の軍用定期航空輸送を実施すること。

このようにして、占領地域を結ぶ空路は形を整えていった。そして緒戦が一段落すると、後は便数や経路、発着時間の調整など、新規開拓よりも変更事項などの作業が中心になる。だが、サイゴンから昭南に移った南方軍総司令部に軍政総監部が設けられ、マレー、ビルマ、ジャワの各軍に軍政監部が設置されて本格的な軍政が開始されると、今度は陸軍司政下の要地を結ぶ航空輸送機関の必要が生じてきた。

　そこから生まれたのが、次に述べる南方航空輸送部である。

8　南方航空輸送部

　各占領地を結ぶための航空輸送を担う機構として、新航空会社の設立も検討されたようだが、結局は従来の民間航空会社の人員機材により、軍令（勅令とする記録もあるが、臨時編成完結の報告によれば軍令陸甲第六十三号に基づく編成である）によって南方航空輸送部と称する軍政機構のような形で編成された。そのため特設第十三、特設第十五両輸送飛行隊の隊長を除く将校以下は現地で召集解除となり、満洲航空航測飛行隊も含めて南方航空輸送部に吸収された。また同部には、大日本、中華、満洲の三航空会社の南方駐在員の一部も取り込まれ、したがって南方航空輸送部は、司令長官や文官である司政官、一部軍人を除き、一般要員は南方軍嘱託の民間人によって占められることになった。

　なお南方航空輸送部が編成完結をみたのは、九月十五日のことである。十月一日からは、大日本航空を国際的重要幹線に進出させるという名目で、南方空域の定期航空に従事させることになった。ここで国際的というのは、フィリピン、ビルマに行政府を樹立（後に、独立付与）させることが視野にあったからだろう。

　さて、戦局の推移にしたがって順次開設されていった陸軍の路線は、台北以南は南方航空輸送部が担当することになった。

　南方航空輸送部の空路は、西のビルマ方面ではラングーンからメイミョウを経てラシオへ、また東にはバタビヤ―スラバヤ線をさらに延長する形でクーパン、アンボンを経てニューギニアのバボからウエワクを経てラバウルへと延ばされた。これが、総延長が最も長かった時期の空路で、一九四三年（昭和十八年）頃のことだ。しかしニューギニア方面は連合軍の反攻もあり、間もなく熾烈な攻撃にさらされることになる。

戦況の悪化を受けて輸送機の武装化が図られたりもしたが、一九四四年（昭和十九年）四月一日以降の航空路はホーランジアまでに短縮、しかしほどなくしてホーランジアにもアメリカ軍が上陸し、五月にはメナド止まりとされるなど戦況悪化の影響を受けた。そしてフィリピンのルソン島にアメリカ軍が来ると台北―マニラ間も運航不能となり、シンガポール方面からフランス領インドシナを経て台北から福岡へと飛ぶ路線がかろうじて残される。だがこの路線も安全とはいいがたく、とりわけ沖縄へのアメリカ軍上陸後は、安全確保がきわめて困難な状況下の飛行を強いられるに至った。機材も補充も思うに任せず、輸送機に代わって重爆撃機などが配備されるようになり、末期には四式重爆さえ使用されたともいわれる。

ところで、開戦前に満洲航空が差し出した機材人員によって編成された第七輸送飛行隊は、南方航空輸送部には合流せず、その後も存続した。一九四三年（昭和十八年）六月三十日には第十一、第十二輸送飛行中隊を編入し、同年九月にはラバウルに移動、ラバウル―ウエワク―ホーランジア間の輸送任務に就き、十一月にはホーランジアに移動してフィリピンとニューギニアおよびラバウルをつなぐ空輸任務に就いた。しかし四四年（昭和十九年）四月二十二日にアメリカ軍がホーランジアに上陸したことを受けて第七輸送飛行隊は内地に移動し、各務原を拠点に台湾やフィリピン方面への輸送任務に従事する。とはいえ当時の飛行部隊にしばしば見られたように、地上勤務員を含めて全員が移動できたわけではない。ホーランジアに残留した隊員については、書類上はサルミへと退却し敗戦を同地で迎えたことになっているが、一体どれだけの人員が生存できたかについてははっきりしない。

ここまでは、開戦準備に伴う輸送飛行隊の発足と、それを統合・再編した南方航空輸送部について取り上げた。これらは南方軍の隷下にあった輸送部隊だが、もうひとつ、陸軍中央の意思によって、陸軍中央と隷下各軍に対する軍用定期航空を担った「陸軍特務航空輸送部」の存在についても触れておきたい。この機関は、一九四二年（昭和十七年）に入って間もなく、陸軍航空本部と大日本航空第一運営局（第一運営局は陸軍関係輸送業務を担当。なお海軍関係については第二運営局が担当した）との間に契約が結ばれ、発足したものである。配属された職員は陸軍嘱託（軍属）とされたが、これは宿舎・給養の便宜を図るためだという。組織の気風は、後の南方航空輸送部と比べて大日本航空色が強かったそうだが、その理由はおそらく、編成が軍命令によらず、契約によるものだったからではないだろうか。

運航ダイヤグラム上では、南方航空輸送部と特務航空輸送部の区別は難しい。陸軍省の大日記類にもあたってみたが、緒戦の段階で軍が開設を命じた文書から、特定の区間について限られた時期での運航主体がわかる程度である。

陸軍特務航空輸送部の業務処理に対しては、南方の主要基地に派遣された大日本航空の駐在員がおこなった。だが南方航空輸送部が編成されるに伴って、大日本航空の駐在員も同輸送部に転属することになり、陸軍特務航空輸送部の飛行機が受ける整備や、また乗員が南方寄航先基地で受ける給養・宿泊は、すべて南方航空輸送部が担当することになった。

なお陸軍特務航空輸送部の任務は、定期航空だけにとどまらない。作戦指導や現地視察に際して飛ばす臨時便はもちろんのこと、整備隊や補給空輸部隊を編成して、宇都宮を基地として南方に戦闘機などの機材を空輸する作業にも従事した。また戦局が悪化すると、レイテ作戦や沖縄戦への人員や資材の特別輸送にも従事した。そのため、しばしばアメリカ戦闘機が跳梁する空域を飛行するという危険を冒さざるをえず、ときには戦死者も出している。おそらく撃墜したアメリカ軍のほうでは、まさか民間航空会社の操縦士が操縦している飛行機だとは露ほども思わなかっただろう。

9　輸送任務の内容と問題

侵攻作戦が一段落すれば、飛行機による輸送任務の要点は、各方面で同時進行する作戦への支援から、各占領地（司政地）を結ぶ航空連絡へと変化する。このことを考えれば、各特設輸送飛行隊の解隊と隊員の召集解除、そして南方航空輸送部の設立による南方空域での航空輸送機構の一元化という流れは、さしあたっては妥当な措置といえるだろう。

ところで、空輸によって何を運んだのか。このことについて一般向けに書かれた記事を、あいにく筆者は目にしたことがない。そこでいくつかの規定や通牒を参照しながら簡単にまとめてみたい。

現在の航空事業の隆盛を知っているわれわれは、航空輸送というと、まず人の輸送を思い浮かべがちである。だが当時の航空輸送については（というより、事情は今日でもそう変わらないが）、まず郵便輸送を考える必要がある。航空路の開設は、一義的に郵便線路の開設を意味していた。

陸軍は、文書を各部隊に配布するときには郵便を利用していた。書留郵便で送られた秘文書の紛失や、満洲で逓送中に発生した盗難事件などが記録に残されている。軍の書類を郵便で送るという事情は作戦軍に対しても同様で、作戦区域内、および内地から作戦区域に対しては公用軍事郵便として取り扱われた。もちろん当時は平面路便（いわゆる船便）での逓送が基本だが、緊急を要する文書については特に飛行機で運ばれた。こうした公用軍事郵便の逓送が、軍用定期航空の重要な任務だったのである。

南方軍では、公用軍事郵便物の逓送に関する規定として「南方軍空輸逓送業務暫行規定」を定め、一九四二年（昭和十七年）二月一日から実施した。この規定によれば、逓送業務に用いられる飛行機は軍用定期航空便もしくはほかに目的がある飛行機を利用することとし、逓送だけのためにわざわざ飛行機便を仕立てることをしない旨を定めている。しかし、同時に逓送する郵便については「特ニ緊要重要ナルモノニ限定シ」と定めていたから、それだけ定期便の重要性は高かったのである。なお作戦区域内の航空路を飛行する場合、「部隊及機長ハ特ニ任務ニ支障ナキ限リ郵便物ヲ逓送スベキモノトス」とされた。だからこの規定に従うかぎりでは、戦闘部隊であっても公用軍事郵便の逓送を担う可能性が生じることになる。そうした場合にも備えて、区域内空路を飛行する部隊や機長には、飛行場にいる逓送掛の長に、戦闘行動を除く飛行行動予定についてなるべく予告するよう求められた。

さて、郵便物として逓送される書類は、手書きもあれば謄写版やタイプ印刷による「印刷物」もある。こうした印刷物で航空逓送が認められたものは作戦命令、情報記録、「戦闘要報」「戦闘詳報」で、その重量については、おおむね一キログラム以内とされた。こうした公用軍事郵便物を航空逓送しようとするときには、届け先飛行場と受領部隊を明記し、同時に「空輸逓送」と朱書きして、飛行場に勤務する地上逓送掛に差し出すよう定められていた。また、公用軍事郵便物の処理については授受証票を作成して正確な処理をするよう求められていたから、いわば書留並みの取り扱いが要求されたわけである。

ところで軍事郵便には、公用のほかに私用がある。戦地に派遣された出征将兵とその家族の間に交わされる手紙がそれにあたる。将兵の家族や友人などが本国から差し出すものについては有料で、国内郵便料金と同じ額が徴収されるが、戦地からは、たとえば下士官兵は月に二通までは無料で差し出すことができた。この私用の軍事郵便は、基本的に平面路便（船便）での輸送となる。だが日中戦争やフランス領インドシナ進駐に動員され出征した将兵は、航空料金として三十銭分の切手を貼れば、飛行機によって逓送してもらうことができた。

さて、アメリカやイギリスとの戦争が始まると、軍事郵便の対象地域が東南アジアへと拡大する。中国大陸やフランス領インドシナにいた部隊に宛てて差し出された私用の軍事郵便については、その部隊が南方に転戦した場合、封書やハガキは転戦先に転送し、小包は差出人に返送された。また小遣い銭を内地から為替で送るケースも多かったが、その為替の振り出しは差し当たり同額の軍票で代行するなど臨機の措置がとられた。ただし、私用の軍事郵便に対する航空取り扱いは当初実施されなかった。

一九四二年（昭和十七年）の夏から、逓信省令に基づいて特別軍事航空郵便が開始される。これは南方戦線と内地間の私用軍事郵便を速達しようというもので、郵便の種別は第二種、すなわちハガキである。戦地から差し出す分については、郵便料金はもちろんのこと、航空料金も不要。軍人軍属に対して月二枚のハガキが支給され、適当な飛行機便で内地へと送られた。形態は、往復ハガキになっているものと、ハガキの角に三角形の返信票が印刷されたものとの二種類があるが、多くは往復ハガキの体裁をとっていた。戦地から送られてきたこのハガキを受け取った人は、往復ハガキであれば返信用の部分に返事をしたためて郵便切手を貼付し、返信票付きであれば、そこから切り取った返信票を既成のハガキに貼り付けて差し出す。つまり戦地からの手紙に対する返信が、ハガキ料金（当初二銭、後に三銭を経て最後には五銭まで値上げされた）を負担するだけで飛行機便によって送られたのである。この制度は大戦末期になっても機能し続け、四五年に南方から日本国内に送られた現物も存在する。なお南方軍は、この特別軍事航空郵便のために重爆撃機六機（うち、予備二機）を陸軍中央に希望したが、それは却下されている。

しかし戦局の大勢から見れば、戦況悪化に伴って、航空路どころか郵便そのものの取り扱いが困難となる地域が拡大していった。差し出される軍事郵便も、公用・私用を問わず滞留する戦域も出てくる。たとえばラバウルの先、ブーゲンビル島などソロモン方面（南海方面派遣部隊）については、一九四四年（昭和十九年）九月二十五日付で差し出し停止とする通牒が陸軍内部に出されている。沖縄戦の頃ともなれば言わずもがなという状況だが、それでも日数短縮の効果が大きかったためか、台湾などから内地に宛てて差し出された軍事航空郵便の現物が存在する。

さて、緒戦期の相次ぐ軍用定期航空路の新設により、新たな問題が持ち上がった。機材人員の手配もさることながら、燃料の確保が課題となって浮かび上がったのである。三月十六日には兵站総監部から南方軍参謀長に宛てた通牒のなかで「極力節約方配慮相成度」と釘を刺され、また、新規の軍用定期航空路開設の話が出ると、やはり燃料節約に触れざるをえなくなってくる。太平洋戦争は石油を求めた戦争ともいわれるが、油田地帯を占領しても、すぐさま生産に取りかかれるわけではない。なお、石油の内地還送が開始されたのが一九四二年（昭和十七年）三月。帝国石油社史編さん委員会編集『帝国石油五十年史海外編』（帝国石油、一九九二年）によれば、南スマトラ油田群の生産再開は同じ年の五月から七月にかけて。『日本石油百年史』（日本石油株式会社／日本石油精製株式会社社史編さん室編、日本石油、一九八八年）によれば、四二年の内地還送量は百六十七万キロリットルで生産量の四〇パーセント、四三年が二百三十万キロリットルで生産量の二九パーセントだから、やはり四二年中、とりわけ年次前半は、燃料事情にいささか難があったと見ていいだろう。

戦域の拡大によって航空輸送の需要も増したが、各方面から要求が出された軍用定期航空路のすべてが開設されたわけではない。また開設されても、軍人軍属の搭乗や荷物の積載に関して「特に緊急を要するものに限る」という条件が付くこともあった。こうした原因は必ずしも燃料問題とは限らず、資・機材や人員の逼塞による影響をまったく排除することもできないだろう。

さて、もう一つ触れておきたい問題がある。それは、軍人による不急不要の旅行である。「不急不要」とは、内地の鉄道での一般旅行者の制限のために使われた言葉だが、実は国民が旅行の自粛を呼びかけられる一方で、高級軍人たちは、飛行機で南方占領地に物見遊山同然の旅行をおこなっていたらしいのである。論より証拠、五月二十二日に富集団（第二十五軍。マレー・スマトラ方面担当）参謀長名で陸軍次官宛に打たれた秘電報を掲げよう。

富集参電第二十八号
建設の要務多忙の砌《みぎり》不要なる不急見物的出張者多く（略）定期航空便を閉塞し、緊要なる課員、公用書類等輸送にも支障を来しありし現況なるに付、然るべく善処相成度。特に関東軍より視察に来る如きは其の真意を解し兼ねる所なり。

又国民挙って物資不足に堪へ聖戦に邁進しあるに拘らず、出張者にして海外持出し禁止の日本紙幣を以て多数の雑貨を購入持ち帰らんとするものあり。一般に注意相成度。（原文はカタカナ。句読点は引用者）（「富集参電　第二十八号（定期・航空に関する件）」『昭和十七年 陸亜密大日記　第二十号　1／3』防衛省防衛研究所所蔵）

電文中にある日本紙幣の海外持ち出し禁止とは、占領地で野放図に使われた円が内地に還流するとインフレを引き起こしかねないために使用が制限されていたことをさす。また「多数の雑貨を購入」というのは、対米開戦によって途絶した舶来品だけでなく、日華事変勃発直後に公布された輸出入品等臨時措置法によって国内一般向け輸入が禁止されていた品物をも買い漁ったことをさすのだろう。たとえばドイツ製カメラの満洲および中国向け製品を、現地派遣の将校が買い求めて日本国内に持ち込むということが対米開戦前からおこなわれていた。対米開戦後も、洋酒やカメラを占領地で漁ったという話が文官を含めていくつかある。

国内では生活物資でさえ闇行為が厳しく取り締まられていたというのに、高級軍人がこれでは感心できたものではない。まして、戦地の将兵は困苦に耐えて戦っているというのが一般に描かれていた姿である。よそからやってきて買い物に走る軍人に眉をひそめるのは、出先の司令部として当然だろう。

10　民間機による作戦飛行の例

ここまでは軍用定期航空を中心に述べてきたが、次に、民間機による作戦飛行についても触れておきたい。

一九四三年（昭和十八年）の中頃、シンガポールのテンガー飛行場で、第百一輸送飛行隊が編成された。隊長は金沢六郎大尉。一個中隊ほどの規模を持つ輸送飛行隊である。目的は、南方航空輸送部による東部ニューギニアの作戦協力。使用機は九七式重爆撃機の改造輸送機が十二機。ただし改造とはいっても、それがどの程度のものであるかは不明である。同隊は、ジャワ島マランを基地としてホーランジア、ラエ、サラモア、ラバウルへの輸送と連絡飛行に従事したが、行動の詳細も不明である。

この方面の戦況は、一九四二年（昭和十七年）十一月下旬からブナ方面で戦闘が始まり、アメリカ・オーストラリア軍による攻勢の重圧と、日本軍の補給途絶などによって十二月には早くも戦況はきわめて悪化した。こうした状況で、軍命令でラエ、サラモア方面への後退と、要所への兵力増加が開始された。

だが一九四三年（昭和十八年）夏ともなると、ニューギニア方面の日米航空戦力の差ははなはだしく、大本営は八月三十日、ラエ、サラモア方面からの撤収を第十八軍に対して命じた。その後、サラモアは九月十一日、ラエは同月十六日に占領されている。以後、アメリカ・オーストラリア軍は海上機動による「蛙飛び戦法」でニューギニアの各部を占領していく。陸・海軍の戦闘機部隊も苦戦を強いられるなかにあって、空中機動性が戦闘機よりも大幅に劣る輸送機の任務は過酷なものだったと思われる。

第百一輸送飛行隊は一九四四年（昭和十九年）半ば頃に解隊し、隊員はそれぞれ元の所属に復帰した。

しかし軍は、ラバウル方面への輸送任務を担う飛行隊を再び編成するのである。その通称は、津本輸送隊。ラバウル挺身輸送飛行隊という呼び名も使われた隊で、これは戦況が逼迫したニューギニア方面への緊急輸送に応じるため、南方航空輸送部所属の津本正市機長を隊長とする輸送隊を編成し、南方軍に差し出されたものである。隊員はわずか二十四人、使用機は九七式重爆撃機２型（一説に九七重爆の改造機ともいわれる。あるいは輸送機として手を入れられていた機体の可能性もある）が三機で、予備機はなし。アメリカ軍戦闘機の行動圏を飛行することから、前方と後部上方にそれぞれ機銃が一丁ずつ配置されている。

この輸送飛行隊の特色は、少数精鋭主義にあった。部隊編成にあたっては、編隊行動を常とし、隊員すべてが自隊機で一度に移動できることも求められ、また隠密行動に徹することが定められた。

シンガポールで編成された津本隊は一九四四年（昭和十九年）二月十四日に同地を出発。途中ジャカルタを経由して二月十六日にはニューギニアのホーランジアに到着した。そして基地設営と給養の後、二月二十二日にラバウル・ココボ飛行場への補給任務に就いた。だがアドミラルティ諸島通過後、編隊はB—24に遭遇し、交戦を余儀なくされる。幸いにも死傷者は出さなかったものの、被弾が著しい一機は脚が出ず、ココボでの胴体着陸を強いられた。

間もなく代替機が補充されて一カ月ほど飛行任務をこなしたが、ニューギニアの戦況は日本側にとってきわめて不利で、三月末をもってホーランジアから引き揚げることになった。そのため、病人とともに隊長津本正市がマニラに先行し、撤収準備が完了次第、残る二機もマニラに向かう手はずとなった。

三月三十一日早朝、軍からマニラへの退避命令が出されたこともあってホーランジアを発つが、一機が離陸に失敗し、数人の乗員が取り残される事態となった。やがてアメリカ・オーストラリア軍のホーランジアでの攻勢が強くなり、空襲で一人が戦傷して死亡、残る隊員は、四月に入ってから救援機によって助け出された。アメリカ軍のホーランジア付近への上陸は四月二十二日、そして二十七日までには飛行場が占領されているから、まさに危機一髪だったわけである。

なお、この飛行隊とは別に南方航空輸送部のホーランジア駐在員（曾根昌孝ほか四人）が現地にいたが、彼らのその後はわかっていない。全員が行方不明もしくは戦死と思われる。

ニューギニア方面では、一九四四年（昭和十九年）四月十七日、マノクワリ—パラオ間の海軍軍用定期航空に従事していた大日本航空（海軍徴傭輸送機隊）の川西大艇が行方不明となり、後に撃墜されたものと認定されている。戦況は、輸送機が飛行するには、それほどまでに過酷だったわけである。

11　満洲航空による航空測量——関東軍第一航空写真隊

輸送任務ではないが、戦地での航空測量についても記しておきたい。

いわゆる満洲国の開発目的、また反満抗日運動に満鉄が悩まされていたこともあって、満洲航空では一九三三年（昭和八年）秋から航空写真による測量や、偵察の分野にも乗り出していた。航空写真といえばまだ手持ちカメラでの斜め撮影も珍しくなかった時代に、輸入したカールツァイスの機材を使用し鉛直方向から撮影する技術を誇ったほどだった。当初は満洲国内での鉄道予定線の測量だったが、王子製紙からの依頼によるパルプ資源調査をきっかけとして満洲国内の森林資源調査やダム建設に関わる測量にも手を広げるようになり、やがて中国国内やソ連領内の写真測量（当然ながら領空侵犯である！）も強行するようになっていった。もともと軍事的な要請にも応えるべく設立された会社ではあったが、こうして満洲航空と軍はさらに関係を深めていく。

対米開戦後、陸軍は南方での航空写真の大規模活用を考えていることを満洲航空に伝え、満洲航空の機材と人員によって関東軍第一航空写真隊を編成し、南方に派遣することとした。飛行機はＭＣ―20が六機で、それを三機ずつの二個編隊に分割。人員は操縦や写真作業に携わる隊員だけでなく、経理や衛生班なども含めて、隊長柴田秀雄写真処長以下総員二百五十人という陣容だった。このとき、柴田秀雄処長は陸軍少佐として隊を率いた。

編成完了は一九四三年（昭和十八年）三月八日。地上部隊がまず先発し、三月八日に釜山を出港。飛行機は三月二十六日に奉天飛行場を離陸して台北やマニラを経由し、スコールや空襲を避けながら四月十日にラバウルへと到着した。なお、船で出発した地上部隊は四月二十八日にラバウルに到着している。部隊名には「関東軍」の名を冠していたが、現地では第八方面軍の隷下に組み込まれた。

使用された機体の番号が、ある搭乗員の手記によってわかっている。それによればM607、M609、M613、M614、M616、M620、M621で、機数が六機という当初の数字と一致しないのは、途中機材人員の輸送で内地や満洲に飛び、そのときに別の機体で戻るということがあったからである。

展開当初はラバウル・ココボ飛行場を拠点として東部ニューギニアでの作戦を支援したが、一部をニューギニアのウエワクに分遣した。だがニューギニアの戦況悪化に伴い、ウエワク分遣隊はフィリピンへと移動し、またラバウルの本隊は一九四四年（昭和十九年）初夏には独立歩兵守備隊として地上戦の準備に入った。

この写真隊の補充として撮影機三機（一〇〇式重爆・呑龍）、輸送機一機（MC—20）、総員六十数人の隊が編成され（隊長・宮崎繁雄中尉）、一九四四年（昭和十九年）一月二十六日に先発隊が奉天を発ったが、戦局の悪化によりラバウルの本隊には当然ながら合流できず、ハルマヘラとセレベスを基地として第四航空軍の指揮下で行動した。なお、この補充の隊は、二月にアンボンで撮影機を一〇〇式司令部偵察機に交換している。そしてニューギニアから移動してきた分遣隊と合流してレイテ作戦に参加、後に、ルソン島北部山岳地帯で終戦を迎えている。

ところで満洲航空は、太平洋戦争中に小規模ながら海軍からの協力要請にも応じているのでここに付記しておきたい。

満洲航空は、その設立経緯から陸軍、とりわけ関東軍と関係の深い航空会社だったが、一九四三年（昭和十八年）三月に海軍からの要請を受けて、高妻秀直を隊長とする十六人の小部隊をラバウルに派遣している。六月半ばには全員がラバウルにそろい、一式陸上攻撃機に二十センチ広角カメラを装備してサンタイザベル、ベララベラなどの各島でアメリカ軍飛行場の建設状況の撮影などを敢行した。しかし戦況悪化で作業が思うようにできなくなり、九月二十日から内地に撤収し、解隊となった。

12　大日本航空の猛輸送

猛輸送と書いて、タケシユソウと読む。参謀本部ならびに航空本部の要請により一九四五年（昭和二十年）の七月から八月にかけておこなわれた輸送作戦で、本土決戦に備えて南方にいる陸軍の飛行機操縦者を内地に輸送するというものだった。もちろん、敗戦間際に構想されていた本土決戦準備によるものだろうから、内地に戻された操縦者は、ほぼ特攻要員とされることになる。この輸送作戦を実施するにあたっては、参謀本部での軍と会社幹部との協議の結果、会社の担当者は軍の指揮下に入らず、自主権をあくまで持って、それに軍は支援を惜しまないという方策がとられた。これには、それまでの地上作業での軍側の非協力、敵情報や気象データを渡さないという事態があったからとされている。そのため、援助と協力を惜しまないという言質を取るために会社側がこの方策を推したのだろう。指揮権を軍が握れば、現場への支援は軍の担当者の恣意に左右されかねない。

猛輸送に従事した機体は、MC─20が十六機。空襲の心配が比較的少ない朝鮮の京城を拠点としてプノンペンに飛び、陸軍の搭乗員を収容する手はずになっていた。飛行経路はプノンペン─サイゴン─台北─京城で、途中、上海や南京にも寄った。ただ京城では満足な協力態勢が望めず、そうした空気を察した輸送機の乗員は、台北を出るとそのまま福岡に飛んだという。そのためいつしか本土側の整備給養は、京城から福岡へと変更になったといわれる。一説には、この作戦で五百人の飛行機操縦者を運んだという。

だが、この輸送には、もう一つの任務があったとするパイロットの証言がある。というのは、復路で操縦者を運んだのはもちろんのこと、実は往路でアヘンを運んだというのである。

当時、日本の占領地域では、軍票の濫発による猛烈なインフレーションが起きていた。これは南方各域でも同様で、そのインフレーション対策として高価に取り引きされるアヘンを運び込み、一種のファンドにしようとしたものらしいのだ。そこでまず南京に立ち寄り、一機あたり一トンのアヘンを積み込んで昼間に上海まで進出。敵機を避けるために日没を待って上海─台北─プノンペンを飛び、復路はプノンペンからツーランまで飛行し、帰路もまた夜陰に乗じてツーランから台北を経由し、京城もしくは福岡へと飛行したという。

敗戦後、プノンペンにいた勤務員は現地での武装解除を待たず、収容に飛来した会社差し回しの輸送機で帰国を果たしている。

13　海軍の徴傭輸送機隊

先に見た陸軍への協力が軍命令に基づいていたのに対し、海軍の場合は、まず海軍省と大日本航空との間に契約が交わされ、海軍が飛行機を借り上げるという形をとった。職員の身分は会社職員のままであり、ただし現地では宿舎や給養の都合から無給嘱託としての便宜供与を海軍から受けた。要するに一種のチャーターであり、ここが「徴用」ではなく「徴傭」という言葉が使われるゆえんである。人事面でも陸軍ほどの介入はなく、比較的自由な雰囲気を保っていたといわれる。

海軍の徴傭輸送機隊に先鞭をつけたのは、海南島海軍徴傭輸送機隊である。海軍は占領した海南島の三亜に根拠地を置いたが、一九四一年（昭和十六年）には同根拠地を警備府に昇格させた。だが軍政や資源開発をしようにも、サイゴンも東京もあまりに遠い。連絡などに円滑を欠くことから、輸送機隊が編成されることになったのである。そこで海軍は飛行機を借り上げる契約を大日本航空と結び、ダグラスDC—3や九六式陸上攻撃機に手を加えた三菱式双発輸送機からなる輸送機隊を編成し、四一年八月十六日には海南島の海口飛行場に進出した。

海南島海軍徴傭輸送機隊は、折からの対英米開戦準備にも、おそらく重要なはたらきをしたと思われる。というのも、三亜にはマレー攻略の輸送船団ならびにそれを護衛、支援する艦隊が集結したからである。シンガポール攻略後、海南島海軍徴傭輸送機隊は同地へと移動し、海軍第二徴傭輸送機隊となった。そして第一南遣艦隊の指揮監督を受け、シンガポールを中心にサイゴン、台北方面への空路、ペナン、バンコク、そしてラングーンに至る空路、またジャカルタを経由してスラバヤへと至る空路の運航にあたった。

海南島海軍徴傭輸送機隊とほぼ同じ頃に発足したのが、海軍第一徴傭輸送機隊である。こちらは現地部隊からの要求ではなく、海軍の中央部が出先部隊との連絡の必要性から発足させた隊で、羽田飛行場を拠点に、やはりダグラスDC―3や三菱式双発輸送機で運航された。

海軍第三徴傭輸送機隊は、マニラを中心にフィリピン空域の担当、および台湾との連絡にあたった部隊で、第三南遣艦隊の指揮を受けた。

海軍第四徴傭輸送機隊は、オランダ領東インドの空域を担当した隊である。指揮は第二南遣艦隊。当初はセレベス島のマカッサルを拠点に行動したが、一九四二年（昭和十七年）四月に南西方面艦隊が編成され、ジャワ島のセレベスにその司令部が設けられると同輸送機隊もセレベスに移動し、同地を拠点にしてオランダ領東インドの各地域を連絡する定期航空路の運航にあたった。

使用機や行動範囲の点でいかにも海軍らしいといえるのは、海軍第五徴傭輸送機隊と海軍第六徴傭輸送機隊だろう。当初の使用機は川西式四発飛行艇。これは海軍九七式飛行艇の民間輸送機版ともいうべき機体で、一九三九年（昭和十四年）四月から、日本の委任統治領だったミクロネシア（南洋群島）と日本本土を結ぶ航空路で運航されていたものである。この両輸送機隊の使用機には、大戦後期になると二式飛行艇の輸送型である晴空も加わった。

海軍第五徴傭輸送機隊は、対米開戦と同時に、大日本航空横浜支所所属の機材人員によって編成されたものである。運航区間は、戦前からの営業線である内地―南洋間の航路をほとんどそのまま継承し、横浜からサイパン経由でトラック島に向かう便と、やはりサイパンを経由してパラオに向かう便とがあった。なおパラオに向かう便は、日本軍の進出に伴ってダバオへとその空路を延ばしている。また一九四二年（昭和十七年）六月には台湾の淡水を経由してスラバヤに向かう線が新設され、さらに四三年に入ると、パラオからの線には西部ニューギニアのマノクワリを経てアンボン、スラバヤと飛ぶ空路が設けられた。

海軍第六徴傭輸送機隊は、パラオ支所の機材人員によって編成された。こちらは第四艦隊の指揮を受け、空域は内南洋、すなわち戦前からの委任統治領である南洋群島内相互間の空路を担当した。なお同隊もほかの隊と同じように、戦域の拡大に伴って空路を延ばしている。向かった先は南東方面、ラバウルだった。

言うまでもないが、両輸送機隊はともに一九四四年（昭和十九年）のサイパン島失陥によってこれまでの空路を維持することは不可能になってしまった。これはサイパン以東の島々が孤立することを意味した。

サイパンを失った後、飛行艇によるこれらの徴傭輸送機隊は、台湾からサイゴン、シンガポールと、広大な戦域の西側を迂回するコースを飛ぶことになる。しかしそれでも、跳梁する連合軍の攻撃からまぬがれるのは困難だった。

第4章　南洋群島の交通網

1　日本領有前のミクロネシアと海上交通

戦前、日本から南洋に向かう定期航路は、方向別に大きく分けて二種類あった。一つはフランス領インドシナ、フィリピン、オランダ領東インド、タイといった当時の言葉でいうところの外南洋、いまでいう東南アジアへと向かう航路で、主として大阪商船によって運航されていた。そしてもう一つがここで取り上げる、戦前は内南洋とも呼ばれていた南洋群島、すなわち赤道以北ミクロネシアと日本本土を結ぶ日本郵船の航路である。

さて、ミクロネシアで汽船による定期航路が開かれたのは、ドイツ領時代である。そこには、ヤシ油の存在が大きく関わっていた。

十九世紀半ば頃、捕鯨の衰退に伴って、鯨油に代わる新たな油脂としてヤシ油が注目されるようになった。そこでヘルンスハイム商会など複数のドイツ系企業がマーシャル群島に進出し、ヤシ油の製造や輸出を、ついでコプラ（ココヤシの果肉を天日で干したもので、そこから搾り取られる油脂は食用油や石鹸、ろうそくなどの原料となる）の生産輸出を手がけたのである。しかし同じ頃、ミクロネシアにはバーンズ・フィリップ社などイギリス系商社も進出し始め、やがてドイツ系企業を圧倒するようになっていく。ドイツ本国はこうした事態に対処すべく、一八八五年にはマーシャル群島を保護領とした。

こうしたドイツの動きを警戒する国があった。スペインである。一八七四年にカロリン群島の占有権を主張したスペインとドイツのミクロネシアをめぐる争いは国際問題となり、八五年のレオ十三世による教皇裁定で決着をみた。そこではカロリン群島の領有権をスペインに認め、一方ドイツに対してはミクロネシアでの通商航海の自由が保障されることになった。

教皇裁定の翌年、今度はイギリスとドイツの間で勢力圏に関する協定が成立した。それによってマーシャルとナウルはドイツが、ギルバート諸島についてはイギリスが領有することになった。

一八八八年、ドイツはコプラの生産を手がけていたヘルンスハイム商会などを母体として国策企業を設立した。ヤルート会社（Jaluit-Gesellschaft）の誕生である。経済開発に主眼を置いていたドイツ政府は、このヤルート会社にマーシャル群島の統治をおこなわせた。この統治にかかる費用はヤルート会社が負担したが、会社は徴税権などの特権を有しており、現地住民からの人頭税などをその費用に充てていた。

一八九九年、ドイツはグアムを除くマリアナ群島とカロリン群島を米西戦争に敗れたスペインから買い取り、ポナペとヤップに政庁を置いた。そしてポナペでも経済開発に着手し、またカロリン群島のアンガウル島では燐鉱を発見し、採掘事業を開始した。

一九〇六年、ドイツ政府はマーシャル群島の行政権をヤルート会社から回収した。その原因となったのは、ヤルート会社とイギリス系商社との軋轢だった。会社は税制などでイギリス系企業に不利な統治をおこなっていたのだが、これがイギリス・ドイツ間の外交問題にまで発展してしまったのである。

その後、マーシャル群島はニューギニア総督の管轄下に置かれ、後にはポナペ政庁の下に設置されたヤルート支庁によって統治されることになった。だが、行政権を失ったとはいえヤルート会社はその後も存続し、コプラ生産のさらなる拡充へと乗り出したのである。

以上が、ドイツ領時代のミクロネシアでの海上交通の背景にあった事情である。

さて、ドイツ領時代を代表する航路としては、ヤルート会社が運航していたシドニー—香港間航路を挙げることができる。一九〇四年にキールで建造された千トンの汽船ゲルマニア号は、第一次世界大戦までの十年間、香港とオーストラリアを結ぶ航路を年に三回ほど往復する航海を続け、ドイツ本国とドイツ領ミクロネシアを結ぶ重要な船として活躍した。

ヤルート会社による定期航路のほか、ドイツ船、イギリス船、日本のいくつかの小商社の船が不定期にコプラの買い付けなどでミクロネシアを往来していた。ちなみに日本船の主流となったのは、スクーナーと呼ばれる洋式の快速帆船である。なお分立していた日本商社のうちいくつかは、やがて合併を重ね、南洋貿易となっている。アンガウル島では先述したようにドイツ領時代に発見された燐鉱石の採掘事業がおこなわれ、北ドイツロイド社の汽船と南洋貿易の帆船が不定期に寄港していた。

しかし第一次世界大戦が勃発すると、ヤルート会社と北ドイツロイド社による船舶の往来は途絶え、バーンズ・フィリップ社の船が年に二、三回ほど航行するのと、南洋貿易の帆船と日本からの汽船が燐鉱石を求めてアンガウル島に来航する程度になってしまった。

なおヤルート会社のゲルマニア号は、大戦勃発時にはシドニー港に停泊しており、そのままオーストラリア政府によって接収され、ヤルート会社の商売敵であったバーンズ・フィリップ社の手に渡った。バーンズ・フィリップ社では同船の名をマワタ（Mawatta）と改名し、オーストラリアが占領したラバウルとシドニーを結ぶ航路や、パプアニューギニアにあった同社の支店所在地との連絡、そしてさらにはナウル島、オーシャン島、ギルバート諸島といった赤道以南のイギリス領ミクロネシアを結ぶ航海に従事させた。

2　日本占領直後の南洋渡航

第一次世界大戦で日本軍が占領した後の南洋に渡った商船は、個人的に小船を雇って渡航したという類いの話を除けば日本郵船の神奈川丸（六千百五十一総トン）が最初である。ただしこのときは、民間船として南洋に向かったのではなかった。神奈川丸は、海軍の御用船として、陸戦隊の交代要員を輸送する任務を負っていたのである。

神奈川丸が横須賀を出港したのは一九一四年（大正三年）十月二十日であった。二十六日にはサイパンに到着。その後トラック、ポナペ、クサイを回り、十一月十五日にヤルートへと到着した。この二十六日間という航海は、後にほぼ同じ寄港地をたどることになる東回り線の横浜―ヤルート間所要日数の約十七日と比べると長い。軍の用向きによる航海だったから、荷役だけでなく、様々な都合で時間がかかったのではないかと思われる。

ところでこの神奈川丸の航海とほぼ同じ時期に、もう一隻の民間船が南洋に向かっていた。佐賀県牛津の豪商、田中丸呉服店を営む田中丸善蔵が日邦丸という船をチャーターし、十月から十二月にかけて各島を回っている。これはどうやら、南洋貿易やヤルート会社との商取引を企図しておこなわれたものらしい。

その後、田中丸は南洋貿易に増資を申し出て、善蔵は南洋貿易二代目社長に就任し、支店と船舶の拡充を図って同社の事業を拡大路線に乗せた。

田中丸による積極経営の下で、船で運べる積載量すなわち船腹量を増やした南洋貿易は、一九一五年（大正四年）、内地―南洋間での最初の航路開設を海軍省から受命した。この南洋貿易という会社は、一八九四年（明治二十七年）創業の南洋貿易日置合資会社を前身とするもので、その名が示すとおり、マリアナ方面で活躍した商社である。この南洋貿易日置合資会社が一九〇六年、やはりマリアナで商業活動をしていた村山商会と合併し、南洋貿易株式会社となった。
この南洋貿易による内地―南洋間航路は、御吉野丸（三千七百六総トン）によって横浜、横須賀、サイパン、トラックを結ぶものだった。なお内地―南洋間は、一九一六年（大正五年）に第八多聞丸（二千九百八十五総トン）が引き継いでいる。ちなみに両船とも、船内には第一海軍軍用郵便所が設けられ、ミクロネシアを占領していた海軍の軍事郵便を取り扱った。また内地―南洋間の航路とは別に、江陽丸（千四百四十六総トン）によるトラック―ポナペ―クサエ―ギルバート―ヤルート間航路、南海丸（仕様の詳細は不明）によるトラック―ヤップ―パラオ―アンガウル―メナド間航路があった。ちなみにこれらの船はすべて傭船、つまりチャーターであり、南洋貿易自身が所有する船ではなかった。

図11　南洋貿易が海軍省からの受命によって航路を開設したときに傭船した御吉野丸。所有していたのは広海商事で、元はイギリスの商船だった（著者所蔵絵ハガキ）

南洋貿易は、一九一七年（大正六年）には内地―南洋間航路から撤退する。同年十二月八日に日本郵船への航路引き渡しが決定され、十二月二十八日にその第一船として秋田丸（三千七百九十二総トン）が横浜を出航した。ちなみに秋田丸は前年五月に三菱合資会社長崎造船所で竣工した標準型貨物船の一隻で、秋田丸型と呼ばれるグループの一番船である。

この南洋線は、一九二〇年（大正九年）一月の東回り線と西回り線の開設によって姿を消す。

3　日本郵船の四航路

日本郵船が引き継いだ南洋航路は、東回り線と西回り線の開設によって二系統に分かれた。その後さらに東西連絡線、続いてサイパン線が開設され、一時は四系統もの航路が運航された。ちなみにこれらの命令航路では、群島内相互間に限り、希望があれば島民をデッキパッセンジャー、つまり三等室さえ利用しない安い乗船賃の旅客として取り扱っていた。運賃は三等の三分の一程度ですんだが、食事も供されなかった。

ここでは、その四系統の航路について、それぞれ開設時期や寄港地を航路ごとに概括する。

東回り線（神戸―ヤルート間）

当初は海軍省の命令航路として一九二〇年（大正九年）一月に開設。南洋庁の発足に伴い、二二年四月から同庁の命令航路となった。寄港地は次のとおりで、横浜を起点としていた。

往航：横浜―大阪―神戸―門司―サイパン―トラック―ポナペ―クサイ―ヤルート
復航：ヤルート―クサイ―ポナペ―トラック―サイパン―横浜

一九二八年（昭和三年）には神戸が起点となり、航路は次のとおり変更される。これによって往復ともに横浜が内地の玄関口となった。

往航：神戸―門司―横浜―サイパン―トラック―ポナペ―クサイ―ヤルート
復航：ヤルート―クサイ―ポナペ―トラック―サイパン―横浜―大阪―神戸

この線の特徴は、サイパンを出た後パラオには向かわず、そのまま南東に向かってトラックへと進む点にある。

したがって内地―ヤルート間の所要日数は、次の東西連絡線に比べて二日ほど短い。

東西連絡線

南洋庁の命令航路として一九二四年（大正十三年）四月に開設された。開設当初の起点は横浜である。
往航：横浜―大阪―神戸―門司―パラオ―トラック―ポナペ―クサイ―ヤルート
復航：ヤルート―クサイ―ポナペ―トラック―パラオ―横浜

同線も一九二八年（昭和三年）に、東回り線と同じように起点が神戸に、また寄港順も次のように変更された。
往航：神戸―門司―横浜―パラオ―アンガウル―トラック―ポナペ―クサイ―ヤルート
復航：ヤルート―クサイ―ポナペ―トラック―アンガウル―パラオ―横浜―大阪―神戸

この線は横浜出港後、サイパンには寄らずにパラオに直行し、そこからトラック・ヤルート方面へ西航する点に特徴がある。横浜―パラオ間を五日ほどで結ぶ最速路線であり、かつ南洋庁所在地とトラック・ヤルート方面を結ぶ唯一の航路でもあった。だが一九三八年（昭和十三年）三月に、この航路は廃止になった。

西回り線

一九二〇年（大正九年）一月に海軍省の命令航路として開設されたもの。当初の起点は横須賀で、後の航路に比べると、小笠原の二見やトラックに寄港する点に特徴がある。
往航：横須賀―二見―サイパン―トラック―ヤップ―パラオ―アンガウル
復航：アンガウル―パラオ―ヤップ―ウオレアア―トラック―サイパン―二見―門司―横須賀

図12　サイパン丸。日本郵船が南洋航路に就航させるべく新造した貨客船。1936年進水。少し前に建造されたパラオ丸とともに、それまで古い船が配船されていた内地―南洋間の航路に新風を吹き込んだ

その後、ほかの線と同様に南洋庁の発足に伴って同庁の命令航路となり、さらにその航路はアメリカ領フィリピンのダバオ（ミンダナオ島）を経てオランダ領東インドのメナド（セレベス島）まで延ばされ、アンガウル止まりの便とメナドまで運航する便の二種類になった。そしてこの線も、一九二八年（昭和三年）に起点が神戸に変更されている。

さて、一九三二年（昭和七年）の時点での寄港地は次のようになっている。

往航：神戸―門司―横浜―サイパン―テニアン―ヤップ―パラオ―アンガウル―ソンソン（不定期）―トコペ（不定期）―メナド―ダバオ

復航：ダバオ―アンガウル―パラオ―ヤップ―テニアン―サイパン―横浜―大阪―神戸

メナドではなくダバオが終点となっているが、これは寄港順が変更されたためである。ちなみに筆者は、一九三〇年（昭和五年）十一月の時間表では、まだメナド終点だったことを確認している。またソンソンとトコペの寄港は一時的なものだったらしく、後の資料では寄港地として出てこない。アンガウルへの寄港は年数回と減少し、また復航は、ダバオ、テニアンに寄港しない便もあった。

サイパン線

四線のうちで最も航海回数が多かった航路である。航海頻度は一九三二年（昭和七年）で十七回、三六年にな

ると二十四回を数えるほどになった。
往復とも：神戸―門司―横浜―二見―サイパン―テニアン―ロタ
その後、サイパン線では年に二回ほど沖縄と台湾に立ち寄る便も開設された。その際の寄港地は一九三六年（昭和十一年）のものを参照すれば次のとおりである。
往航：横浜―神戸―門司―基隆―那覇―サイパン―テニアン―ロタ
復航：ロタ―テニアン―サイパン―那覇―神戸
なお、内地から直接ロタに向かう航路は、この線だけである。

4　離島間航路

内地―南洋間を結ぶ日本郵船の航路のほかに、命令航路としては、主要な島と離島を結ぶ航路や、また環礁内の小島を結ぶ航路もあった。これらについては、いままで語られることが少なかった分野のため、やや詳しく記しておきたい。

さて、この離島間航路で最も規模が大きい経営をおこなっていたのは南洋貿易である。

南洋貿易は、先述したように内地―南洋間の命令航路を失ったものの、一九二二年（大正十一年）以降は南洋庁から補助金の交付を受け、主要な島とその周辺の離島を結ぶ航路の運行を受命することになった。これらの離島航路は、先に述べた日本郵船の内地―南洋間航路を幹線（基軸交通）とすれば支線に相当するものと見ることもできる。だが、航路のなかには後述するトラック離島線やギルバート線のように、オーストラリア委任統治領

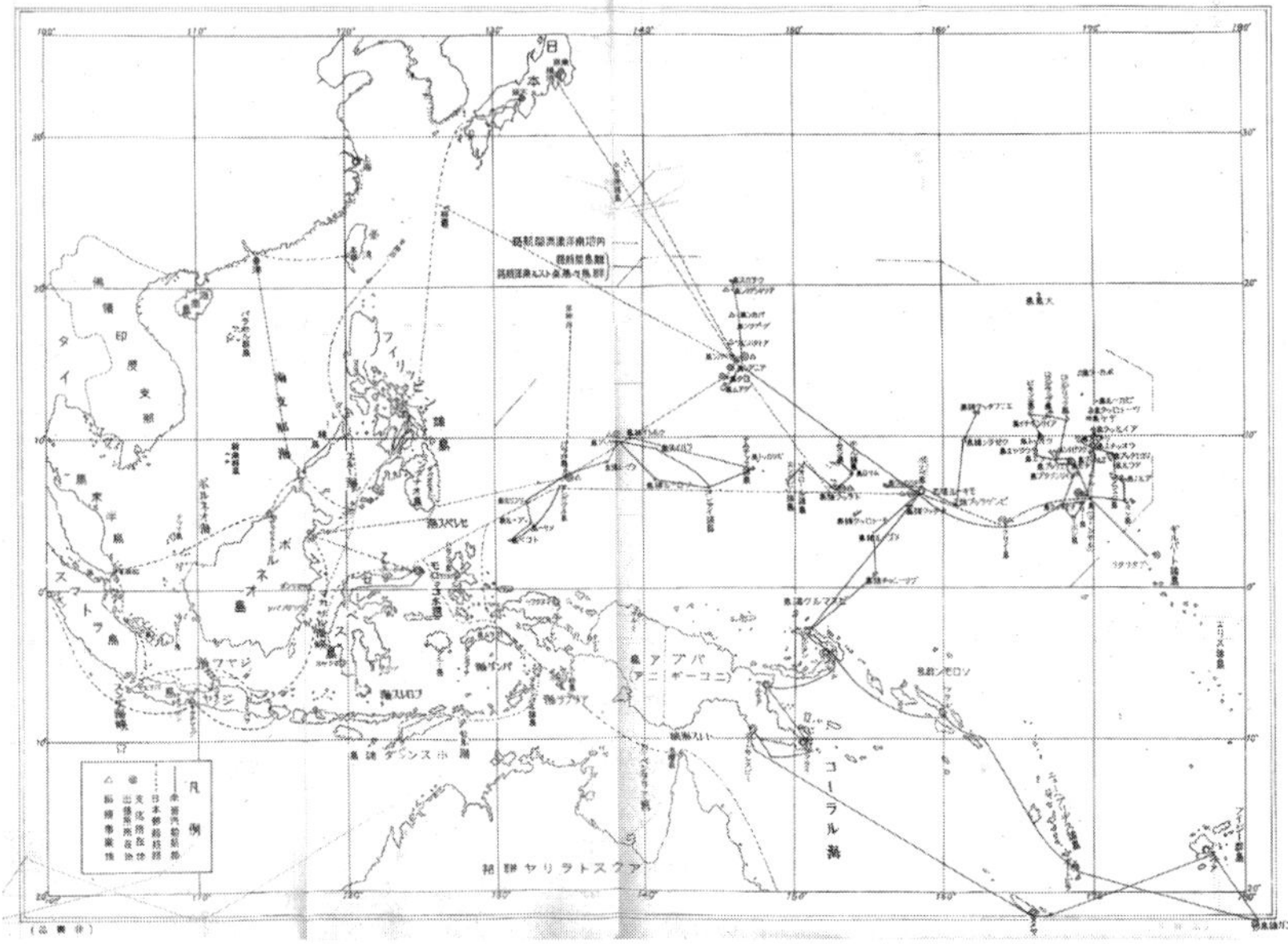

図13　太平洋戦争開戦少し前の、南洋貿易の航路。ニューギニア沿岸はいうに及ばず、遠くフィジーやサモアまで船脚を延ばしていた様子がうかがえる
（出典：郷隆『南洋貿易五拾年史』南洋貿易、1942年、付図）

やイギリス領ギルバート諸島に向かう線もあった。これはおそらく、南洋貿易の商取引とも関係があるだろう。第一次世界大戦を機にミクロネシアでのドイツの独占が終了すると、南洋貿易はすぐさまマーシャル群島に支店を設け、同時にイギリス領ギルバートに支店を、また、後にオーストラリアの委任統治領となるニューブリテン島ラバウルにも出張所を開設した。そしてさらには、ニューヘブリディーズ諸島のポートビラ、ニューカレドニア島のヌメアにも出張所を開設したのである。

さて、年度によって寄港地や便数は細部に相違が見られるが、ここでは一九三二年（昭和七年）度のものを掲げる。

マリアナ群島線

①ロタ線

サイパン—ロタ間を結ぶ航路。二百四十カイリを年十二回往復。うち六回はアメリカ領グアム島に寄港。一航海日数は七日。ロタ線のアメリカ領グアム島寄航は、この年から開始されたもの。
②北方離島線
サイパンを起点として北方の離島間を結ぶ。寄港地はサイパン―アナタハン―サリガン―アラマガン―パガン―アグリガン。四百七十カイリを年五回の往復。航海日数十三日。

西カロリン群島線

この線はヤップ離島線、ヌゴール離島線ならびにパラオ離島線の三系統に分けられるが、これらの航路はそれぞれが互いに関係し合う、不可分な形で運航されていた。まず、ヤップを起点として同支庁管内の離島を巡り、ヤップにいったん帰港。そして次にヤップ―パラオ間を、やはり離島に立ち寄りながら航海し、パラオに着くと今度はパラオを起点としてパラオ支庁管内の離島を巡る。そしてパラオに戻ると、往航と同じように離島に立ち寄りながらヤップを目指して航海をする。
①ヤップ離島線
ヤップを起点に、ヤップ支庁管内の離島間を回る航路。寄港地はヤップ―ウルシー―フハエス―オレアイ―フルック―エラート―ナモチック―サタワン―フララップ―ヨールピック―ソロール。千四百カイリの航海で年四回、航海日数三十七日。
②パラオ離島線
パラオ支庁管内の離島を結ぶ航路。パラオ―ソンソール―プール―メリー―ヘレン―トコペの七百六十六カイリを年四回実施、航海日数二十六日。
③ヌゴール離島線
離島に立ち寄りながらヤップ―パラオ間を結ぶ航路。二百八十五カイリを年四回。航海日数三日。

東カロリン群島線

二線四系統に分けられるが、ここも互いに不可分な形で運航されていた。まずポナペを起点にポナペ支庁管内の離島を巡り、そしてポナペに帰ると次にトラックへと向かい、今度はトラックを起点としてトラック支庁管内の島々を巡る。そしてトラックに戻ると、今度は再びポナペに帰るという航程を繰り返した。

①ポナペ離島線

東回り：ポナペ―モキール―ピンゲラップ―クサイ―ウジェラン―エニウェトク―エンダービ。千五百二十四カイリを二十五日かけて回る。航海回数は年三回。

西回り：ポナペ―パキン―ナチック―ヌゴール―グリニッチ―オロロック。千二百四十カイリを二十四日で航海。航海回数は年三回。

②トラック離島線

ラバウル回り：トラック―ローソップ―ナモリック―ルクノール―チピアン―ラバウル。航海回数は年二回。千七百四十カイリの航海日数は二十二日。

北西回り：トラック―シュック―ボロアット―ポーラック―オロール―ホール。四百六十五カイリを六日で回る。航海回数は年三回。

このうち、トラック離島線の寄港地にラバウルとあるのが目を引く。これは『南洋庁施政十年史』（南洋庁長官々房編、南洋庁長官々房、一九三二年）によれば、一九二四年（大正十三年）に東カロリン群島線のうち東回り線（トラック―ローソップ―ナモリック―モートロック）をオーストラリア委任統治領ラバウルに延伸したもの。その後寄港地や便数の変更を経て前記のような形になった。

マーシャル離島線

①東回り線
ヤルート—ミレ—アルノ—メジュロ—アウル—マロエラップ—ウォッゼ—リキエップ—アイルック—ウートロック—メチッチ
②西回り線
ヤルート—エボン—ナモリック—アイリング—ラブラブ—ナモ—クェゼリン—ラエ—ウジャエ—ルオット—ビキニ—ロンゲラップ—ロンゲリック。クェゼリン—ロンゲリック間の航海回数は年二回。

ギルバート線

これは三線に分かれ、うちヤルート・ギルバート線はイギリス領ギルバートに直行する。
①ヤルート・ギルバート線
ヤルート—ギルバート。航海回数は年三回、航海日数二十二日。
②東回り線
ヤルート—ミレ—アルノ—メジュロ—アウル—マロエラップ—ウォッゼ—リキエップ—アイルック—メチッチ。航海回数は年四回、航海日数二十二日。
③西回り線　ヤルート—エボン—ナモリック—アイリング—ラブラブ—ナモ—クェゼリン。航海回数は年四回、航海日数十二日。

以上のほか、時期は不明だが（おそらく一九三〇年代後半かと筆者は考えている）、ラバウル方面の航路はニューギニアのサラモア、ポートモレスビーを経てヌーメア、そしてフィジー、トンガにまで延ばされている。

さて、南洋貿易による離島航路で使われた船舶の全貌を知ることはいまとなっては困難だが、幸いにも一九三五年（昭和十年）時点での記録が残されているので、その要目をここに掲げておく。

マリアナ群島線	長明丸	補助機関付帆船	百九十五総トン
ヤップ離島線	国光丸	補助機関付帆船	百九十九総トン
パラオ離島線	同		
トラック離島線	第六平栄丸	汽船（鉄船）	四百五十六総トン
ポナペ離島線	同		
マーシャル離島線	神功丸	汽船（鉄船）	五百四十一総トン
	カロリン丸	補助機関付帆船	百九十二総トン
ギルバート線	カロリン丸	補助機関付帆船	百九十二総トン

ここにある「補助機関付帆船」というのは、焼き玉エンジンを載せた、いわゆる機帆船のこと。

さて、この記録が残された直後、カロリン丸の名は新造された三百二十総トンの汽船に受け継がれた。この新しいカロリン丸は太平洋戦争が始まると海軍に徴用され、南洋群島を離れていった。そして一九四四年（昭和十九年）十月二十五日、船団を組んでボルネオ島東岸のタラカンを出発する。目的地はマニラ。だが十一月一日、ミンドロ島沖南西洋上で魚雷攻撃を受け、十三人の乗組員とともに沈没してしまった。

5　環礁内航路

環礁内航路もまた、補助金の交付を伴う命令航路が開設され、定期的な運航がおこなわれた。ただし、ここに挙げたほかにも、命令航路ではない環礁内航路が存在した可能性もある。ここに挙げた航路も、受命以前から運航されていた可能性を考えてもいいだろう。というのも、実績がない個人や小規模事業体に運航をいきなり委ねるというのは考えにくいからである。

パラオ運送組合

一九二六年（大正十五年）から商工業補助金を交付して、パラオのコロール島を中心とする定期航路を運航させたもの。二九年（昭和四年）度以降は南洋庁の命令航路となった。三二年（昭和七年）度の各線ごとの航海回数と航海日数は次のとおり。使用船は、みどり丸（二十二総トン）、かもめ丸（八・七総トン）。この航路では、後にちちぶ丸などの船が増備されている。

コロール―アンガウル線	年三十六回	四日
コロール―アルコロン線	年四十八回	二日
コロール―ガクラオ線	年七十二回	不明
コロール―カヤンガル線	年二十四回	四日
コロール―ペリリュー線	年三十六回	二日

なおパラオ環礁内では、一九三五年（昭和十年）度から和田卯吉が、さらに三六年度からは林由夫、神野雅夫の各人がそれぞれ受命し、各一隻ずつで運航にあたった。使用船に関しては断定することはできないが、筆者が所有する三四年（昭和九年）の南洋庁『管内船舶一覧表』によれば和田卯吉が弘丸（五・〇一総トン）、林由夫が林丸（四総トン）のそれぞれ動力船を所有している。

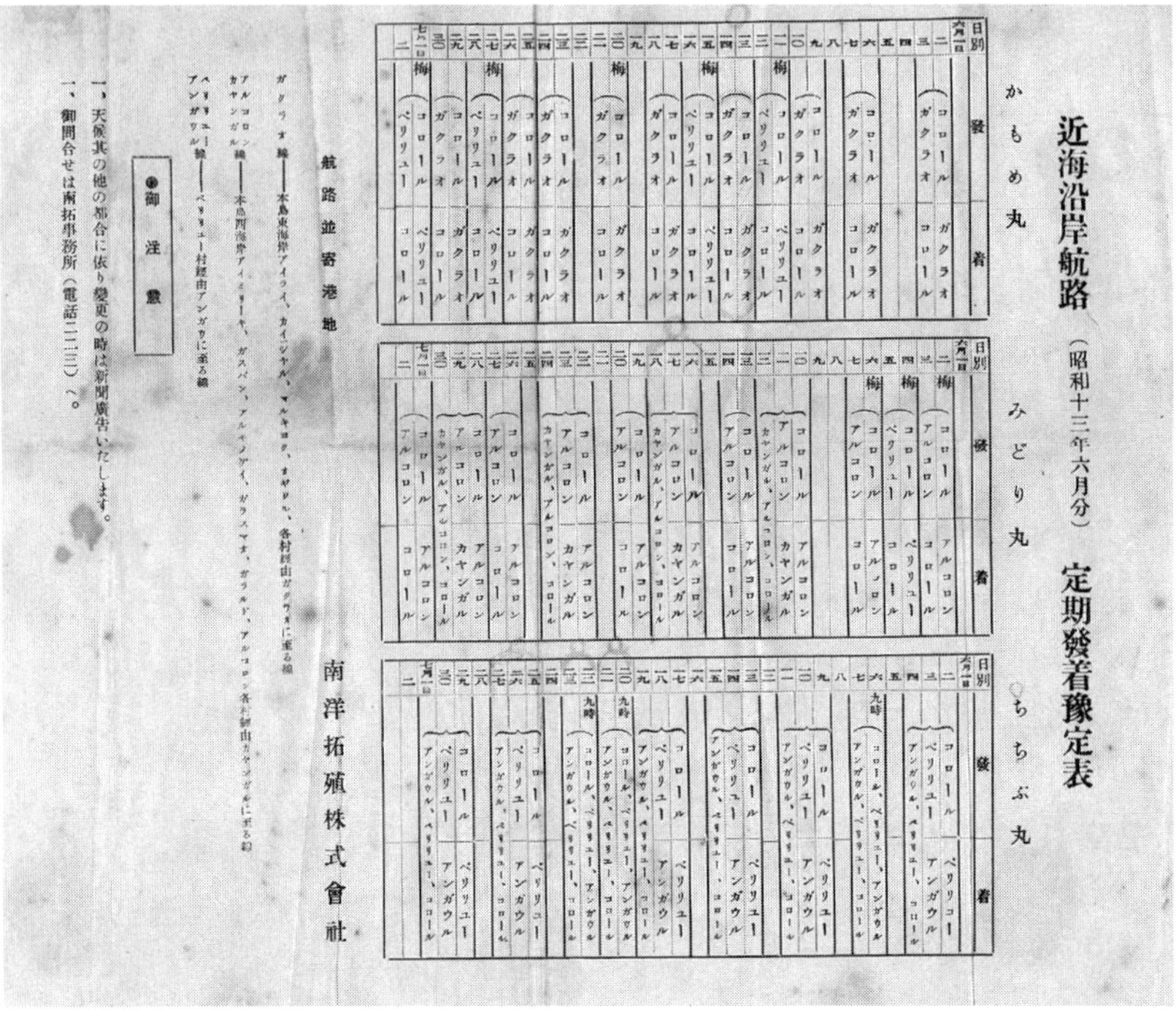

近海沿岸航路（昭和十三年六月分）定期發着豫定表

かもめ丸

日別		發	着
六月一日			
二		コロール	ガクラオ
三		ガクラオ	コロール
四			
五			
六		コロール	ガクラオ
七		ガクラオ	コロール
八			
九		コロール	ガクラオ
一〇		ガクラオ	コロール
一一	梅	コロール	ペリリユー
一二		ペリリユー	コロール
一三		コロール	ガクラオ
一四		ガクラオ	コロール
一五	梅	コロール	ペリリユー
一六		ペリリユー	コロール
一七		コロール	ガクラオ
一八		ガクラオ	コロール
一九			
二〇	梅	コロール	ガクラオ
二一		ガクラオ	コロール
二二			
二三		コロール	ガクラオ
二四		ガクラオ	コロール
二五		コロール	ガクラオ
二六		ガクラオ	コロール
二七	梅	コロール	ペリリユー
二八		ペリリユー	コロール
二九		コロール	ガクラオ
三〇		ガクラオ	コロール
七月一日	梅	コロール	ペリリユー
二		ペリリユー	コロール

みどり丸

日別		發	着
六月一日			
二	梅	コロール	アルコロン
三		アルコロン	コロール
四	梅	コロール	ペリリユー
五		ペリリユー	コロール
六	梅	コロール	アルコロン
七		アルコロン	コロール
八			
九			
一〇		コロール	アルコロン
一一		アルコロン	カヤンガル
一二		カヤンガル、アルコロン、コロール	
一三		コロール	アルコロン
一四		アルコロン	コロール
一五			
一六		コロール	アルコロン
一七		アルコロン	カヤンガル
一八		カヤンガル、アルコロン、コロール	
一九		コロール	アルコロン
二〇		アルコロン	コロール
二一			
二二		コロール	アルコロン
二三		アルコロン	カヤンガル
二四		カヤンガル、アルコロン、コロール	
二五			
二六		コロール	アルコロン
二七		アルコロン	コロール
二八		コロール	アルコロン
二九		アルコロン	カヤンガル
三〇		カヤンガル、アルコロン、コロール	
七月一日		コロール	アルコロン
二		アルコロン	コロール

ちちぶ丸

日別		發	着
六月一日			
二		コロール	ペリリユー
三		ペリリユー	アンガウル
四		アンガウル、ペリリユー、コロール	
五			
六	九時	コロール、ペリリユー、アンガウル	
七		アンガウル、ペリリユー、コロール	
八			
九		コロール	ペリリユー
一〇		ペリリユー	アンガウル
一一		アンガウル、ペリリユー、コロール	
一二			
一三		コロール	ペリリユー
一四		ペリリユー	アンガウル
一五		アンガウル、ペリリユー、コロール	
一六			
一七		コロール	ペリリユー
一八		ペリリユー	アンガウル
一九		アンガウル、ペリリユー、コロール	
二〇	九時	コロール、ペリリユー、アンガウル	
二一		アンガウル、ペリリユー、コロール	
二二	九時	コロール、ペリリユー、アンガウル	
二三		アンガウル、ペリリユー、コロール	
二四			
二五		コロール	ペリリユー
二六		ペリリユー	アンガウル
二七		アンガウル、ペリリユー、コロール	
二八			
二九		コロール	ペリリユー
三〇		ペリリユー	アンガウル
七月一日		アンガウル、ペリリユー、コロール	
二			

航路並寄港地

ガクラオ線——本島東海岸アイライ、カイシャル、マルキヨク、オギワル、各村經由ガクラオに至る線

アルコロン カヤンガル線——本島西海岸アイミーリーキ、ガスパン、アルモノグイ、ガラスマオ、ガラルド、アルコロン各村經由カヤンガルに至る線

ペリリユー アンガウル線——ペリリユー村經由アンガウルに至る線

御注意

一、天候其の他の都合に依り變更の時は新聞廣告いたします。

一、御問合せは南拓事務所（電話二二三）へ。

南洋拓殖株式會社

図14　南洋拓殖時代の、パラオ環礁内航路の時刻表。人口が比較的多かったパラオでは、交通船の行き来も頻繁だった（著者所蔵）

土井直之進

トラック環礁内での定期航路として、一九二九年（昭和四年）度から命令航路として運航されたもの。下命先は個人である。次に掲げるデータは三二年度のもの。使用船は南進丸（二十八・七九総トン）。

夏島—春島線　年六十回　一日
夏島—冬島線　年六十回　一日
夏島—金曜島線　年六十回　二日
モートロック線　年十二回　不明

（モートロック線は、一九三二年〔昭和七年〕から開始された。）

なお土井直之進によるトラック環礁内の定期航路は一九三五年（昭和十年）度を最後とし、その翌年度からは南洋貿易が受命、運航する。

以上のほかポナペでは、一九三四年

（昭和九年）頃から南洋庁より下命された宮平順喜による命令航路が開かれていた。筆者所有の前掲『管内船舶一覧表』では、三四年に同名所有の船としてさかえ丸（五・五総トン）の名を見ることができる。

さて一九三六年（昭和十一年）、内南洋ならびに外南洋の資源開発を目的として、政府系の特殊会社である南洋拓殖（通称：南拓）が設立された。南拓は、海上交通に関してはパラオ運送組合の事業を引き継いだ。また南星丸、南拓丸などの船を用意し離島航路の運航もおこなったようだが、その詳細は不明である。なお南拓丸は後に、大日本航空による定期航空路維持に必要な気象通報などをおこなう警戒船として使用された。また、この南拓の航路と船舶は、三八年に設立された傍系企業の南洋汽船に継承されている。そのうち、パラオ運送組合から引き継いだ環礁内航路は、現地で発行されていた「南洋新報」の広告を見るかぎり、大戦末期も運航されていたことが確認できる。ただし四四年三月三十日のパラオ大空襲で、数隻が失われている。

続けて、今度は南洋群島の空に目を向けてみたい。

図15　南洋拓殖の交通船。このような船が、南洋群島の島々を結んでいた
（出典：南洋群島文化協会／南洋協会南洋群島支部編『南洋群島写真帖』南洋群島文化協会、1938年、157ページ）

6　福岡—上海線の蹉跌

一九三九年（昭和十四年）四月四日、横浜から一機の飛行艇が飛び立った。目指す先は、パラオ。旅客営業はまだおこなわれず、取り扱いは郵便と貨物だけだったが、四発の大型

飛行艇が飛んだことで知られる大日本航空南洋線の営業が、この日から開始されたのだった。

しかしながら、飛行艇を利用した南方への航空路開設に向けた動きは、実はこれより十年も前にすでに始まっていた。そのときの目的地は、上海だった。実現すれば、名実ともに日本最初の定期国際航空となるはずの路線だったのである。

国策会社として一九二九年（昭和四年）四月に営業を始めた日本航空輸送では、国内幹線航空路のほかに、設立前の計画段階から飛行艇による国際線として福岡―上海線の定期航空が予定されていた。しかし当時、それを実現させるためには様々な障害があった。

まず何より、計画当初日本の外交当局が及び腰だったのである。

中国は航空条約（パリ条約）に加入していなかった。したがって、外国の航空機が中国に乗り入れようとする場合には、たとえ民間機であろうと自由な乗り入れは許されず、協定を結ばなければならない。だが協定を結ぼうとすれば、そこに外交上の、政府承認の問題が発生する。この頃の中国はまだ辛亥革命以後の混乱が収まっておらず、南京の国民政府と北京の北方政権との二つの政府が存在していた。航空協定を結ぶ場合、そのいずれかを外交上の交渉相手としなければならず、どちらを選ぶにせよ、その交渉相手を中国での正統政府として承認することになる。つまり、一方の政府だけを承認するリスクが発生する以上、外務省としては不用意に交渉をおこなうわけにはいかないという事情があった。

さらには、上海乗り入れという航空協定の締結が、中国での航空権益の獲得として見られるおそれもあった。当時は九カ国条約によって列国が互いに中国での権益を新たに獲得しないことが取り決められていたが、定期航空機の上海乗り入れが航空権益の獲得と見なされ、ひいては九カ国条約に抵触したと見なされることを外交当局は恐れたのである。

しかし、アメリカやドイツの企業が、合弁という形で中国交通部と航空に関する契約を結ぶようになり、また、一九二九年（昭和四年）六月に国民政府を中国の正統政府として日本政府が承認するにおよんで、外務省もようやく協定の締約に向けて動きだした。

このような状況の下、日本航空輸送では、福岡—上海線の試験飛行を実施する。使用された機体は、川崎造船所が製造したドルニエ・ワール飛行艇。逓信省航空局からの旅客用飛行艇の注文に応じ、既に輸入して海軍の審査を受けていた機体を改造して、一九三〇年（昭和五年）一月に完成させたものである。このワール飛行艇を利用して、日本航空輸送は同年三月から四月にかけて福岡—上海間の試験飛行を四回にわたって実施した。

だがその一方で、今度は中国側の消極的な姿勢が日本側で問題視されるようになってきた。日本政府は、外務・逓信・陸軍・海軍の各省間の会議（一九三〇年〔昭和五年〕八月十五日の四省間会議）で隣国諸国間を結ぶ国際航空路を早急に開設することを申し合わせ、それを受けて外務省は中国政府に対するはたらきかけを強めていった。

やがて、それに応じるかのように中国政府の内部でも航空協定締結に向けた動きが見られるようになり、日中間の交渉が開始された。互いの主張に相違点は見られたが、それをすり合わせる努力が続けられ、一九三一年（昭和六年）の夏には協定案ならびに借款契約案が作成されるところまでたどり着く。

しかしその直後、九月十八日の柳条湖事件に端を発した満洲事変により、日中間の航空協定交渉は中断してしまった。

このことによって、日本の飛行艇による本格的な長距離商業飛行の開始は、一九三〇年代の終わり頃までずれ込むのである。

7　南洋統治と海軍航空

話は少しさかのぼる。

一九一四年（大正三年）、第一次世界大戦に参戦した日本は、艦隊を赤道以北のミクロネシア――いわゆる南洋群島に派遣し、当時ドイツ領だった主要な島々を海軍の占領下に置いた。そして一九年、日本はパリ講和会議で南洋群島の委任統治を受任する。この委任統治にあたっては、統治条項によって陸・海軍の根拠地を当該地域に建設することが禁じられていたが、統治が開始された当初から、日本はミクロネシアを軍事要塞化しようとしているのではないかという疑いを持たれていた。外務省や海軍はそうした疑惑の解消に努めていたが、その一方で、ミクロネシアに軍事的価値を見いだしており、実際にはその実現化を図っていたのである。

南洋群島での航空路開設も、このミクロネシアの軍事的価値と無縁ではなかった。

早くも一九二五年（大正十四年）の十二月には、南洋群島の在勤武官から、有事に備えるために南洋群島で民間航空という姿をまとえる航空郵便を開始するべきだとする意見具申が横須賀鎮守府司令長官宛に出されている。ちなみにこの頃は、内地の航空郵便もまだ試行的な性格が強かった時期にあたる。

やがて昭和期に入ると、海軍は、南洋群島を航行する艦船を利用して、南洋での航空機運用、基地設営などに関する調査研究をおこなうようになった。そのため、ときには飛行機そのものを持ち込んで飛行させたこともあった。

内地と南洋を結んだ最初の飛行は、一九三二年（昭和七年）の九月十二日から十九日にかけておこなわれた飛行演習と思われる。このときの飛行経路は館山―サイパン間といわれてきたが、実際には表8に示したとおり、トラックはおろかポナペにまで至る長距離飛行であった。使用機は、海軍館山航空隊所属の九〇式二号飛行艇（タ―2）。指揮は主として三木森彦少佐が執った（四日目のトラック―ポナペ往復だけ伊東祐満大尉）。

この飛行での調査範囲は広く、乗組員の疲労や健康状態、飛行艇の操作性、各種資器材の使用の便、航空機からの偵察の便、気象状況、そして南洋各島の基地としての適不適などが細かく調べられ、報告書が作成された。

ところで、この飛行は西太平洋での海洋作戦を視野に入れたもので、つまり軍事上の必要性から実施されたものだったが、報告書に盛り込まれた知見は、それ以後の飛行艇の装備や運用、ならびに基地設営などに関係するものが多い。その意味では、後の大日本航空による運航の実現にもつながる性格を持った飛行でもあったといえるだろう。また海軍の、被服や資器材を部隊に貸与した記録を見ると、海軍はその後も何度か飛行艇による内地—南洋間の飛行をおこなったようである。

全体像についてまだわからないことが多いが、一九三五年（昭和十年）になると、サイパンやパラオといった主要な島で、陸上機の飛行場や水上機の基地設備が整い始めてきた。またこの年は、内地—南洋間と南洋群島内での定期航空路整備に向けた本格的な準備が開始された年でもある。一例を挙げれば、四月二十三日付で南洋庁部内臨時職員設置制が改正され、南洋庁に専任の航空官を置くことが定められている。なおこの航空官には、海軍士官が任命された。海軍の八九式飛行艇が南洋庁に保管転換され、南洋群島内での試験飛行が開始されたのも同年のことである。この試験飛行は、表向きは南洋庁によるものだが、実際には海軍の強い影響の下におこなわれたものだった。ちなみにこの八九式飛行艇は、三七年の三月二十五日から四月五日にかけて、パラオ—ヤップ—メレヨン—トラック—ポナペを往復するという長距離飛行を実施している。

だが、試験飛行は順調なものばかりではなかった。一九三八年（昭和十三年）八月十日、横浜—パラオ間試験飛行に従事していたダグラスDF飛行艇（前年に川西航空機が輸入し、海軍が研究した機材）が父島南方でエンジン故障のため不時着し、そのまま遭難。南洋庁航空官の勝畑清海軍大尉をはじめ、搭乗していた全員が消息を絶つという事故となった。ちなみにダグラスDF飛行艇は大日本航空海洋部に所属していたとする文献があるが、大日本航空の発足は同機の事故から約四カ月後のことであり、それはありえない。登録記号もJ—ANFSとハイフン以下の四文字がAで始まるから、これは官庁所属の機体である（航空会社所有であれば、Bで始まるはずである）。筆者はまだ調査をしていないが、おそらく南洋庁の所有という形をとっていたのではないだろうか。

さて、南洋庁に航空官が置かれる前年の一九三四年（昭和九年）、九試大型飛行艇の試作指示が海軍から川西航空機に対して下されていた。その結果生まれたのが、後に九七式飛行艇となる四発の大型飛行艇だった。

電信	発動機	備考
石曾根義人二空曹 菊池重亀一空兵	高谷喜一郎二機曹 岩倉賢次郎三曹	
石曾根義人二空曹 大江誠一三空曹	高谷喜一郎二機曹 岩倉賢次郎三曹	
石曾根義人二空曹 大江誠一三空曹	村上正次二機曹 丹野正三機曹	
大江誠一三空曹 吉葉正治三空曹	村上正次二機曹 丹野正三機曹	
大江誠一三空曹 吉葉正治三空曹	村上正次二機曹 丹野正三機曹	
石曾根義人二空曹 大江誠一三空曹	村上正次二機曹 丹野正三機曹	
石曾根義人二空曹 大江誠一三空曹	中川貞一機関大尉 高谷喜一郎二機曹	悪天候のためウラスカからサイパンに引き返した
石曾根義人二空曹 大江誠一三空曹	中川貞一機関大尉 高谷喜一郎二機曹	
石曾根義人二空曹 大江誠一三空曹	中川貞一機関大尉 高谷喜一郎二機曹	

表8　1932年の館山―南洋間飛行演習詳細

飛行期日	飛行区間	出発時刻 到着時刻 所要時間	操縦	偵察
9月12日	館山― 父島	6:30 13:00 6:30	伊東祐満大尉 太田輿助一空曹	岡島威中尉 高野重一一空曹
9月13日	父島― サイパン	6:15 15:15 9:00	伊東祐満大尉 太田輿助一空曹	岡島威中尉 高野重一一空曹
9月14日	サイパン― トラック	6:30 14:20 7:50	伊東祐満大尉 市川樹雄三空曹	岡島威中尉 高野重一一空曹
9月15日	トラック― ポナペ	6:00 10:30 4:30	蛯名幸四郎二空曹 市川樹雄三空曹	伊東祐満大尉 中澤栄三郎三空曹
	ポナペ― トラック	11:30 15:20 3:50	蛯名幸四郎二空曹 市川樹雄三空曹	伊東祐満大尉 中澤栄三郎三空曹
9月16日	トラック― サイパン	7:30 15:10 7:40	伊東祐満大尉 蛯名幸四郎二空曹 市川樹雄三空曹	岡島威中尉 高野重一一空曹
9月17日	サイパン― ウラスカ往復	5:35 15:35 10:00	伊東祐満大尉 太田輿助一空曹	岡島威中尉 高野重一一空曹
9月18日	サイパン― 父島	7:15 15:40 8:25	伊東祐満大尉 太田輿助一空曹	岡島威中尉 高野重一一空曹
9月19日	父島― 館山	6:10 12:50 6:40	伊東祐満大尉 笹生庄助二空曹	岡島威中尉 簗野清八一空曹

※他に指揮官として三木森彦少佐が搭乗。

8　南洋航空路開設へ

一九三八年（昭和十三年）十二月、大日本航空に海洋部南洋課が設けられた。その名が示すとおり、海洋航空によって内地と南洋を結ぼうとしたのである。なお発足当初の陣容は部長と課長、そして事務員のわずか三人というささか寂しいものだったという。

航空路の開拓と乗員の訓練には、海軍の後押しがあった。また、南洋庁交通課からも職員が入社してきた。乗員訓練は横浜海軍航空隊、通称「浜空」でおこなわれた。この航空隊は一九三六年（昭和十一年）十月一日に開隊したばかりの飛行艇専門部隊で、現在の横浜市金沢区富岡町に置かれていた。そして大日本航空海洋部の仮事務所も、このとき航空隊の敷地内に設置されていた。

大日本航空海洋部南洋課の使用機は、川西式四発型飛行艇。海軍九七式飛行艇の民間向け輸送機型である。郵便と貨物を積んだ南洋向け第一便が横浜を出発したのは、一九三九年（昭和十四年）四月四日。この日、綾波（J―BFOZ）は横浜―サイパン間を十時間で飛行。サイパンに一日滞在した後、翌々日の六日には六時間でサイパン―パラオ間を結んでいる。帰路は、四月七日にパラオ―サイパン間を、そして九日にサイパン―横浜間を飛んで無事に務めを果たした。

ところで、横浜を飛び立った飛行艇は、文字どおりそのまま「一路南下」できたわけではない。航空局が与えた許可内容を見ると、発着こそ横浜、サイパン、パラオの三カ所だが、飛行ルートはもう少し複雑で、横浜―千葉―大東岬―父島―ウラスカ―パガン―サイパン―ヤップ―パラオとなっている。そのうえ許可条件として、発着基地付近の飛行ルートは海軍の指定に従うこと、発着基地付近は窓の遮蔽をおこなうことの二点が指示されていた。言うまでもなく、窓の遮蔽というのは、防諜を企図してのことだろう。

月二回往復の郵便飛行はほぼ順調で、八月の間こそ休航したが（理由は不明）、一九四〇年（昭和十五年）三月六日からは旅客営業も開始する。ちなみに旅客営業初日の実績は乗客六人、郵便・貨物二百七十五キログラム。この旅客輸送の開始によって、それまで船で五日かかっていた横浜―パラオ間の所要日数が、サイパンでの一泊も含めてわずか二日ですむようになった。ただしこれは、高額な運賃を支払えるだけのお金があれば、という話である。

なお、旅客営業に先立つ一九三九年（昭和十四年）十二月二十七日、勅令第八百九十六号をもって南洋群島で航空法を適用する旨（ただし一部条文を除く）が公布・施行されている。

9　広がる大艇の航空路

月二回往復の南洋線、すわなち横浜―サイパン―パラオ間の旅客輸送が開始されて半年もたたない一九四〇年（昭和十五年）八月、今度はパラオを起点にヤップ、トラック、ポナペ、ヤルートを結ぶ試験飛行が開始された。なおこの区間は、翌年一月九日から正式に営業を開始している。

続いて十一月二十五日になると、綾波（J―BFOZ）によってパラオと台湾の淡水を結ぶ二千八百キロの開拓飛行がおこなわれた。この飛行は、既存の航空路と結んで横浜―サイパン―パラオ―淡水―横浜という循環航空路を完成させようという構想に基づいておこなわれたもので、十一月二十二日から二十七日にかけて実施された長距離飛行の一部をなすものである（表10）。

このパラオ―淡水間の飛行区域は、熱帯低気圧が発生しては台風へと成長を遂げる海域で

表9　横浜―サイパン間の新旧交通機関比較

	所要時間	料金	乗客定員
日本郵船・筑後丸	5日	一等91円	118人
		三等29円	
大日本航空	10時間	235円	17人

※筑後丸乗客定員は各等合計

ある。飛行ルートの海上には南洋拓殖の交通船・南拓丸が警戒船として配置されていたが、幸いにも、雲量が多いなかを無事互いに視認することができた。しかしそれでも、低気圧の荒天下で、長時間にわたり視界がきかない低空飛行を強いられたという。当時、このパラオ―淡水間の空路開拓によって内地、南洋、台湾を結ぶ飛行艇の総延長が一万二千キロにも達したと宣伝されたが、実際にはパラオ―淡水間はこの試験飛行だけに終わり、営業飛行がおこなわれることはなかった。

これらの飛行と並行して、飛行艇による国際航空路の構想も立てられていた。一つは、パンアメリカン航空(通称パンナム)によって一九三五年(昭和十年)十一月にサンフランシスコ―マニラ間に開設され、三七年(昭和十二年)には香港に延伸された太平洋横断定期航空路と大日本航空との接続であり、もう一つは、パラオとポルトガル領チモール島ディリーを結ぶ航空路である。

パンナムとの接続は、実際に、大日本航空の重役によって試みられている。サンフランシスコを飛び立った飛行艇は、ハワイやミッドウェー、そしてウェーク島を経由して、マニラの一つ前ではグアムに降りる。グアムからサイパンは指呼の間といって差し支えないほど近いから、船で結ぶ。このときはアメリカの協力も得て、日本側の船がグアムへと向かった。そして当の重役を乗せた船はサイパンへと取って返し、サイパンから横浜までは、大日本航空の飛行艇に乗る。

だが、この航空路による日米定期航空が実現することはなかった。その一方で、日米関係の悪化で船による便が既に途絶していた一九四一年(昭和十六年)十一月五日、ワシントンに特命全権大使として派遣された来栖三郎は海軍機で日本占領下の厦門へと飛び、そこから船と飛行機を乗り継いでマニラに向かい、パンナムの飛行艇でアメリカへと飛んだ。

パラオ―ディリー間の定期航空路は、かろうじて実現した。しかしわからないのは、日米間よりもはるかに需要に乏しいであろうこの航空路がなぜ構想され実現したのか、ということである。

当時のポルトガル領チモール島と日本との利害関係の薄さを考えると、どのような意義をもった航空路だった

図16　ハワイ宛クリッパー便。アメリカのパンナムが運航した太平洋横断航空路は、国際的な郵便逓送路でもあったから、このように日本から利用することもできた。ただし香港までは船で運ばれるので、6月1日に東京から差し立てられて、ホノルル到着（6月14日）まで約半月を要している。横浜からサンフランシスコ航路で運ぶほうが頻度も高く料金も低廉だったためメリットに乏しい。なお1円71銭分の切手が貼られているが、その料金内訳は外国郵便の書状料金が20グラムまで20銭、書留料金が16銭、そして香港―ハワイ間の航空料金が1円35銭である（著者所蔵）

のかを判断するのは難しい。定期航空開始の時期は日米開戦の直前にあたるが、その頃になると、この航空路はABCD包囲網の突破のためともいわれた。だが試験飛行の開始は一九四〇年（昭和十五年）の秋であり、また構想自体は、さらにそれより早くからなされていたものだから、いわゆるABCD包囲網云々は関係ない。ちなみに、この航空路に関する枢密院の審査報告を見るかぎりでは、チモール島開発をめぐるポルトガルとの政府間交渉の場で出てきた計画のようで、だとすれば、南洋群島で産業開発にあたっていた南洋興発による赤道以南への進出と絡んだ航空路の開設ではなかっただろうか。ちなみに当時ディリーには南洋興発の傍系会社にあたるSociadade Agricola Patria e Trabalbo（略称：S・A・P・T。一九三七年創立）と称する農業開発会社があり、現地でコーヒーやカカオの栽培をおこなっていた。またアラフラ海では、日本真珠や海洋殖産が操業していた。

パラオ―ディリー間の航空協定に向けたポルトガル政府との話し合いは、一九四〇年（昭和十五年）四月から開始された。だが話し合いはなかなか進展せず、そのために日本側は、交渉促進の意味合いをかねてパラオ―ディリー間の試験飛行の開始を申し入れ、実行に移す。この試験飛行の詳細は表11に示すが、こうしている間に、まずオーストラリアがポルトガルとの間に航空協定を結び、カンタス・エンパイアのシンガポール―シドニー間に就航していたショート・エンパイア飛行艇を、四一年（昭和十六年）一月十六日から隔々週に一回のペースでディリーに乗り入れを開始させた。続いてオランダ領東インドのKNILMが、バタビア―シドニー間に就航していたダグラスDC―3をチモール島自領内のクーパンに毎週二回の割合で寄航させることになった。

さて、試験飛行を開始したとはいうものの、大日本航空の側に、飛行に関する資料がそろっていたわけではない。加えて外交関係の悪化から、オランダ領東インドに、気象通報をはじめとする一切の航空保安上の処置を期

表10　横浜―南洋―台湾間循環航空の綾波号行程

	行程	距離（km）	所要時間	備考
11月22日	横浜―サイパン	2,600	11:44	
11月23日	サイパン―パラオ	1,570	6:30	
11月25日	パラオ―淡水	2,800	10:40	開拓飛行
11月27日	淡水―横浜	2,250	8:18	

待することもできない。そこで結局、大日本航空では無線機を積んだ小型漁船二隻を警戒船としてパラオ―ディリー間に配置し、気象通報などをおこなわせることにした。

日ポ航空協定の調印がおこなわれたのは、一九四一年（昭和十六年）十月十三日。その効力は調印日から発生し、協定上は両国の航空会社がパラオ―ディリー間を相互に乗り入れることになった。とはいえ、ポルトガル側は相互乗り入れをおこなえるだけの適当な飛行機を持ち合わせていなかったので、実際には、日本側の一方的な乗り入れとなった。

十一月二十二日には定期航空第一便・浦波（J―BGOB）がパラオを飛び立ち、無事にディリーへとたどり着いた。このときの乗客数や郵便、貨物類の搭載量は残念ながら不明である。そして二十九日には、ディリーからパラオへと無事に飛行している。これで、いよいよ本格的な太平洋縦断飛行の幕が切って落とされたかに見えた。

しかし、ディリー駐在の大日本航空社員が第二便を見ることはなかった。第二便のパラオ発予定日は十二月九日。その前日に、太平洋戦争が始まったのである。

表11　パラオ―ディリー間試験飛行成績

	実施年月日	機名（標識）	所要時分
第1回	往40/10/22	綾波（J-BFOZ）	往9:23
	復40/10/25		復9:00
第2回	往40/12/18	綾波（J-BFOZ）	往9:40
	復40/12/20		復7:55
第3回	往41/1/23	漣（J-BFOY）	往8:55
	復41/1/28		復8:45
第4回	往41/2/28	叢雲（J-BGDC）	往8:35
	復41/3/3		復8:45
第5回	往41/5/19	浦波（J-BGOB）	往8:20
	復41/5/21		復9:40
第6回	往41/6/30	漣（J-BFOY）	往8:14
	復41/7/2		復7:50
第7回	往41/8/22	漣（J-BFOY）	往7:55
	復41/8/25		復8:20
第8回	往41/10/18	漣（J-BFOY）	不明
	復41/10/28		

10　南洋での民間航空の終焉

海軍の強い影響の下に開始された南洋向け定期航空だが、業務にあたった関係者には面白くない事情もあった。業務をおこなう施設が横浜海軍航空隊に居候しているような格好であり、加えて運航そのものが当初は月二往復という低頻度だったことから、職員は海軍の日常訓練にも参加させられ、そのため厳しい軍規風紀にさらされることになったからである。当事者の回想によれば、背広の前ボタンが外れているといっては注意され、帽子がアミダかぶりだといっては直させられたという。ちなみに戦前の民間航空は一般に陸軍の影響が強く、そして日常の起居にうるさかったという点では陸軍も同じはずだが、民間航空の関係者の間には陸軍がうるさかったという述懐がみられないのとは対照的である。察するに、海軍はよほどうるさかったのだろう。

やがて、横浜航空隊に居候していた施設と事務所が、同じ根岸湾に面した磯子の芝生町海岸に新設された一万坪（約三万三千平方メートル）の水上飛行場に移設する。同時に税関、気象台、航空局といった官庁出先機関もこの新しい水上飛行場に設けられた。ちなみに、この新しい横浜水上飛行場からの第一便となった機体は、一九四〇年（昭和十六年）四月十六日出発の浦波（J―BGOB）である。

ところが、自主運航に移ったと思ったのも束の間のことで、この年の冬を前に、海軍による戦時徴傭の計画が立案された。その結果として、太平洋戦争が始まると同時に、大日本航空の川西式四発型飛行艇はすべて海軍によって徴傭されることになった。

ここで注意しておきたいが、徴傭というのは、あくまで海軍と会社の間に結ばれた機材人員の借り上げ契約に基づいて海軍が輸送機隊を利用するという形をとっていて、職員の身分は大日本航空に在籍したままである。機種や機数、および配属や運航に関しては海軍側の指揮監督に従うが、そのほかの運営は一切会社側がおこなうものである。わかりやすくいえば、チャーターで、国民徴用令などによる徴用とは異なるものであった。とはいえ、海軍の意向を無視した運航は不可能であり、その実態が海軍の輸送機隊であることに変わりはない。

そして一九四一年（昭和十六年）十二月八日に太平洋戦争が始まると、南洋での民間航空は事実上終焉した。横浜支所所属の機材人員は海軍の第五徴傭輸送機隊となって横須賀鎮守府の指揮下に置かれ、横浜―サイパン―パラオならびにサイパン―トラックの空路を担当することになった。

パラオ支所所属の機材人員は第六徴傭輸送機隊に編成され、第四艦隊の指揮下に入った。同隊はマーシャル群島やカロリン群島を結ぶ空路を担当したが、緒戦での日本軍の進撃によって、ほどなくラバウルへと空路を延ばすことになる。また第五徴傭輸送機隊も、横浜から淡水、マニラを経てスラバヤに至る路線、そしてさらにはニューギニアへとその翼を伸ばした。

一方、航空路が開かれて間もないチモール島のディリーでは、開戦間もなく、十二月九日到着の第二便に備えて警戒配置中だった漁船が撃沈されるという事態が発生した。続いてオーストラリアとオランダ領東インドの連合軍がポルトガル領チモール島に上陸し、大日本航空のディリー駐在員は翌年二月二十日に日本軍が上陸してくるまで抑留生活を送ることになる。

その後、悪化する戦局のなかで大日本航空の職員からも少なからぬ殉職者を出すようになる。海軍徴傭の飛行艇もまた、飛行中に消息を絶つ例が散見されるようになった。サイパン島では、女性も含めて四十二人という徴傭輸送機隊関係の社員ほとんどが、地上戦に巻き込まれて命を落とした。

サイパン戦の直前まで内地と南洋を結んでいた定期航空路は、サイパン島の陥落と同時に潰え去った。海軍の強い影響下に始まった南洋航空路は、戦火のなかで終焉を迎えたのである。

第5章　内モンゴルの交通事業と関東軍

1　関東軍のチャハル進出

熱河省を平定した関東軍は、続いてチャハル省に目をつけた。熱河作戦に先立って切り崩し工作を受けていた東北軍の騎兵十七旅は、催興武に代わって部隊を掌握した李守信の下で興安遊撃師と名を変え、満洲国軍に編入こそされなかったものの、関東軍特務機関の謀略部隊として残された。興安遊撃師は一九三三年（昭和八年）五月に関東軍の意を受けてチャハル東部の多倫《ドロン》県へと侵入、占領。そして六月十一日、関東軍は浅田彌五郎少佐を長とする多倫特務機関を開設する。

七月十一日、馮玉祥《フウギョクショウ》率いるチャハル民衆抗日同盟軍の攻撃を受けて、興安遊撃師はいったん多倫から退くが、馮玉祥は日本側の反撃と抗日同盟軍の存在を許さない国民政府の挟み撃ちを受ける形となって下野し、それから間もなく、八月十三日に興安遊撃師は再び多倫を占領した。

こうして日本側の手に渡ったチャハル省多倫県は、李守信を自治行政長官とする察東特別自治区となり、中国国民政府の支配も及ばず、また満洲国の支配も受けないという特別な地域となった。同時に興安遊撃師も察東警備軍とその名を改め、ただし司令官はそのまま李守信が任にあたった。こうして多倫は、関東軍の内蒙工作の初期の拠点となったのである。

さて多倫県は、その北方にあるシリンゴル盟タブスノールの塩湖で採れた塩（蒙塩といった）の中継地点であり、満洲国や張家口に移出される塩にかかる蒙塩税は、察東特別自治区の税収上最も重要な位置を占めた。とはいえ、察東特別自治区が成立した頃は商取引が際立って盛んだったというわけではなく、タブスノールの塩を除けば家畜や毛皮が主要な移出品であり、また移入された日用品や食料は旅商が牧畜民に供給していた。

多倫は、かつて外モンゴル（現モンゴル国）との交易で栄えたところで、中国銀行や交通銀行までもが支店を構え、また天津や張家口の大商人が支店を設けていたほどだった。しかし東清鉄道や平綏《へいすい》鉄道の開通により競争上不利となり、寂れていたのである。それでも、皮革・羊毛は張家口を経由して移出されており、その関係もあって、自動車通行の可能な道路が張家口と多倫を結んでいた。当時の日本陸軍が作製した兵要地誌にも、張北を経て多倫と張家口を結ぶ「旅客用自動車ノ通行容易」な道路に関する記述があり、「張家口ヨリ庫倫及多倫行ノ自動車ハ悉ク本道路ヲ通過ス」と記されている。加えて経由地を異にする道路も多倫と張家口を結んでいて、そちらは、おそらくラクダやロバといった駄獣による交通がおこなわれていただろう。だが機械化された交通が不可能だったかといえばそうでもなく、兵要地誌には七、八月頃の雨期と三月下旬から一カ月ほどの間の解氷期を除いて「野戦重砲ノ通過ヲ許ス」（『察哈爾、綏遠省兵要地誌　昭和六年三月調製』防衛省防衛研究所所蔵）とあるから、ある程度の車両交通は可能だったろうと筆者は推察する。

その一方で、国境を越えて満洲国熱河省の赤峰や承徳につながる道路事情は、山岳地帯という事情もあって決していいものではなかった。塩の移出などはおこなわれていたものの、主として自動車ではなく牛車やラクダによって運ばれていたという。しかし自動車による往来がまったくなかったわけではなく、熱河作戦以降の熱河省内での交通の機械化に伴って、一九三四年（昭和九年）には熱河通運による一週間から十日に一回という形での定期運行が開始された。

張家口方面はもともと物資の往来が多かったこともあり、興安遊撃師の侵入やそれに伴う戦乱の影響で一時的

表12　多倫―張家口間運輸成績
1933年（昭和8年）11月7日―12月13日

延べ台数	24
多倫到着旅客数（人）	112
到着貨物（件）	134

（出典：関東軍参謀部『関常報第八号　多倫復興情況』〔1934年〕から作成）

表13　多倫―張家口間の家畜による交通量
1933年（昭和8年）9月28日―12月15日

牛車（台）	89
ロバ（頭）	387
ラクダ（頭）	80

（出典：前掲『関常報第八号』から作成）

に途絶えはしたものの、避難していた商家が多倫に戻り始めると、人や荷物の往来が再開された。こちらは張家口に本店を有する察哈爾《チャハル》汽車公司が営業していたもので、先ほど述べた張北経由の自動車道を利用して営業されていた。

さて、察哈爾汽車公司の営業形態は三日に一回の運行で運賃は旅客一人十六元。しかし、それに加えて出発時に五十元、到着時にまた五十元という形で保護税が課せられたから、往復すると二百三十二元という、本来の運賃と比べてきわめて高い出費を旅客は強いられた。

察東特別自治区の発足間もない頃の多倫―張家口間の自動車運輸成績は、はなはだ不十分な内容ではあるが表12に掲げておいた。満洲国の熱河省承徳方面に比べて往来が多かったというが、それでもこの数字だから、承徳との交通量がどれほど少ないものであったかがうかがい知れるだろう。しかも、事業者である察哈爾汽車公司は、西部内モンゴルでの日本の影響力が強まるにつれて姿を消してしまい、記録に現れなくなる。このことについては、もう少し後で触れることにする。

自動車と比べて多いのは、在来の、家畜による交通である。表13のとおり、諸物資を主に運んでくるのはこちらで、また、帰りに塩を積んでいくのもこれら家畜だった。なおラクダ輸送については回族が力を持っていたという。

郵便についても触れておこう。興安遊撃師による再占領から間もなく郵便業務が再開されたが、二日に一度、徒歩連絡で熱河方面に逓送するというもので、当時としてもはなはだ不便なものだった。中国との郵便も、張家口経由ではなく満洲国を経て山海関経由、という時間も手間もかかるもので、関東軍としても不便だと感じていたようだが、考えてみれば関東軍自身が謀略部隊を使って国民政府の主権下から事実上切り離した地域なのだから、何も中華郵政の側が積極的に利便や便宜を図ってやらなければならない理由はないのである。

2　察東事件と満洲航空

一九三五年（昭和十年）十二月、関東軍は華北分離工作を促進させるべく、察東警備軍を張家口の北、口北六県と呼ばれる一帯に進出させることにした。いわゆる察東事件である。

この軍事行動のきっかけになったのは、一九三五年六月二十七日に締結された土肥原・秦徳純協定にある。満洲国とチャハル省の国境付近での抗日運動の活発化に日本側が強硬に抗議し、熱河作戦でも関東軍を相手に善戦した宋哲元率いる第二十九軍を協定によって長城線から移動させた。そして、第二十九軍がいなくなった地域での治安維持を中国保安隊と蒙古保安隊が共同でおこなうことになったが、関東軍は漢人居住地域の各県城内にも蒙古保安隊を入れるよう要求する。しかしチャハル省主席代理張自忠がそれに反対すると、関東軍は李守信率いる察東警備軍を蒙古保安隊の名目で口北六県に進出させることにしたのである。

この軍事行動に、またも満洲航空が協力した。

関東軍から命令が下ったのは、十二月五日。使用機は、偵察機用の爆弾投下器と八九式旋回機銃による武装を施したスーパーユニバーサル三機とフォッカーF7b/3Mが一機。この臨時独立飛行中隊は奉天から多倫へと進出し、十二月七日には三機のスーパーユニバーサルで沽源方面の偵察飛行を実施し、八日には状況偵察と宣伝文撒布をおこなった。九日になると、午前は宝昌での武装解除に協力するための飛行を実施し、午後二時には沽源城の南城壁を威嚇のために爆撃した。このときの投下数は、各機三発ずつの合計九発を全弾同時投下。弾種は十五キロ爆弾である。ちなみに本来であれば、察東警備軍は沽源で武装解除にあたっていたはずだったが、中国保安隊による頑強な抵抗を受け、沽源城東方に展開した部隊が上空に向けて爆撃を要求する布板を出していた。なお爆撃効果の判定は、「戦闘詳報」によれば「威嚇の目的を十分に達成す」となっているが、関東軍から来た補佐官として察東警備軍と行動をともにしていた松井忠雄大尉は、その効果を特に記録していない。なお同日の爆撃は午後四時五十分にも実施された。今度はスーパーユニバーサル一機により、十五キロ爆弾十五発を三往復で沽源東側の散兵壕に投下した。

ところで、察東警備軍と満洲航空の臨時独立飛行中隊が行動しているさなか、華北分離工作の結果として中国側による冀察政務委員会設立の動きが具体化していた。このまま作戦を続行すれば、かえってその動きをぶち壊しにしかねない。そう判断した関東軍は作戦中止を決定したが、多倫特務機関は独断で作戦を続行する。その後は二日にわたって空地連絡と状況偵察を任務としたが、十二日には再び沽源に対する爆撃を実施している。「戦闘詳報」によると、このときはスーパーユニバーサル三機で十五キロ爆弾を三十二発携行。ただし、うち一発は投下器の故障で落下せず、爆弾は帰還中に脱落した。爆撃の方法は、沽源城北方から三度侵入を試み、連続投下で三回の爆撃を実施するというものだった。なお判定は「予期の如く城内重要地点に落下せしめ敵をして未知の爆撃効果を知らしめ多大の損害を与え奏功す」とされているが、この様子を地上から遠望していた松井大尉は「城内にバラバラ落としただけだったが、部隊の士気はとみにあがった」と素っ気ない。結局は、爆撃でも中国側の守備隊を投降させることができず、砲弾不足という悪条件もあって、照準に慎重を期した砲撃によって城壁を破壊して突撃路を作り、地上部隊の突入によって沽源を占領するに至っている。なお、この日午後の偵察によって作成された飛行中隊の「戦闘詳報」では、「午前の爆撃にて敵を圧倒し之に乗じ友軍地上部隊は機を失せず攻撃し」とあり、また航空記録では「前回の爆撃により既に落城し」とある。だが、これは自画自賛もいいところである。

臨時飛行中隊は、二十五日には帰還している。二十九日にはチャハル省主席代理張自忠と関東軍参謀田中隆吉中佐との間で察東警備軍の進駐区域に関する合意も成立し、三十一日までに口北六県への進駐を実施することになった。

3　関東軍と徳王

話は、少しさかのぼる。

満洲事変という独走を引き起こし、陸軍中央に追認させるほどの関東軍だったが、一九三二年（昭和七年）八月に陸相荒木貞夫中将の下でおこなわれた定期人事異動では関東軍司令官以下の幕僚の多くが更迭され、板垣征四郎大佐でさえ関東軍司令部をほしいままに操る力をその人事異動のために失ったといわれる。

しかしながら一九三四年（昭和九年）三月、陸軍中央で永田鉄山少将が軍務局長に就任して以降は、人事の主導権が次第に統制派へと移っていく。同年十二月に南次郎大将が関東軍司令官に就任すると、関東軍に南軍司令官・板垣参謀副長という組み合わせが誕生した。そこから対中国論も強硬なものとなり、三五年はじめに内蒙工作と華北分離工作を進めることが決定される。そしてその年の三月には、内地の隊付勤務に回されていた田中隆吉中佐が関東軍参謀部第二課中国関係主任参謀として着任した。

日本陸軍内部でこうした人事が進められる一方で、関東軍の諜報活動は、内モンゴルにいる王族の一人である徳王に注目するようになる。徳王は民族主義者で、国民政府を相手に内モンゴルの高度自治獲得を目指して活動していた人物である。

国民政府に対する請願や指導層内部での政争を経て政治的頭角を現してきた徳王は、ウランチャブ盟の盟長だった雲王を説得し、一九三四年（昭和九年）四月二十三日に綏遠《スイエン》省ウランチャブ盟の百霊廟で、雲王を委員長とする蒙古地方自治政務委員会を設立させた。これが百霊廟蒙政会といわれるものである。ちなみにこの頃の徳王は、国民政府の注目を内モンゴルに向けさせる意図もあって、綏遠省にほど近いチャハル省シリンゴル盟西部での関東軍特務機関の動きを蔣介石に伝えていた。後に日本の傀儡ともいわれることになる徳王だが、彼は必ずしも日本に操られていただけというわけではなかったのである。そもそも内モンゴルの王族たちから見れば、東部内モンゴルを取り込んで成立した満洲国とはモンゴル族を政治的に分断した存在であり、また満洲国内でのモンゴル王公の特権廃止などで、満洲国と、その背後にある日本に対して警戒心さえ抱く者もいた。

ところが一九三四年（昭和九年）秋、徳王を日本に接近させる事件が起こる。そのとき奉天特務機関長の職にあった土肥原賢二少将が、徳王から韓鳳林という人物の捜索を依頼されたのである。

韓鳳林は徳王の部下の一人で、内蒙古軍官学校準備委員長に任じられた人であった。日本の陸軍士官学校を卒業し、また満洲国で一度は職を得たものの、その対モンゴル政策に失望して満洲を離れ、徳王の下に身を投じたという経歴の持ち主だった。加えて国民党の側には与しなかったこともあって、国民政府の側から日本の手先ではないかと疑われた結果、北平にあった憲兵第三団によって拉致、暗殺されてしまったのである。

この出来事をきっかけに、徳王は国民政府と蒋介石を頼ることはできないと考え、次第に日本との関与を深めていく。それはまた、内モンゴルへの関東軍の進出を招くことをも意味していた。一九三五年（昭和十年）に宋哲元の第二十九軍を外長城線から追いやった後、関東軍は蒙政会チャハル部保安長官チョトバジャブへの接触を強めていき、徳王、李守信、チョトバジャブの三者を結び付けた地方政権の樹立を構想するようになった。そしてその第一段階として三六年一月二十二日、それまで会盟がおこなわれていなかったチャハルに盟を設けるべく張北でチャハル盟公署成立大会が開かれた。

さらに関東軍は、前年十二月下旬に小銃五千挺と弾薬二百万発（満鉄の記録によれば五百万発）を、張家口から徳王府のある西蘇尼特《スニット》に宛てて送り出していた。言うまでもなくこれは、徳王に対する支援である。

そして一九三六年二月十日、徳王は西蘇尼特で内蒙軍政府を成立させる。主席は雲王。そして徳王は軍政府総裁の座に就く。なお軍政府成立後も百霊廟蒙政会は当分の間存在していたものの、実質的には軍政府の出張所も同然となってしまった。

だがチャハル盟の会盟以降の動きは、国民政府および蒋介石の認めるところとはならず、チャハル盟の右翼四旗が綏遠省に属することもあって、対抗手段として綏境蒙政会の設立が命じられた。これはとりもなおさず、綏遠省に属するモンゴル族に影響を及ぼそうとした場合に、決定的な対立が生じることを意味する。

4　チャハル盟の成立と自動車交通事業

さて、ここに見たチャハル盟の成立は、内モンゴルの自動車交通にも影響を及ぼした。日本の影響下に置かれた西部内モンゴルでの自動車営業は日本経営の企業に限定され、中国人の営業は外長城線よりも南に限定された。長城の南に封じ込まれた形になった中国人経営の自動車会社は熾烈な競争状態に陥り、運賃の低落によって経営困難に追い込まれた。ここでは表14として、チャハル盟での自動車交通事業の概要を掲げておく。チャハル盟すなわち長城線の北だから、つまり表14にある事業者は、すべて日本人経営の企業である。なお長城の南に押し込まれた中国人事業者は古い車がほとんどで、使用できないものも多かったという。

チャハル盟成立の前年、一九三五年（昭和十年）夏に、関東軍は華北各域での自動車運送業を満鉄に手がけさせる心積もりでいた。張家口—多倫間には満鉄の傍系会社として二六年（大正十五年）八月一日に設立された国際運輸が進出しており、おそらくは、先に述べた察哈爾汽車公司に取って代わる形で自動車運送業を営み始めていたようなのだが（多倫への国際運輸の進出は、外務省記録のなかにある張家口領事館の文書からもうかがえる）、それをさらに、満鉄自身に経営させようとしたわけである。

関東軍のこうした意向がどのように作用したのかは詳らかではないが、そのようなときに、張家口—多倫間の自動車交通事業に登場したのが、張多汽車公司という名の会社であった。

張多汽車公司は、満鉄にゆかりを持つ会社である。一九三五年（昭和十年）、満鉄は華北での自動車交通事業に乗り出した。四月一日、満鉄は満鉄天津事務所内に華北汽車公司を設立、さらに、地域ごとに路線を所管する

表14　チャハル盟の自動車運送業者と路線（1936年頃）

区間	キロ程	事業者名	運行方法
張家口－張北－徳化	168	文林洋行	張家口－張北1日2往復、張家口－徳化週1往復
張家口－張北－商都	132	東魯公司	張家口－張北1日2往復、張家口－商都週1往復
張北－康保	200	万国公司	貨物運輸だけで定期運行せず
徳化－商都	60	大北公司	貨物運輸だけで定期運行せず
張北－宝昌	92	坂田組	貨物運輸だけ、週3往復。ただし定期運行せず
張家口－張北－多倫	252	張多汽車公司	張家口－張北1日1往復、張家口－多倫4日毎1往復

（出典：福田英雄編『華北の交通史――華北交通株式会社創立史小史』〔ティビーエス・ブリタニカ、1983年〕から作成）

表15　華北汽車公司の現業機関と所管線

	所在地	所管線	車両台数	
			バス	トラック
山建汽車公司	山海関	山海関－建昌	4	2
		撫寧－擡頭営		
		山海関－南海		
民新汽車公司	唐山	唐山－喜峰口	8	5
		唐山－胥各荘		
		唐山－遵化		
承平汽車公司	北平	北平－古北口	16	4
張多汽車公司	張家口	張家口－多倫	15	30

（出典：前掲『華北の交通史』から作成。所管線は1937年5月時点。車両台数は時期不明）

現業機関として四つの公司をその下に設置した（表15）。張多汽車公司もその一つで、七月一日に張家口に設置され、張家口と多倫を結ぶ路線の運行にあたった。そしてさらに、おそらく三七年頃だが、同じく張家口にあった文林洋行と東魯公司の二社を買収し、業務の拡大を図ったのである。

気になるのは、同じ満鉄の傍系にあたり、既に事業を開始していた国際運輸との関係である。国際運輸を改組して張多汽車公司としたのではないかとも考えられるが、裏付ける資料が見つからない。

ところで、張多汽車公司の張家口―多倫間は、バス二両、トラック二両の計四両を縦列編成で運行していたというから、つまりは自動車のキャラバンである。ほかの路線では、現在の日本国内でおこなわれているような一両単位で運行されていたようだから、これは同時期のチャハルのなかでも特異な運行方法である。ちなみに車種はフォードやシボレーを主としていたというから、国産車はお呼びでなかったということになるだろうか。

ちなみに、一九三五年（昭和十年）に、日本人は張家口に三十九人、多倫に十七人が在住していたという記録がある（外務省東亜局『満洲国及中華民国在留本邦人人口概計表／昭和一〇年四月一日現在』外務省東亜局第二課、一九三五年、外務省外交史料館所蔵）。多倫については、ほかの資料ではそれよりもやや多い数字が見られるが、それでも特務機関や軍関係を除いた民間人の居住者数の規模としては大きく外れてはいない。一方、中国人の人口は張家口で約六万七千人、多倫で約三万であるという数字から、人口比に照らしても、自動車交通事業を日本人が独占したことの異様さが浮かび上がってくる。

5　内モンゴルでの航空基地設営

次に、目を空へと転じてみたい。

塘沽《タンク》停戦協定の後、華北の空では、満洲航空による航空活動が半ば公然と開始された。これがいわゆる「華北自由飛行」といわれるものである。表向きは塘沽停戦協定の適時視察権の行使に基づくものとしてこの「自由飛行」は開始されたが、その実態は中国側が「不法飛行」と呼んだとおり、相手国の主権に注意を払わない強引なものだった。

華北自由飛行は、一九三五年（昭和十年）四月に錦州―承徳―北平―天津―山海関、六月には承徳―多倫―張家口―北平を結ぶ飛行を開始する。その後、満洲航空による華北上空の飛行は、停戦協定に定められたような「適時視察」どころか、事実上、日本側の連絡飛行そのものと化していった。しかも飛行ルートは次第に西へと広げられ、当初は平津（北平・天津）地区を中心としていたものが、ほどなく山西、綏遠、そしてときには甘粛や寧夏にまで飛行するようになっていった。北平から綏遠省包頭までは月一便の軍用定期便を飛ばしていたが、これも週一便へと増やされた。三五年末には包頭に満洲航空の社員が進出し、満洲航空包頭出張所を開設した。

しかし、満洲航空による華北自由飛行がおこなわれた区域は、中国交通部（中国の部は日本の官庁での省にあたる）とルフトハンザ航空の合弁による欧亜航空公司が営業路線を展開していた区域でもあった。欧亜航空公司は、上海から鄭州を経て北平へ、あるいは西安、蘭州を通って包頭に至る航空路を運行していた。したがって日本としても、ドイツ側との利害調整が必要になってくる。

もともと欧亜航空公司は、その名が示すとおりヨーロッパ（ドイツ）とアジア（中国）の連絡を目指して設立された会社だった。しかしソ連がシベリア上空の通過を認めなかったことから欧亜連絡はかなわず、また満洲事変の勃発と満洲国建国によって満洲方面への航空路を喪失したことから、営業範囲が狭められてしまっていた。だがルフトハンザは国際航空路の開設をあきらめず、日本に対して満洲通過を求めるなどの動きを見せていた。満洲を占領した日本は、中独合弁の航空会社の上空通過を認めるつもりなどみじんもなかった。利害が対立するなか、一九三五年（昭和十年）以降にルフトハンザ側で浮上してきたのが、計画中のベルリン―バグダッド線を延長する形でアフガニスタンを経由するルートである。ちょうどその頃、日本政府も内蒙古から新疆を経て、アフガニスタンへと至る航空路の開設計画をアフガニスタンに伝えていた。

さて、一九三六年（昭和十一年）四月のことである。アパカ特務機関の予備役陸軍大尉横田碌郎は、関東軍から西部内モンゴルの奥深く、寧夏省アラシャン旗定遠営に特務機関を開設することを命じられた。翌月、横田は五人の部下とともに張家口からアラシャンを目指して出発する。途中、道路事情の悪さからトラックをラクダに替えるなどしながら、六月にはアラシャン旗定遠営に到着し祥泰隆《シャンタイルン》という名の隊商宿に機関を開設した。だが、彼らはこの隊商宿を占有できたわけではない。営業中の隊商宿を間借りしただけのことで、横田たち特務機関員は、やってきては寝泊まりする隊商とそのラクダたちと「同居」して活動することになった。

一方、奉天にある満洲航空本社では、アラシャン飛行基地建設隊が結成されていた。隊長は同社錦州支所長横山信次、無線係清都誠一、器材係比企久男、ほかに通訳が一人の計四人である。「いやちょっと待て、果たして四人で飛行場建設などできるのか」と思うだろうが、草原のなるべく平坦な土地を選び、そこを滑走路とするのである。そして飛行場の維持に必要な労力は、王公の力を借りて現地住民を動員する。

ちなみに満洲航空が使っていた主力機はフォッカー・スーパーユニバーサル。「スーパー」の愛称で親しまれた機体である。鋼管溶接フレーム羽布張りの胴体に木製モノコック構造の主翼という構造は、一九三〇年代半ばにはいささか古臭くなってきた感も否めないが、しかし何より丈夫で、鋼管フレームさえ壊れなければ外皮に穴が開いても問題なく、フレームそのものも多少の歪みなら矯正も可能という、整地の行き届かない場所で使うにはもってこいの機体で、草原の平地のような飛行場でも離着陸が可能だった。

定遠営に着いた横田は、アラシャン旗長の座にある達王に対する政治的工作を開始した。同時に満洲航空は、アラシャン飛行基地建設隊を出発させる。建設隊は奉天から飛行機で北平へと飛び、そこから平綏鉄道で包頭に向かった。包頭には、満洲航空が前年の一九三五年（昭和十年）に出張所を設けており、東の百霊廟や徳化と既に定期航空を開始していた。一行はそこから、飛行機で定遠営へと向かった。

ついで関東軍は、アラシャン旗よりもさらに奥深く、エチナ旗にも特務機関を設置した。九月二十五日、元同盟通信記者の江崎郁郎を機関長とする一行はエチナに到着。また満洲航空も萩原正三ら社員三人をエチナへと派遣した。

このあたりの軍や特務機関の動向をうかがい知るうえで、興味深い報告が外務省記録に残されている。長いものではないのでここに全文を掲げよう。一九三六年（昭和十一年）七月一日、張家口の中根直介領事代理から暗号電報で外務省に届いたものである。

第一四三号（部外秘）

某機関長の内話に依れば軍側の辺境工作は最近頓に活発となれるが天津軍は西安に、関東軍は前に報告置の額済納《エチナ》、阿拉善《アラシャン》に、次で青海省札蔵に夫々五人編成（長一、輔佐一、庶務一、会計一、電信一）の特務機関を設置することとなりたるが近々の内に甘粛省粛州にも設置の予定なる由（「昭和十一年　自六月／４　昭和十一年七月一日から昭和十一年七月八日」『満蒙政況関係雑纂／内蒙古関係』第四巻、外務省外交史料館。ひらが

な、ふりがなは引用者）

文面からは、関東軍が積極的に特務機関を中国奥地へと進出させていた様子が伝わってくる。

ところで、ここに某機関長とあるのは、前年十二月に支那駐屯軍（天津軍）の命によって張家口機関の長として赴任してきた大本四郎少佐だろう。張家口機関は支那駐屯軍の下にあったとはいえ、その地理的条件から蒙古側――すなわち関東軍の各機関とも連絡をとりあっていた（連携の必要は大本少佐宛訓令にも書かれている）。

なお大本少佐の赴任にあたって支那駐屯軍から発せられた訓令によれば、任務は察哈爾省と蒙古での対ソ、対蒙、対中国の諜報と兵要地誌の調査、謀略実施の資料収集と準備および察哈爾工作である。関東軍が蒙古に張り巡らしつつあった各機関と地理的範囲が重なるのだが、蒙古や察哈爾が華北の隣接地帯ということもあって、支那駐屯軍としても同様の諜報工作を必要としたのだろう。ただ関東軍と支那駐屯軍との間には、華北や内モンゴルでの工作をめぐって、同じ日本陸軍でありながら主導権や考え方について微妙な空気が存在した。どうやら関東軍は、支那駐屯軍を低く見ていたきらいがある。そのために関東軍と支那駐屯軍の間で連絡にあたった各地の機関員や、また現地で両軍に接する張家口機関は、ときには板挟みの状態になることもあった。

関東軍の特務機関設置に合わせて、満洲航空はそれらの所在地を飛行機で結ぶ必要性から社員を送り出したが、続いて会社は補給用燃料を定遠営およびエチナに備えるため、九月には百五十頭のラクダによるガソリン輸送隊を百霊廟から送り出している。

この地域の長距離交通として、一九三三年（昭和八年、民国二十二年）三月に創業した新綏長途汽車公司（本社・天津フランス租界）が、綏遠省の綏遠城（帰綏）から新疆省の哈密《ハミ》に至る自動車交通事業をおこなっている。したがって砂石道路とはいえ、内モンゴルを西に向かうルートは既に存在していた。しかし、日本側が中国側に露見することを恐れたため、ガソリン輸送隊はラクダによって交通不便な陰山山脈の北側を迂回し、十一月三日になってようやく定遠営へと到着した。

満洲航空は続いて一九三六年（昭和十一年）四月、第二次ガソリン輸送隊を張家口へと送り出した。率いたのは、アラシャン飛行基地建設隊の隊長横山信次。だがこの一行が目指したのは、定遠営でもエチナでもなく、安西だった。

ここで話は少し変わる。

一九三〇年代は、飛行機の性能と信頼性、そして長距離飛行をバックアップする態勢が進み、定期航空路が世界的に飛躍を遂げた時期にあたる。ヨーロッパとアジアを結ぶ航空路も、三六年にはフランス領インドシナやシンガポールから、それぞれフランス、イギリスの航空業務によってヨーロッパに連絡することが可能になり、また上海や香港からペナンに飛ぶことで、いま述べたイギリスの航空業務に連絡してヨーロッパに行くこともできるようになった。日本からヨーロッパに向けて差し出す郵便物も、それぞれの出発地点までは船便に頼ることになるものの、そこからは航空郵便として、これら南方ルートによる逓送が可能になった。

また目を北方に転じれば、ヨーロッパからイルクーツクまで来ていたソ連の航空業務がチタまで延びてきた。このルートもまた日本からの航空郵便が可能で、満洲の新京郵便局経由でチタまで陸送し、チタから先を空輸してもらう態勢が整っていた。

そして一九三七年（昭和十二年）になると、イギリスの航空業務が香港まで延びてくる。アメリカのパンナムも、マニラ―香港間の飛行を開始する。こうして欧米と東アジアの空間は次第に狭まってきたのである。だが、これらの空路は、日本には直結しなかった。

そのような時期に、既存ルートの延長ではなく、新疆とアフガニスタンを経由する独自のルートでアジアとヨーロッパを結ぼうとする動きが日本とドイツの両国で起こってきたのである。

6　ルフトハンザ航空との提携と欧亜航空連絡の発案

一九三三年（昭和八年）、日本が福岡―上海間の定期航空を目指して中国との折衝を重ねていた頃、駐ドイツ大使永井松三の下にルフトハンザ航空から事業提携の申し出があった。これはドイツ側が計画していた新疆経由の欧亜航空路と、日本が計画していた福岡―上海間空路を接続しようというものであった。ただしドイツ側の提案は長崎（または福岡）―上海間を共同経営しようというものであり、そのままでは日本にとってとても飲み込めるものではなかった。とはいうものの、ルフトハンザの提案はまだ交渉のたたき台というべき段階で、外務省は、基本的には賛成だが共同経営に同意するものではないとの留保条件を永井大使に伝えている。

ちなみに、このときに考えられていたルートと運営会社は次に示すものである。

ベルリン―モスクワ　ドイツ・ロシア航空会社（Deruluft）
モスクワ―オムスク―バハシー（現バルカシュ、ロシア名バルハーシ）　アエロフロート
塔城―迪化（現ウルムチ）―蘭州―洛陽―南京―上海　欧亜航空公司
上海―長崎もしくは福岡　日独共同運航もしくは日本航空輸送と欧亜航空の交互飛行

しかしこのプランは、日中航空交渉の難航により日の目を見ることなく終わってしまった。そして次に出てきたのが、西からはソ連領内を飛行せずにアフガニスタンへと至り、幅十数キロのワカン地峪を抜けてパミール高原の鞍部、中国・アフガニスタン国境のアンジュマン峠を飛び越して新疆を目指すという計画だった。

このパミール高原を越える欧亜航空連絡の計画については、ルフトハンザと提携しておこなうことも含めて、

満洲航空の関係者が戦後に書き記した資料もありそれなりに知られている。しかし、その話がいつ、どこから出てきたのかという点についてははっきりしていない。ただ、ルフトハンザとの提携を抜きにすれば、日本政府もまた、新疆からアフガニスタンに向かう航空路の開設を提案していた事実はある。

満洲航空史話編纂委員会『満洲航空史話 続篇』（満洲航空史話編纂委員会、一九八一年）に収められている清都誠一の回想によれば、満洲航空を代表してドイツ側と欧亜連絡の折衝にあたっていた永淵三郎が、この中国・アフガニスタン国境の存在を発見し、急速に話が進んだことになっている。ただし、清都が何に基づいてこのように書いたのか、その点は不明である。もし、中央ユーラシアルートの発見が清都の書くとおりだったとすれば、ルフトハンザとの協議のために永淵がベルリンに到着した一九三五年（昭和十年）十二月の時点では、関係者は具体的なルートを想定していなかったことになる。

この件について、少し考えてみたい。というのも、これまでの内蒙工作および欧亜航空連絡に関する当事者証言や研究には混乱が見られ、内蒙工作における航空業務と欧亜航空連絡の計画が混同されがちだったからである。

そもそも、内蒙工作と呼ばれる内モンゴルに対する関東軍の進出は、ただ航空路を西に延ばすためにおこなわれたものではない。たとえば関東軍参謀部による一九三五年（昭和十年）七月二十五日付文書「対内蒙施策要領」（防衛省防衛研究所所蔵）によれば、「対蘇作戦並之カ準備ノ為（略）満洲国ノ国防及統治ヲ安全容易ナラシムル目的ヲ以テ先ツ内蒙ニ於ケル親日満区域ノ拡大強化ヲ図リ北支工作進展ニ伴ヒ内蒙ヲシテ中央ヨリ自立スルニ至ラシム」と、対ソ戦略の一環としておこなうことが示されている。また同文書では内モンゴルでの日本側の航空業務について「対内蒙工作ノ基礎ヲ為シ各方面ヲ適時ニ連絡シテ我趣旨ノ徹底、各部有力者ノ団結、在内蒙支那軍隊威圧、蒙古部隊感服ニ利用セラルルノミナラス当該地域ニ対スル帝国制空権確立ノ基礎タラシムルモノトス」と、軍関係者の連絡業務だけでなく、中国軍に対する威圧やモンゴル人に対する誇示、そして将来に予想される航空作戦の基礎となることを求めているのである。

そしてさらには、「軍ハ主トシテ満洲航空会社ヲ指導シ西蘇尼特飛行場及張家口飛行場ヲ基礎トシ外蒙方面、百霊廟、綏遠、包頭為シ得レハ新疆及青海方面ニ到ル航空路ヲ開拓シ外国経営欧亜連絡航空ヲ排撃シテ之ニ代リ対内蒙工作ニ資センコトヲ期ス」と、西北方面への航空路延伸を図り、航空路が近接かつ並行している欧亜航空公司（文中に欧亜連絡航空とあるのがそれである。関東軍の文書では、欧亜航空公司をさして欧亜連絡航空と記す例が見られる）についいては提携どころか排撃し、それに取って代わることまで考えられていた。

つまり、一九三五年（昭和十年）七月の時点では、関東軍や満洲航空にとってルフトハンザとの提携による欧亜航空連絡など思いもよらなかったことなのである。

しかし一方で、満洲航空の児玉常雄は、国際航空路の開設に対しては前向きであった。だとすれば、ルフトハンザとの調整実現には、関東軍による欧亜航空公司というドイツの航空権益に対する理解が必要である。それはどうやってもたらされたのか。

7　永淵三郎の提案と日独提携

先ほど触れた清都誠一の回想に出てきた永淵三郎とは、当時、満洲航空で工廠長を務めていた人物である。もとは砲兵将校だったが、大正時代の後半、民間航空を指導監督する航空局がまだ陸軍省の外局だった頃に勤務し、砲兵大尉で退役。その後はプロペラメーカーだった日本楽器を経て、満洲航空に入社したという経歴の持ち主である。ちなみに言えば、当時満洲航空の副社長だった児玉常雄（後に、社長）もまた、所属する課こそ違えど、永淵と同じ時期に航空局に勤務していた工兵少佐だった。

永淵本人の手による欧亜連絡航空路に関する記述はいくつかあるが、彼がドイツに赴く前に、計画がどの程度まで進展していたのかを具体的に記したものは見当たらない。しかし時期は不明ながら、渡独前の永淵が関東軍の板垣征四郎、土肥原賢二との鼎談の席上で次のような意見具申をし、これがドイツ出張のきっかけになったということは記されている。

支那には独支合弁の欧亜航空公司が先住現存している以上、ドイツの了解を得ることが先決である。殊に独側は在支権益擁護のため、我方の協力を却って要望する現況、正に日独提携を企図すべき絶好の機会ではあるまいか（大日本航空社史刊行会編『航空輸送の歩み——昭和二十年迄』日本航空協会、一九七五年、一五九ページ）

問題は、何について「ドイツの了解」が先決だといっているのか、である。困ったことに、永淵はこのことについて一言も触れていない。一見すると欧亜連絡の実現に向けた了解ともとれなくはないが、ドイツ側権益の「先住現存」を問題として取り上げているのだから、欧亜連絡よりも利害の衝突とその調整が第一の課題だったのではないかと筆者には思われる。

この答えは、欧亜航空公司の排撃さえも狙っていた「対内蒙施策要領」を念頭に置けば腑に落ちるだろう。つまり、関東軍の主張に従って欧亜航空公司を排撃し取って代わるよりも、むしろ日独提携のほうにこそ利があると永淵はいっているのである。

この板垣、土肥原、永淵の三者会談がきっかけで、永淵のドイツ派遣が決まった。

さて、永淵がドイツとの折衝のために奉天を出発したのは一九三五年（昭和十年）十一月十九日、ベルリンに到着したのが十二月である。その後、彼はおよそ一年にわたって、ルフトハンザとの折衝にあたる一方、日本側との連絡に奔走する。そして三六年七月には、華北での日系航空会社設立に向けた、北支航空会社設立準備委員会の委員の一人となった。

さて次の問題は、中国・アフガニスタン国境にルートをとろうとする欧亜航空連絡の計画がいつ、どうやって浮上したのかということである。

この点について、戦時中に永淵が書き記した興味深いエピソードがある。

「東京と伯林の真中は何処だ」と大島中将が云つた。場所は伯林、時は一九三六年の十月、夫れは防共協定成立の年の秋である。

「さうですね、伯林を東経十四度として東京は百四十度とすると……」

小学生の数学問題の様に谷口中佐がコンパスを持ちながら計算を始める。

「東経七十七度だ」と床いつぱいに広げてある欧亜の大地図の上に皆の顔が集まつた。大島中将の四角な顎、谷口中佐のガッチリした肩、フイッシュ航空局次官の真ん丸い顔、ウロンスキー「ル」社長（現顧問）の苦み走つた顔、ウインターフエルト企画部長の白い睫毛がテンデッコに勝手なことを考へてゐる。

（略）

皆の眼の焦点は新疆省の西端、世界の屋根パミール高原に集まつた。

双方の仕度は夫れを境とすることになつた。従つてパミールまでの準備は俺の範囲だとガブレンツが主張した。

「パミールの試験飛行は一九三七年度にルフトハンザでやる。俺が自分でやるよ」と強く云ひ切つた。

以上は、カール・アウグスト・フォン・ガブレンツの著書を邦訳した『ドイツ・ルフトハンザ　パミール翔破』（新興亜社、一九四三年）に、訳者である永淵三郎自身が寄せた序文から抜き出したものである。文中に大島中将とあるのは、後に駐ドイツ大使となって日独伊三国軍事同盟締結に向けて動くことになる、駐ドイツ陸軍武官大島浩少将のことである。また谷口中佐とあるのは、谷口初蔵少佐だろう。谷口少佐の兵科は航空兵。彼はドイツ駐在官としてベルリンに赴任していたが、大島少将の取り計らいによってこの年の五月から航空専任の現地補佐官に任命され、ドイツ航空省との連絡などにあたっていたのである。階級が二人とも異なるのは、おそらくこの序文を書いた時期のそれに合わせたものと思われる。

さて、永淵自身はこの光景を十月（ちなみに、永淵の渡独は先ほども書いたように一九三五年十二月であるから、これは三六年十月ということになる）のものとして書いているが、もしそのとおりだとするならば、この場に谷口少佐が列席するのはおかしい。というのも谷口は九月には既に帰国を命じられていて、その後任として仁井辰造航空兵少佐が輔佐官となっていたからである。したがって谷口少佐が同席していたとするならば、この場面は九月以前のものとしなければならない。

もっとも、序文が書かれた本が出版されたのは一九四三年（昭和十八年）のこと。既に七年が経過しており、永淵の記憶に若干の食い違いが生じていたとしても不思議はない。

細部の食い違いはともかくとして、もしここに書かれたことが本当ならば、航空路開拓の実務について、パミールを境に日本とドイツが分担し合うことになったのは一九三六年（昭和十一年）の秋ということになる。

ところで実はこのとき、ルフトハンザにとってパミールは既に処女地ではなかった。この年、ルフトハンザは同社のユンカースJu52/3m（登録記号D—AVUP）を使用して、既にアフガニスタンのワカン地峪からパミールの国境上空を翔破し、ただし中国には着陸せずに引き返すという形での飛行を実施していたからである。またルフトハンザは、ワカン地峪の突き当たり、中国国境に近いアンジュマン峠に石造りの気象観測小屋を建てて、天候の通年観測を開始していた。

つまりルフトハンザ側は、既にパミール経由の飛行に向けた準備を着々と進めていたのである。そして少なくとも、カブールまでの飛行にさしたる支障はなかった。

そもそも、欧亜航空公司は満洲にも路線を有していた。それが満洲事変によって失われシベリアルートでの接続が不可能になると、今度は新疆経由に挑戦し、蘭州やさらには新疆の省都迪化《ウルムチ》にも支店と飛行場を設け、一九三一年（昭和六年）十二月から翌年一月にかけて試験飛行もおこなっていたのである。だが、やがて新疆の政情が不安定になり、また中ソ関係悪化のあおりも受けて、欧亜航空公司による中ソ国境空路開拓は日の目を見ることなく終わってしまい、上海―蘭州―包頭間を週一回の割合で結ぶ空路を運行するだけに至っていたのである。

ルフトハンザはほかにも、インド経由でドイツから中国への飛行をおこなった経験もあった。ルフトハンザは一九三二年（昭和七年）にデビューしたユンカースJu52/3mを、中近東からインド回りの南方ルートを通して中国に空輸した。言うまでもなく、これは欧亜航空公司の使用機とするためである。この三基のBMWエンジンを搭載した全金属製大型旅客機は、やがて華北、内モンゴル方面にもその姿を現した。日本軍人や特務機関員、そして満洲航空の社員も、この優秀機の姿を目撃した。なかには、満洲航空の使用機スーパーユニバーサルと比較して、ひけ目を感じた者もいたという。もちろんスーパーユニバーサルも一時代を築いた傑作機ではあったが、木製羽布張りの機体は、次第に過去のものとなりつつあった。

華北や内モンゴルで、片や中国と合弁で新鋭の全金属機を高らかに飛ばし、一方は主権国の同意も得ず、ときには謀略工作の片棒を担いで木製羽布張りの飛行機を飛ばす。中国北部の同じ空で、ルフトハンザと満洲航空はまったく異なる様相を見せていたのだった。

こうした経験をもとにして、ルフトハンザは欧亜連絡についてシベリア経由やインド経由のルートに次いで、アフガニスタン・中国国境のルートについても研究してきた。

だから、アフガニスタン・中国国境を経由するというアイデアについては、永淵たち実務者が協議の場でその役割分担を決めたという話は本当だとしても、その場での日本側の思いつきが現実味を帯びるようになったというよりは、むしろルフトハンザがこれまで積み重ねてきた知見によって具体的に動きだしたと見るべきだろう。

ともあれ、一九三六年（昭和十一年）十二月十八日、日独防共協定締結より少し早く、満洲航空と後述する恵通航空、ルフトハンザの間で航空協定が結ばれた。そこでは華北での航空権益の扱いとともに、中国・アフガニスタン国境を経由する日独連絡航空路についての取り決めが盛り込まれたのである。

8　華北に進出する日系航空事業――恵通航空の設立

一九三六年（昭和十一年）十月十七日正午、北平で日支航空連絡協定が調印された。これは、支那駐屯軍が仲立ちして、冀察政務委員会と天津総領事館の間に成立したものである。

これに伴い、日中合弁の航空会社が設立されることになった。しかし、この航空会社は名目こそ日中合弁だが、設立に向けた主導権は日本陸軍が握っていた。すなわち、要綱案は陸軍省が作成し、創立に向けた日中両国関係者の協議に関しては、支那駐屯軍と関東軍とでシナリオを作っていたのである。

この航空連絡協定に関して、当時の報道は経済合作、あるいは北支経済開発、日支経済提携という言葉を使っていたが、六月一日に陸軍省が作成した「北支航空会社設立ニ関スル外務省陸軍省間諒解事項（案）」には、「北支航空会社ノ活動ハ支那ニ於ケル邦人ノ経済的発展ノ見地ヨリスル」となっていて、そこに中国人が中国経済のために利用するという視点はまったく見られない。そして陸軍は、会社設立に関して特務機関を通じた工作を画策する。冀東、冀察両政権に加えて、山東、山西、綏遠の各省主席にもはたらきかけて会社設立の動きに合流させようとしたのである。

このような、特務機関を通じてのはたらきかけを臆面もなくおこなうのも日本陸軍の一つの特徴だが、それに加えてもう一つ、会社設立や華北での交通施策に関する文書に、内面指導という言葉が頻繁に出てくることも指摘しておきたい。

たとえば同年三月二十日に参謀本部が作成した「北支処理要綱ニ基ク交通政策指導要綱」では、その方針として「冀察交通委員会ヲ内面的ニ指導シ」「交通ノ改善拡充ヲ策シ以テ其経済的開発ヲ図ルト共ニ作戦及防共上必要ナル鉄道（道路自動車ヲ含ム以下同シ）水運、航空、及通信ヲ整備」するとされている。そのために「交通政策指導ノ原動力ヲ支那駐屯軍司令部内ニ置キ（略）軍ノ内面的指導ノ下交通行政ノ中枢ヲ把握シ交通委員会ヲ指導セシム」と定めている。

はからずも、そこには日中航空連絡に対する日本側の思惑が透けて見える。内面指導とは、満洲国や蒙古での工作でもしばしば使われている言葉だが、要するに、関東軍なり支那駐屯軍なりが、工作対象である行政組織に対して、その人事や考え方について口をはさむということである。ただし、そこに法的な根拠はまったくない。言い換えれば、合法性を問題にしないですむ「指導」という形によって、合法性や適法性を何ら問われることなく日本側の意思を強制できるということである。そして、この指導要綱では、航空に関しては次に掲げる処理を逐次おこなうものと定められていた。

（イ）北支ニ於ケル航空施設ノ整備
（ロ）日、満、北支ヲ連絡スル航空路ノ開拓
（ハ）満支合弁ノ北支航空会社ノ創設
（ニ）右会社ノ対中南支事業ノ拡張
（ホ）右会社ニ対スル駐屯軍司令官ノ指導監督

ここでいう右会社とは、すなわち本項冒頭で触れた、華北に設立される日中合弁の航空会社である。満洲航空が関東軍の指揮・監督下にあったのと同様に、華北の新航空会社もまた、支那駐屯軍の指揮の下に服す運命だったのである。

十一月七日、恵通航空公司が設立される。この新会社で運航と整備の中心的役割を果たしたのは、満洲航空にいたメンバーだった。そして十七日には、天津—大連の定期航空を実施する。

民間航空会社でありながら、その設立前から存在する軍との不可分の関係。これは恵通航空に限らず、これか

ら中央アジアルートに設けられようとしている欧亜連絡航空路も同じだった。

9　外交上と統帥上の混乱

一九三五年（昭和十年）十二月十日、蔣介石が行政院長に就任し、張群が外交部長に任命された。それから年が明け三六年、日本では二・二六事件によって退陣した岡田啓介内閣に代わり、三月九日に広田弘毅内閣が発足し、四月二日にはそれまで中国大使だった有田八郎が外相として入閣した。それに伴い中国大使には、川越茂天津総領事が就任し、以後、日中間の外交交渉は張外交部長と川越大使の間でおこなわれることになる。だが九月十五日から始まった張群・川越会談の内容を見ると、日中間の懸絶が明らかである。排日取り締まりについては日本の策動ならびに武力干渉・高圧的姿勢の停止が要求され、共同防共については中国の内政問題であると返される。また福岡—上海間航空路の交渉停滞に関しては「華北自由飛行」（中国側にとっては不法飛行）が障害であると指摘されるありさまだった。中国にしてみれば、排日の激化は日本側の策動に対する強い反応であり、防共については、それを口実に華北や内モンゴルを中国から切り分けようとしてきたのがほかならぬ日本である以上、それは国家の分裂を意味するものであり、また華北での日本の謀略と結び付いた飛行業務を放置したままで福岡—上海間の航空路を認める必要などどこにもないのだった。そのうち防共問題については、中国側から張家口、綏遠、包頭を結ぶ線より北に限り協力するという譲歩が示されたが。

関東軍の華北分離工作や内蒙工作、またそれらに関連する事象は、日中間の外交調整にここまで影を落としていたのである。

このとき、日本側の中国に対する足並みは、乱れに乱れていた。関東軍は、外務省が華北に口出しすることを認めず、現地交渉を重ねてきた。それに対して陸軍省と参謀本部は関東軍などの出先機関の暴走をこれまで追認してきたが、華北や内モンゴルでの工作にようやく制約をかけ始めた。だが、関東軍の勢いはとどまるところを知らない。要するに、二重外交と統帥上の乱れが立ち現れていたのである。

一九三六年（昭和十一年）七月二十三日、関東軍参謀長板垣征四郎から陸軍次官梅津美治郎に宛てて、関参一発第千七百三十六号「蒙古航空計画ノ件」として次の電文が「企図致シアルニ付承知相成度」として打たれた。

第一、方針

一、対蒙工作ノ進捗ニ伴ヒ徳化─百霊廟─包頭─沙王府─定遠営─オチナ方面ノ定期航空実施ヲ期ス

二、本航空ハ関東軍ニ於テ満航ヲシテ実施セシムルモノナルモ支那駐屯軍ニ協力ヲ求ム

第二、要領

一、特務機関ノ設置或ハ蒙古王府トノ交渉進捗ニ伴ヒ沙王府、アラシヤン等ニ至ル臨時飛行ヲ行ヒ逐次之等ニ地上設備ヲ行ヒ遂ニ定期航空トナシ之ヲ「オチナ」ニ延伸ス更ニ機ヲ見テ寧夏、涼州、粛州、札蔵ニ飛行ヲ行フ

二、徳化及包頭ニハ成ルヘク速ニ相当有力ナル根拠施設ヲ為スト共ニ所要地点ニ燃料其他所要ノ人員器材ヲ配置ス

三、通信ハ当分特務機関ノモノヲ利用スルモ逐次会社側無線ヲ配置ス

四、所要経費中運輸費ハ軍機密費ヲ以テ支弁ス

五、包頭ニ於ケル勤務其他北支航空所ノ人員器材ノ利用或ハ無線連絡ニ関シ駐屯軍ニ協力ヲ依頼ス

六、航空会社ハ右ニ基キ細部計画ヲ作定スルモノトス

（アジア歴史資料センター「蒙古航空計画に関する件」昭和十一年『陸満密綴 七・二一〜八・二一』［Ref：C01003169200］）

この電文に対して陸軍省は、七月二十三日付で「包頭以南及以西地区ニ於ケル定期航空ノ実施ハ当分認メラレス尚臨時飛行ノ実施ニ際シテモ無用ノ刺激ヲ与へ、若クハ満航ニ過度ノ負担ヲ科セサル様配慮相成度シ」と返電した。しかし関東軍は、それに従わなかった。陸軍中央は関東軍の工作範囲をチャハル省に限定し、綏遠省に属するチャハル右翼四旗を支那駐屯軍の担当としたのだが、関東軍がそれに服すどころか、アラシャン旗定遠営とエチナに特務機関を配置し、飛行場を設定したのは先に見たとおりである。

10　綏遠事件の勃発

関東軍は綏遠省主席の傅作義を抱き込む工作を続けていたが、こちらはなかなか進展しない。傅作義は関東軍が唱える防共にも、また内モンゴルにできた百霊廟蒙政会や蒙古軍政府に与することもなかった。関東軍からの接触には丁重に応じながらも言質は決して与えず、それどころか、武力に訴えてきた場合には、それに抗するつもりでさえいた。

一九三六年（昭和十一年）になると、田中隆吉中佐は、傅作義の懐柔を夢見る一方で、武力侵攻の準備にも着手する。徳化特務機関の機関長田中久中佐は、その武力侵攻の計画を無謀だと反対したために解任され、満洲国軍政部へと異動させられた。そして田中隆吉中佐は、関東軍参謀部第二課付のまま徳化特務機関の機関長を兼任し、綏遠省への武力侵攻へと突き進むのである。

田中隆吉中佐やその上司である第二課長武藤章は、満洲事変のときのように、こちらが強く出れば相手が折れるものと考えたらしい。しかし傅作義は、綏遠省の防衛をなげうつつもりはなかった。南京の国民政府もまた、露骨な主権侵害に対し、黙って妥協する気はなかった。その一つの表れが、八月に起きた包頭事件だろう。半ば勝手に包頭飛行場を利用していた関東軍と満洲航空だったが、冬季の飛行機保全のために格納庫を建設しようとしたことに綏遠省側が反発、包頭公安局から工事の中止を求めてきた。しかし日本側は作業を続行し、そのため八月三十日には小競り合いが発生、竣工式に参加すべく包頭にやってきていた満洲航空の武宮豊治常務や横山信次が負傷した。

この事件の報を受けて、綏遠特務機関長羽山喜郎中佐は綏遠省主席傅作義に抗議し、また徳化からは松井忠雄大尉が派遣されて綏遠省との交渉にあたり、ようやく工事が続行されることになったのである。

つまり、日本側の要求に対して中国側がそのまま黙って応じるようなことはなくなってきていたのだが、謀略を夢見る田中隆吉中佐にはそれがわからなかったらしい。

綏遠への武力侵攻に際しては、察東事件のときと同じように、飛行隊の編成が関東軍から命じられた。ただしそれまでとは異なり、このときは、関東軍野戦航空廠から八八式軽爆撃機と九一式戦闘機の交付まで受けた。綏遠への侵攻を前にした十月十九日、満洲航空は関東軍の命令に従う形で臨時独立飛行隊の編成に着手する。編成を完結した飛行隊は、十一月十日午前八時三十分に奉天を出発。途中の承徳で一泊した後、十一日には徳化へと到着した。ただし九一式戦闘機はひとまず商都に到着したものの、八八式軽爆のほうは二機が故障や不時着で脱落した。

中国側も準備に怠りはなかった。日本軍の侵攻を考慮して湯恩伯率いる国民革命軍第十三軍を綏遠省に送り、また綏遠省主席の傅作義を晋綏剿《しょうひ》匪軍総指揮兼第一路軍司令官として第三十五軍の指揮にあたらせた。とはいっても、このとき傅作義が急に軍隊の指揮を担わされたわけではない。そもそも傅作義は、当時ほかの省政府主席の多くに見られたように軍人で、保定陸軍軍官学校の卒業生である。そして国民革命軍第三十五軍は、綏遠省政府主席に任命される以前から彼の指揮を受けていたのである。それを、日本軍の侵攻を予想して、こうした戦闘序列に組み入れたにすぎない。

十一月十四日、蒙古軍政府側の、王英率いる漢人謀略部隊が侵攻を開始し、まずホンゴルトの攻略を目指した。

満洲航空の飛行隊が行動を起こすのは、十五日になってからである。この日午前にホンゴルト付近に展開していた中国軍を爆撃する。翌日も全機あげての爆撃をおこなったが、逆にスーパーユニバーサル一機が被弾し、搭乗していた日本人一人が戦死した。

ホンゴルトの戦いでは、防衛側である中国側の士気が高く、かつ防備を固めていたのに対し、王英の軍はにわか仕立ての傭兵部隊で、しかもそこには大勢の国民政府側工作員が潜り込んでいるというありさまで士気も低かった。数日にわたる攻防戦の後、十七日夜から綏遠省側が反撃を開始し、王英軍は退却に移る。

このホンゴルトでの綏遠省側の勝利はすぐさま中国各地へと伝わり、全国的な「援綏運動」が展開された。一方、蔣介石は綏遠事件が勃発すると、関麟徴率いる中央軍第二十五師を寧夏省銀川からアラシャン旗へと出発させた。

そしてホンゴルトから王英軍を退却させた中国軍は、次に百霊廟を目指して進撃を開始する。

11　敗戦とエチナ特務機関

関麟徴率いる中央軍第二十五師は、まず麾下《きか》の部隊である第百四十六団が十一月二十日頃に定遠営へと入った。彼らは自発的撤退を日本人機関員に求めた。それを受けて満洲航空は救援機を定遠営に飛ばし、二度の飛行で特務機関員ならびに満洲航空社員を引き揚げさせた。

ちなみに、最後の救援機が定遠営を発ったのは十一月二十四日。しかし目的地である百霊廟は、傅作義が指揮する中国軍の攻撃によって炎上中であった。したがって同機は百霊廟には着陸できず、包頭に着陸して後、商都を経由して奉天へと戻ったのである。

このとき、百霊廟の防衛にあたっていたのは、蒙古軍第七師。そもそも蒙古軍自体が八月に編成を完結したばかりで、李守信が率いる第一軍がかつての察東警備軍を基幹としていることを除けば、戦力としてとても計算できる状態ではなかった。

しかし、関東軍が自らの兵力を徳王たち蒙古軍政府のために動かすことはなかった。

日本の外務省は二十一日、関東軍からの要請に基づき、綏遠について内蒙古軍と綏遠軍の衝突であって帝国は関与していないとの談話を発表した。蔣介石もまた、事件をあくまで「察境蒙政会」（国民政府は、綏遠省に新設した綏境蒙政会に対比する形で、徳王たち百霊廟蒙政会の側をこのように呼んだ）と綏遠省との紛争を国内問題として処理する心積もりだった。つまり中国側にしてみれば、実質的には関東軍の参謀が直接関わっている紛争でありながら、日本の顔を気にせずに処理できるという条件がそろっていたのである。ホンゴルトでの勝利を手にした傅作義にしてみれば、徳王が綏遠進出の拠点としても考えていた百霊廟に対する攻撃をためらう理由はどこにもなかった。彼にしてみれば、むしろ徳王たちこそ、国内の統一を乱す「反政府部隊」に等しかったのである。こうして二十三日夜をもって綏遠軍は百霊廟に突入し、蒙古軍第七師を敗走させたのである。

徳化にいた田中隆吉中佐は二十九日、百霊廟奪還を命令し、王英軍のうち歩兵一個旅がシャラムリン廟へと輸送された。日本人顧問の指導の下で作戦は十二月二日から開始され、三日には満洲航空の臨時独立飛行隊による空中支援をも受けたが、既に防御態勢を固めていた中国軍によって撃退された。徳王と田中隆吉は事態の収拾に苦慮する立場に追い込まれたが、ちょうどその頃に発生した張学良による西安事件を契機とし、蔣介石を監禁した張学良を非難しながら、北顧の憂いをなくすために綏遠への軍事行動を中止するという名分でかろうじて矛を収めることができた。

しかし、この綏遠事件による百霊廟の失陥と、さらには定遠営の特務機関の撤収により、エチナの特務機関は奥地深くに孤立することになってしまった。

エチナ特務機関は、十一月八日に失火で宿舎と機材を失っており、かろうじて残った無線機で外部と連絡を保つという状況にあった。だがその無線機も、定遠営のアラシャン特務機関の閉鎖ならびに百霊廟の失陥により、電波が届かなくなってしまう。

二月十六日、満洲航空の中島式ATが、救援物資を載せ、包頭経由でエチナへと飛んだ。中島式ATは十八日にも飛行を実施し、関東軍は包頭—エチナ間の連絡飛行に関して楽観的に構えていたようだが、この二回にわたる飛行は中国当局を刺激した。エチナでは王府の対応も冷たくなり、また国民政府による逮捕の噂もあって機関員や満洲航空社員の懊悩がつとに深まった。

六月二十六日、今度は中島LB2・暁号が、商都経由でエチナを目指した。現地では機関員や駐在の満洲航空社員による歓迎を受けたが、待っていた軍からの撤退命令はなく、それどころか交代要員の満洲航空社員柴田剛を連れてくるありさまだった。結局このときも撤収はできず、柴田と入れ替わりに満洲航空社員の萩原正三ただ一人が引き揚げることになった。

エチナ特務機関の状況について、その場にいた日本人による証言で追えるのは、ここまでである。

12　日独航空連絡と安西着陸場をめぐって

一九三六年（昭和十一年）十二月十八日に締結された「欧亜連絡定期航空に関する協定」を受けて、満洲航空では海外空路開拓を主目的とする特航部を設置して、ドイツに発注したハインケル116の受領と職員の訓練、および地上施設の拡充を開始した。なお予定ルートはベルリン—ロードス島—バグダッド—カブール—安西—新京（現・長春）—東京である。そして航空路整備の分担はアフガニスタンのカブールを境とし、ベルリン—カブール間についてはルフトハンザが、そしてカブールから東は満洲航空が責任を持つこととされた。またカブールと安西の間にあるアンジュマン峠にはルフトハンザの責任で観測所を設け、ゴビ砂漠の西南端にある安西には、日本の責任で着陸場を設けることになっていた。

さて、アンジュマン峠の観測所はルフトハンザの手によって既に設置ずみであり、通年観測が開始されていたのは先にも見たとおりである。カブールまでの飛行も、これまでおこなわれたこともあり、技術上の障壁は低かった。問題は、日本側である。カブールはおろか、着陸場を設けるとされた安西でさえも、日本の手の届かない場所にあった。

安西は、河西回廊の西端にある町で、現在の甘粛省酒泉市瓜州県である。かつてはシルクロードの要衝だったところで、嘉峪関《かよくかん》を出て北西に三百キロ近く行った先に位置する。ちなみに安西から南西に百キロほど行けば、玉門関や莫高窟《ばっこうくつ》に囲まれた敦煌がある。

まず、燃料の問題がある。既に見たように、一九三六年（昭和十一年）四月、横山信次率いる第二次ガソリン輸送隊が張家口を出発した。この目的地が安西であることは前にも記したが、実はそのことを直接裏付ける資料はない。しかし、エチナにいた萩原正三は、この年六月に、輸送隊の一員である若山敏からの手紙を人づてに受け取ったこと、そしてその手紙には、エチナの南東を安西に向けて進んでいると記されていたことを後に回想している（萩原正三『関東軍特務機関シルクロードに消ゆ――大陸政策に青春を賭けた慟哭の記録〔附中国西北辺区の概況〕』ビブリオ、一九七六年）。また中国側にも、安西に向かうラクダ隊を率いていた日本人三人を逮捕したとする記録がある。したがって、三六年の春に送り出された第二次ガソリン輸送隊の目的地が安西であったことはほぼ間違いないと、筆者はいまのところ考えている。

それから、安西を含む地域の現地有力者が関わってくる問題がある。特務機関の設置にこそ至らなかったが、当時日本軍と、甘粛、寧夏、青海の三省に勢力を有する馬家軍と呼ばれる回教軍閥との接触があったことは、残された記録からもうかがえる。その接触の一つは、大迫武夫と称する蒙古語学生だった人物を介したもので、大迫は軍の工作員として西北地域にしばしば潜入し、馬家軍の一人である馬歩芳との接触に成功していたと考えられる。大迫と思われる人物は、ガソリン隊とともに逮捕されたときに隙を見て逃亡するのだが、その追跡について、回教軍閥の一人である馬歩芳が不満の表情を浮かべたという証言が中国側にある。

もう一つは、馬歩青（馬歩芳の兄）に対する兵器弾薬の売却である。一九三六年八月二十五日、天津の支那駐屯軍参謀長から一本の秘電報が陸軍次官宛に届いた。内容は甘粛省涼州駐在の第二師長馬歩青の使者が軍司令部にやってきて、共産軍に対抗するために日本から兵器を購入したいと言ってきた、というものである。その内訳は三八式歩兵銃千挺と百万発の弾薬。天津軍は、甘粛方面に勢力を拡大するためにもこれを実現させたいと判断した旨を知らせてきたのだが、それに対して陸軍省は許可を与えて売却が実現した。さらに十二月十六日には、馬歩青から三八式歩兵銃千挺の追加購入、同時に馬歩芳からの三八式歩兵銃の新品千挺と弾薬百万発の購入申し出があった旨の電報があり、これに対しても陸軍省はやはり許可を与えている。

　接触があったのは、支那駐屯軍だけではなかった。

　一九三七年（昭和十二年）二月二十三日、新京の関東軍参謀長から陸軍省に宛てて一本の秘電報が打たれた。短いものなので、全文を掲げよう。

> 日独航空連絡ノ為東亜ニ於ケル西端著《ママ》陸場タル甘粛省（安西）ノ使用ニ関シ予テ当軍ヨリ交渉中ナリシ処本二十二日甘粛省馬歩青ヨリ使者著《ママ》京シテ飛行場ノ設定並飛行機ノ乗入レ異存ナキ旨申出テタリ軍ハ故障ノ入ラサル内此機会ヲ捉ヘ早速所要ノ人員ヲ現地ニ派遣シ連絡ニ努力スヘキニ付中央ニ於テモ右御含ミノ上日独航空連絡ノ実現方促進セラレ度（アジア歴史資料センター「日独航空連絡に関し著《ママ》陸場の件」昭和十二年『満受大日記』［Ref：C01003233500］）

安西の着陸場設置ならびに飛行機の乗り入れについて、関東軍が馬歩青と交渉をおこなっていたというのである。しかもそれが認められたから故障（中国政府の反発や退去要請などだろう）が入らないうちに人員を派遣する、だから東京でも実現に向けて動いてもらいたいと、こういってきたのである。

綏遠事件の敗北と、それに伴うアラシャン特務機関の撤収により、エチナ特務機関が孤立したこと、および撤収命令が出されないばかりか交代要員まで送り込んできたことは前に述べた。それはおそらく、この安西への着陸場の設置と関係があるのではないか。燃料を補給できる中継地点がないことには、当時の飛行機の一般的な性能では新京から安西まで無着陸で飛ぶことはとてもできない。

だが、安西の着陸場は実現しなかった。一九三七年七月、エチナ特務機関の日本人は逮捕され、また安西に向かっていた輸送隊も逮捕された。折しも盧溝橋事件の発生と重なり、その後は日中両国が交戦状態に入ったこともあって、彼らの最期についてははっきりしない。

ただし、一九三八年（昭和十三年）七月に駐蒙軍参謀部は、三六年頃から支那駐屯軍の諜報任務を帯びて西北を旅したという天津在住ロシア人の証言をもとに、「関東軍嘱託江崎 寿《（ママ）》夫以下六名ノ機関員及機関使用ノ諜者松本平八郎以下二名並満航会社駐在員井之原邦以下二名合計十名ハ昭和十二年十月十一日頃蘭州ニ於テ銃殺セラレタルモノノ如シ」との報告を陸軍省に送っている。なお、この銃殺は蘭州爆撃に対する報復ともいわれるが、海軍の木更津航空隊による蘭州爆撃は十二月に入ってからのことである。したがって銃殺された日付が報告どおりだとすれば、銃殺は蘭州爆撃とは無関係である。

一九三七年（昭和十三年）八月二十四日、カブールを一機のユンカース Ju52/3m が飛び立った。ベルリンから飛んできたフォン・ガブレンツ操縦のルフトハンザ機である。同機はワカン地峪からアフガニスタン中国国境の鞍部を飛び越え、いったん安西に着陸、欧亜航空公司の事務所に挨拶をし、この日のうちに目的地である粛州に到着した。言うまでもなく、この飛行に日本は一切関わっていない。政治上あるいは軍事上の障害がなければ、ルフトハンザは自力で中国まで飛ぶことが可能だったのである。

関東軍が、華北や内モンゴル、そして綏遠や青海、甘粛、さらに遠く新疆に対して抱いた関心は、領土的野心よりも、対ソ戦略であり防共の砦とするところにこそあった。だが、蔣介石がいかに「安内攘外」を盾として中国共産党に対する掃討作戦にしがみついていたとしても（周恩来との会談を経て共産党と停戦した張学良が、どれほど内戦停止、連共抗日を提言しても、蔣介石は頑として譲らなかった）、関東軍が華北を、そして内モンゴルをそれぞれ国民政府から切り離していく以上、日本がいう防共をやすやすと信じるわけにはいかなかった。とりもなおさず、それは国民政府にとって国家分裂に等しい業だったのである。しかし関東軍は、それを理解することができなかった。新京の参謀部は相も変わらず一撃論に固執し、それまでのやり方を変えず謀略工作にいそしんだのである。

満洲航空は、関東軍との深い関係をもって創業した会社であるとはいえ、民間会社でありながら内蒙や華北に対する工作に協力し、とりわけ内蒙では軍事行動さえ実施した。しかしながら謀略工作の失敗に伴って、欧亜連絡航空が実現するどころか、特務機関に同行した（命令であるから、同行させられたと言い換えてもいいだろう）社員をむざむざと死に至らしめてしまうという結果をもたらした。しかし不思議なことに、戦後になって書かれた手記を見ても、からくも難を逃れた関係者の手記では関東軍の高級参謀や会社上層部に対する批判的姿勢が垣間見られるのとは対照的に、幹部クラスの満洲航空関係者には、欧亜連絡航空という計画の壮大さを称揚する態度はあっても、悔悟や反省の色はほとんど見られないのである。

綏遠事件と日中戦争の勃発で、謀略を伴って作り上げた内モンゴルおよび華北の日本の航空路は一時的に縮小した。だが盧溝橋以後の戦線拡大と、チャハル作戦による内モンゴルの占領で、空路は再び拡大する。しかしそれも槿花一朝の夢。欧亜連絡航空はついにかなうことなく、やがてくる敗戦で日本は完全に中国の空から追われることになる。

第6章　中国と南方占領地での鉄道の復旧と経営

1　近代中国での鉄道建設

中国の鉄道は、主権を侵害される形で始まった。一八七六年一月に工事が開始された淞滬《しょうこ》鉄路（上海―呉淞間）は、香港に拠点を持つイギリス資本最大の商社だった怡和《いわ》洋行が建設に乗り出したものである。清朝の総理衙門《がもん》などが抗議の姿勢を見せるものの工事は続行され、七月三日から一部区間で一般営業を開始した。ちなみに軌間は二フィート六インチ、七百六十二ミリという、いわば軽便鉄道である。しかし営業から間もなく中国人の死亡事故が発生し、それが契機となり清朝とイギリス公使の間で交渉が持たれ、中国側が買収・撤去することになった。ただし三期に分けられた支払いが完了するまでの営業は認められたため、会社は建設工事を続行させて十二月には全線で営業を開始。翌年末に支払いを完了した清朝によって撤去されるまで運転は続けられたのである。

今日に続く鉄道としては、一八八一年に開業した唐胥《とうしょ》鉄路（唐山―胥各荘《しょかくそう》間九・六キロ）が最初である。これは開平砿務局のイギリス人技師クロード・ウイリアム・キンダー（一八五二―一九三六）技師の提案をもとに、洋務派の李鴻章が建設させたものである。開平炭坑の石炭を北洋海軍などに供給することを目的とし、技術的には外国人技術者に依存したものの、意思や目的については中国自身にあったと見ていいだろう。

キンダー技師の仕事で忘れてならないのは、現地で中国人を指導し、炭坑用の機材を流用して一台の蒸気機関車を作り上げたことである。実は唐胥鉄路の建設に際して、清朝政府から与えられた条件が一つあった。それは動力としてラバを用いるというものである。これは機関車は皇帝の陵墓を振動させるおそれがあるという理屈によるもので、なるほど唐山といえばいまでは世界遺産に登録されている清東陵がある。おそらくは洋務運動を敵視した守旧派の運動による制限だったのだろう。そうした困難にもかかわらずキンダー技師は、全長十八フィート（五千四百八十六ミリ）あまりの小型Cタンク機関車ではあったが、密かに機関車を作り上げたのである。これこそ、まさしく中国最初の国産機関車だった。最初の鉄道開業こそ日本のほうが早かった（一八七二年）ものの、わが国で最初となる国産蒸気機関車の製造は、やはり外国人技師であるリチャード・フランシス・トレビシックの指導による一八九三年のことだから、それより十年も早く、東アジアでおそらくは最初に蒸気機関車が製造されたことになる。

だが、その後の中国での鉄道の進展ははかばかしくなかった。唐胥鉄路が天津まで延びたのは一八八八年、九四年には山海関外（綏中県）まで延伸した。その後、日清戦争による工事中断の時期を挟んで名称も関内外鉄路と改め、工事も天津以西への延伸が開始されて一九〇〇年には北京正陽門まで開通した。この線が、後には北の奉天まで延長され、北寧鉄路となるのである。

さて、キンダー技師の助手として活躍した中国人技術者の一人に、詹天佑《センテンユウ》（一八六一―一九一九）という人物がいた。彼はアメリカのイェール大学で土木工学を学んで学位を取得、帰国後はキンダー技師の下で腕を磨き、頭角を現してきた。

一九〇五年、詹天佑は新たに設立された京張鉄路局の技師長に任命された。京張鉄路（北京―張家口、約二百一キロ）は外債に頼らず、関内外鉄路の収益を資金源として、また技術面でも中国人だけの手によって建設されたという点に特徴があった。着工は〇五年、〇九年九月に全線が開通した。唐胥鉄路の開通から二十八年後のことだった。

清朝としては、この京張鉄路を庫倫《クーロン》（現在のモンゴル国首都ウランバートル）まで延伸する意図があったようだが、実際には長城に沿って西へと延ばされることになり、一九一一年に陽高まで開通した。辛亥革命に伴う工事中止の時期を挟んで一五年には豊鎮まで開通したが、ここで資金不足に陥り工事は中断。日本企業からの借款を得て、二一年に綏遠省の帰綏まで開通し、その名も京綏鉄路と改められた。

さて、日清戦争は中国の鉄道建設にとって、好ましくない意味で一つのきっかけとなった。この戦争の後、列強は、租借地や鉱山の経営権など、様々な権益を中国から獲得し始めるのだが、鉄道敷設やそれにまつわる借款も、権益の一つとして各国が要求し手にしていったのである。

鉄道利権獲得の嚆矢となったのは、ロシアによる東支鉄道の建設と経営権である。これは一八九六年のことで、さらに同じ年に起工した中国資本の盧漢鉄路（盧溝橋―漢口、後の平漢鉄路。現在では京広線の北半分にあたる区間）が着工早々に資金繰りに行き詰まると、アメリカ、イギリス、ドイツが借款の獲得競争に乗り出し、九七年にロシア、フランス両国のシンジケート団が借款契約を結んだ。このように列強各国は、ときに協力し合い、またときには激しく対立しながら中国国内の借款権、あるいは鉄道敷設権や経営権を獲得していったのである。現在の主要路線の多くが、この時期のこうした帝国主義的進出の下で建設されていった。これらの権益を回収するにあたり、中国は長い時間と労力を強いられたのである。

2　満鉄の華北進出

一九一八年（大正七年）一月十五日、満鉄は北京公所を開設した。以後、満鉄の華北での情報収集や、北京での中国側の各機関との交渉はここでおこなわれることになった。この公所は、三二年（昭和七年）十二月一日に北平事務所と名を改めている。北平とは現在の北京のことで、蔣介石ら国民政府によって南京が首都に定められた翌年の二八年に、直隷省が河北省と改められたと同時に北京も北平と改名されていたのである。

満鉄北平事務所は大規模かつ詳細な経済調査を開始するが、一九三四年（昭和九年）には天津と青島にも駐在員を置き、その翌年には満鉄天津事務所が開設された。そして満鉄経済調査会も含めて、より本格的な華北経済調査が実施されるが、それは中国の経済状況を単に把握するという水準にとどまらず、日本の華北に対する経済進出に役立てるため、また国防上の資源掌握や開発を視野に入れて実施されたのである。付け加えれば、満洲国や満鉄から派遣された調査員による華北資源調査団が編成され始めたのもこの頃だった。しかしながら同年十一月におこなわれた国民政府の幣制改革と中国側の調査に対する抵抗もあり、予期した成果を上げることはできなかったといわれる。

満鉄が、軍事輸送の任を帯びて華北に進出する構えを見せたのもまた、一九三五年（昭和十年）のことである。この年、関東軍と支那駐屯軍は、国民党および中央軍の河北省からの撤退と、抗日運動に対する取り締まりを要求した。このとき満鉄も、場合によっては、つまり日本側の要求を中国側が受け入れなかった場合、日本軍の山海関以南に向けた軍事輸送を実施するべく、関東軍の指示によって機材ならびに人員の手はずを整えたのである。だがこのときは、いわゆる梅津・何応欽協定が実施（調印はなされておらず、協定の態をなしたものではないが、国民政府軍事委員会北平分会委員長の何応欽は日本軍の要求を口頭で認めた）に移されたことで、満鉄による軍事輸送は実現されなかった。

一九三七年（昭和十二年）、盧溝橋事件が発生すると、満鉄はすぐさま軍事輸送への協力を開始した。七月九日には奉天鉄道事務所で山海関輸送班が編成され、十二日には一部が天津に進出し、山海関以南の北寧鉄路の主要各駅に人員を配置した。この満鉄の動きは、現地でひとまず停戦協定が成立したのが十九日であることを考えると興味深い。和戦両様の構えといえなくもないが、まず停戦と解決ありきでは決してなかったこともうかがえるのである。

そして間もなく山海関輸送班は本隊が天津に移動し、その名称を天津輸送班と改めた。そして満鉄は、八月二十七日には北平（北京）南西の豊台に輸送事務所を開設する。同時に、華北経済調査のために設置されていた天津事務所を北支事務局と改称、組織も拡大して調査だけでなく輸送、工務、電気事業を担当する部署も設けられた。満鉄北支事務局は、その後の占領地域の拡大に伴って北寧、平綏、平漢の各鉄道線を管理下に置き、戦闘によって破壊された鉄道の修理や軍事輸送を担うことになる。ちなみに、近衛文麿内閣の三個師団派遣決定が七月二十日、三十日には平津地区（北平、天津）を占領し、そして日本政府による暴支膺懲声明――「支那軍の暴戻を膺懲し以て南京政府の反省を促す為今や断乎たる措置をとるの已むなきに至れり」とする政府声明――が出されたのが八月十五日であることを考えると、華北での満鉄の展開は、当初の不拡大方針とは裏腹に、実に用意周到で迅速機敏であったというほかない。

一九三七年（昭和十二年）末、華北にいた満鉄の派遣人員は合計七千八百十六人。それが三九年には二万人を超えるまでに至った。日中戦争での日本軍の占領が鉄道線に沿う形でおこなわれたことも合わせて考えると、満鉄が日中戦争に果たした役割は決して小さくはなかったのである。

3　日中戦争と鉄道の被害

先に満鉄の進出について見たが、鉄道の占領ならびに応急修理は、陸軍の鉄道聯隊の任務だった。日中戦争勃発当初、まず満洲から華北に派遣されたのは鉄道第三聯隊である。同隊はまず北平―北京間を占領し、その後、平綏鉄路（またの名を京包線）の豊台―包頭間に移動して同線の占領に従事し、戦線が西へと進むにつれて順次その管理・運営を満鉄北支事務局に委ね、一九三七年（昭和十二年）十二月十一日までに包頭までの全線を満鉄に移管した。また三八年に増派された鉄道第一聯隊と第二聯隊は、それぞれ津浦《しんぽ》線、京漢線に配置され占領と運営にあたったが、やがて第二聯隊を津浦線に移し、京漢線は満鉄北支事務局に移管、また内地から増派された鉄道第五聯隊は徐州を中心として津浦線と隴海線の占領区間を担当し、鉄道第六聯隊は正太線の担当となった。このとき、鉄道第一聯隊は華中へと転戦している。

だが、中国側もやすやすと日本軍に鉄道を明け渡したわけではなかった。盧溝橋事件から平綏鉄路占領の頃までは車輛の鹵獲も比較的容易におこなわれたが、やがて日本軍が平漢、津浦など各線に沿って南下を始めると、中国側は線路や橋梁の破壊、車輛の後送などを徹底しておこなうようになった。また、たとえ現地に留めた機材や車輛があっても、それらの多くは破壊されていた。したがって鉄道を占領した日本軍は、まず復旧にその労力を割かなければならなかったのである。

鉄道を破壊したのは、中国側だけではない。中国軍の兵力移動や物資の輸送を妨げるために、日本軍も航空攻撃などによって多くの交通施設を破壊した。また、地上戦闘によって破壊の憂き目を見た施設や車輛もある。

こうした鉄道破壊の一例を、徐州作戦によって見ておきたい。

徐州は、津浦線と隴海線が交わる交通の要衝である。一九三八年（昭和十三年）四月七日から五月十九日にかけて、この徐州をめぐって日中両軍による戦闘がおこなわれた。日本側の企図は、徐州付近に集結していた中国野戦軍の包囲撃滅と徐州攻略である。また、徐州を占領し津浦線を打通すれば、北支方面軍の占領地域と中支派遣軍の占領地域を陸路でつなぐことができる。

この戦いでもまた、鉄道は破壊の対象となった。津浦線のいくつかの鉄橋がまず中国軍の手によって破壊された。加えて、いま述べたように日本軍の企図の一つには敵野戦軍の撃滅という目標があったため、中国軍の退路を断つために隴海線の鉄橋が、戦車第一大隊を基幹とする岩仲挺進隊によって爆破されたのである。さらに徐州攻略を果たした日本軍の西進を食い止めるため、中国側は黄河の堤防を切ったのだが、その氾濫は下流域に達し、津浦線の蚌埠付近では破壊されていた淮河《わいが》鉄橋のトラスの多くが水面下に没しただけでなく、鉄道第一聯隊が架設した急造の鉄道橋も流失した。そのため、武漢攻略に備えた第二軍（東久邇宮稔彦《なるひこ》王中将）の華中への移動は

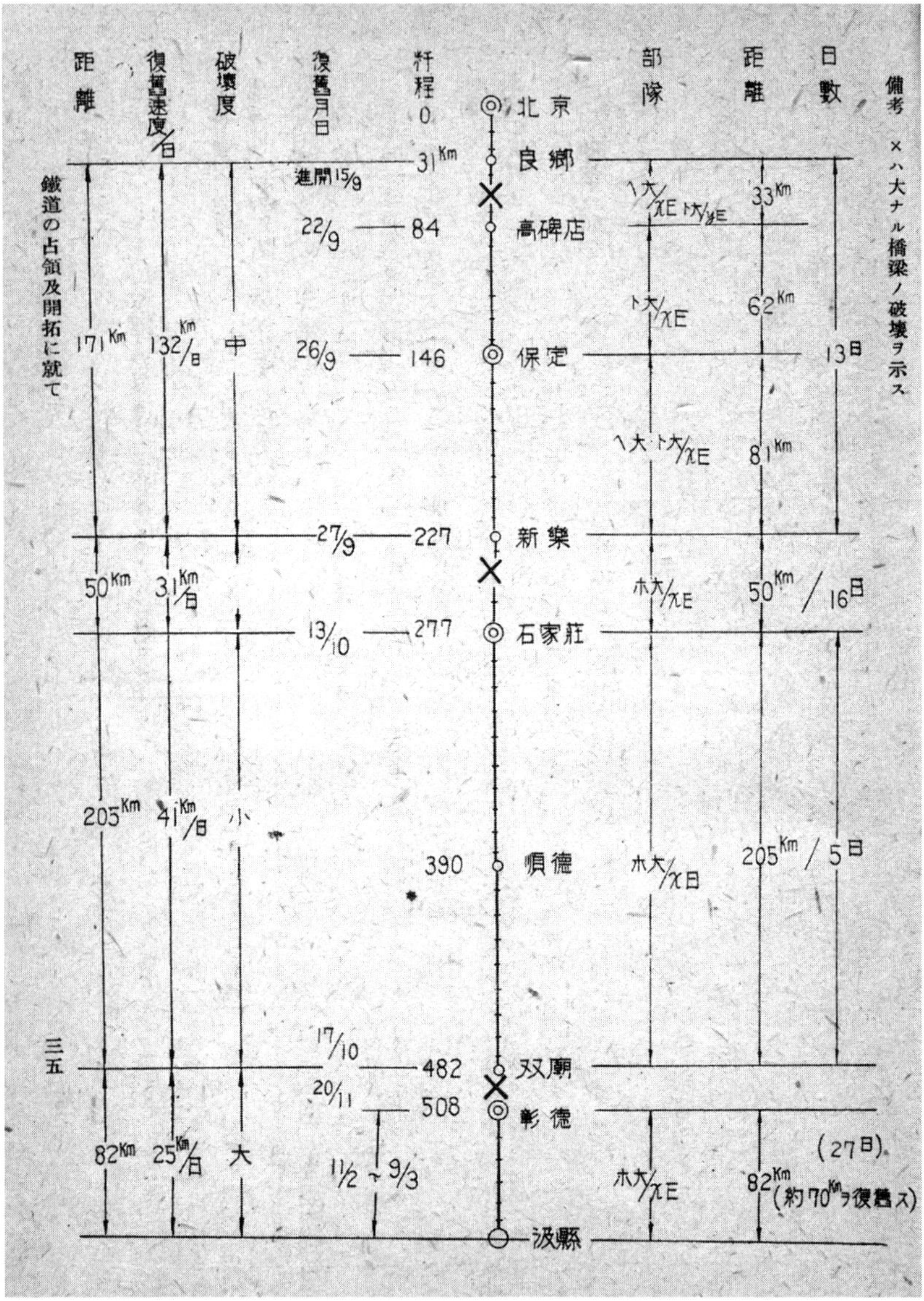

図17　京漢線占領の進展と、占領時の破壊された状況を示したもの
(出典：陸軍鉄道練習部「鉄道の占領及開拓に就て」「軍事鉄道」創刊号、陸軍偕行社編纂部、1944年、35ページ)

混乱し、徒歩部隊は水没地帯を船で、また車輌や重機材などは津浦線をいったん北に引き返してから青島より海路を華中へと移動することを強いられたのである。

そもそも日本軍は、線路や橋梁の破壊や、満足できる車輌が鹵獲できないという問題が起こる前から、鉄道車輌の不足を感じていた。その対策として、七月九日におこなわれた満洲から山海関への輸送を皮切りに、軍用列車という形で満鉄や朝鮮総督府鉄道の車輌を華北へと送り込み、日本の手で華北域内の輸送にも活用させていた。七月中旬の時点で華北に乗り入れていた満鉄と朝鮮総督府鉄道の車輌数は機関車と客貨車合わせて千四百輌以上となっており、それが十月の上旬になると一日平均四千八百輌にも達した。

満鉄や朝鮮総督府鉄道から、車輌を借りっぱなしにするわけにもいかない。言うまでもないが、貸したほうの輸送に支障が出るからである。とはいうものの、作戦の拡大や一般貨客輸送の回復は、車輌需要をさらに大きくした。そこで軍が鉄道省に要請した結果、一九三八年（昭和十三年）に入って間もなく、日本本土で使用されていた機関車百輌と貨車千二百輌が標準軌に改造のうえで華北へと送られることになった。なおこのとき選ばれた機関車は、九六〇〇型蒸気機関車である。

この鉄道省からの供出のほか、占領地向けに車輌の新造もおこなわれ、さらには戦争勃発前に中国に着荷したものの引き渡しに至っていない車輌を見つけ出して購入するなどの措置もとられたが、それでも華北や華中へと送られた国鉄の九六〇〇型は、最終的には二百五十輌あまりにものぼったから、車輌不足がどれほど深刻であったかがうかがえる。

日本軍占領下の中国の鉄道は、日本の手によって運行が再開されると、今度はゲリラの攻撃目標となった。これにまつわる話については後述しよう。

落とされた橋梁の修理については後ほど南方戦線の項でも述べるが、ここでは、中国戦線の黄河鉄橋を例に見ておきたい。

4 橋梁修理

済南の北方を流れる黄河には、津浦線の大鉄橋が架かっていた。橋の長さは千二百五十五メートル。構成する橋桁は、九連のワーレントラス橋（一連あたり支間九十一・五メートル）とゲルバー・トラス橋（総支間四百二十・九メートル）という雄大なものである。津浦線はイギリス・ドイツ両国の技術で建設されたが、この黄河鉄橋を含む区間はドイツの借款と技術によって建設されていた。鉄橋の設計と施工は、ドイツのMAN社。わが国でも戦後、国鉄の電気式ディーゼル機関車に搭載された発電用エンジンの技術提携を通して、また船舶用ディーゼルエンジンの供給元としては戦前から知られている有数の自動車・機械メーカーである。起工したのは一九〇九年（明治四十二年）で、三年越しの工事によって一二年の十二月に竣工、その姿と規模の大きさから東洋一の偉容を謳われた鉄橋である。

この黄河鉄橋が、一九三七年（昭和十二年）の十二月に破壊された。折しも華中では南京に対する総攻撃がおこなわれる頃で、華北では日本の第十師団（磯谷廉介中将）が津浦線に沿って南下を続けており、この年の暮れには、対岸に済南を望む黄河北岸にまで達していたのである。

黄河鉄橋の破壊は徹底されており、しかも橋桁そのものを爆破したのではなく、支持部に爆薬を仕掛けて橋桁を落とし、また爆発の衝撃で何連もの桁を押し出すようにして落とすという、日本側が舌を巻くほどの破壊ぶりだった。無傷で黄河鉄橋を占領できなかった日本軍は、済南占領後にまず工兵の手によって舟橋を渡した。ついで軍の指揮と満鉄の監督指導の下、義合祥という名の満洲の建設会社が工事を請け負って、破壊された鉄橋の下流約二百メートルの位置に木橋（ただし桁は木桁、鋼製桁、軍の架橋資材である重構桁を混用）による仮の鉄道橋を架け渡す工事を十二月末から開始し、翌年二月には開通させた。

しかし木橋では輸送量や速度に著しい制約を受けるうえ、川の流量などによっては流失する恐れもあるため、本格的な復旧が必要とされた。そのため野戦鉄道司令部や満鉄、陸軍技術本部、鉄道省官房研究所などによって現地調査がおこなわれる。その結果、橋脚を新造して径間を短くした復旧案も出されたが、橋脚の新造自体の困難さや日本の威信などがはかられた結果、ゲルバー・トラスの原形復旧が決定された。

図18　津浦線・黄河鉄橋のゲルバー・トラスの絵ハガキ。この長大な橋のほとんどが、中国側の爆破によって破壊、落下していた（著者所蔵）

先ほど述べたように、この鉄橋の工事はドイツのMAN社が設計・施工を担当した。したがってMAN社から設計資料を提供してもらうという手もあったが、発注から届くまでの期間が長いと、それだけ工期が延びる。そこで設計は鉄道省官房研究所に委託され、日本の設計によって原形に復旧するという手立てがとられた。省での設計は一月六日に開始されて一カ月あまりで終了。なお工事期限は一九三八年（昭和十三年）七月十日とされた。このように急いだ背景には、徐州方面への補給が必要だったという関係者の記述があるが、もしそれが事実だとすれば、北支那方面軍の進出を黄河の線にとどめ、三八年中は新しい作戦をおこなわないとする参謀本部の当初の方針に背いていたことになる。

修理に必要な鋼材の供給は八幡製鉄所が担当し、必要量三千六百トンが約二週間かけて用意され、製作を担当した横河橋梁と汽

図19　中国人を動員した保線作業。武装しているのは日本兵か、もしくは華北交通社員（著者所蔵絵ハガキ）

車製造の二社に運び込まれた。この件について、現場にいた民間人技術者は、軍から「軍艦一隻分の鉄材を回したのだから、そのつもりでやってくれ」と言われたという。ただし実際には、そのために艦船の建造をやめたという話は見当たらない。

復旧工事を担ったのは満鉄の北支事務所で、その下に黄河工事事務所が開所したのは一九三八年（昭和十三年）二月一日。しかし中国軍による空襲や苦力の現場からの逃亡もあり、作業が軌道に乗るのは下旬になってからのことだった。実際の施工には間組、横河橋梁、満洲の義合祥が参加した。なお、橋桁の扛上《こうじょう》や移動に使った機材はジャッキや豆トロリーといったもので、しかも三百トンジャッキは放送協会から放送塔の碍子交換用を召し上げて送られたという話もあり、要するに機械化とはほど遠い、日中両国の鳶職人が頼りの作業だった。

橋梁の組み立ては、天津側と済南側の双方から進められていった。途中、鳶職人同士の刃傷沙汰が発生するといった事件が起きたりもしたが、六月二十日には組み立てを終了し、三十日に試運転列車が通過、そして七月一日には開通式が執りおこなわれた。

前項でも述べたが、徐州付近での戦闘に際し、黄河鉄橋より上流域で、日本軍の進出を食い止めるべく中国軍が堤防を切った。その時期は、ちょうど黄河鉄橋の復旧工事期間にあたる。そのため多数の住民が被害に遭い、また蚌埠付近に架かる淮河鉄橋では破壊され落下したトラスの水没、また架設鉄道橋の流失という事態を招いたが、その半面、黄河そのものは水位が低下したため、こちらでは落下した橋桁の撤去作業が容易となった。中国軍が黄河堤防を切り、そのため多数の避難民が発生したことは、当時の日本でも報道され蒋介石の国民政府を非難する材料としても使われたが、その一方で、黄河鉄橋の復旧工事に関して、そのことを「天佑」と表現した日本人技術者がいたことも書き記しておこう。

この黄河鉄橋の復旧工事に動員された延べ人員は、約七万人（福田英雄編『華北の交通史』〔ティビーエス・ブリタニカ、一九八三年〕では六万二千六百二十九人という数字が挙げられている）。そのうち大半を占めたのは満洲も含めた中国人で、また朝鮮人も一万人以上が動員されており、日本人は一万三千人であった。

この橋梁修理が軌道に乗る少し前の二月二十四日、仮木橋を渡って南下した二、三百人規模の部隊があった。これは鉄道省の山口工事事務所所長だった足立貞嘉技師が率いる鉄道省派遣橋梁修理班――「足立部隊」と呼ばれた組織であり、以後、日本占領下の中国での鉄道橋の本格復旧工事は、軍や満鉄ではなく鉄道省からの派遣部隊によって担われることになる。こうした鉄道省の派遣部隊は前年十月に結成・派遣された高橋定一鉄道書記官を長とする「高橋部隊」（総数二千人近く。総務、運輸、工務、運転など広範囲をカバーした）を皮切りに、二月結成の足立部隊、五月結成の車輌修理班である鈴木部隊（鈴木貞技師、約五百人）、九月に派遣された羽中田部隊（羽中田喜代作技師、約九百四十人、隴海線の運営を担当）がそれぞれ華北に送り込まれ、軍の監督下で業務にあたった。

5　華北交通と華中鉄道の設立

占領直後の鉄道はほとんどが軍事輸送であり、そのため軍にとっては、占領した鉄道を自分たちの管理下に置くことに不都合はなかった。しかし戦線が拡大して、鉄道の敷かれている地域が後方になってくると、軍事輸送ばかりに使われるわけではなくなり、また現地傀儡政権との政治上の関係や経済的必要性から、軍による管理が妥当とはいいがたくなってくる。また中国では、多くの鉄道が外国からの借款によって建設されていたため、日本が管理を続けることは、必然的に日本がそれらの借款を引き受けることにもなってしまう。

既に見たように、実際には、華北では満鉄が占領鉄道の管理を受託して軍事輸送にあたっていたが、日本は占領地に中国人による新たな政権を樹立させる方針であり、またそれが日本の意を汲んだ傀儡政権とはいえ、中国人として抱くであろう感情を考慮すれば、鉄道の経営をそのまま日本が続けることは好ましいとは思われなかった。

一九三七年（昭和十二年）十二月二十四日、政府は支那事変対処要綱を閣議決定した。ここで、華北について政治的には防共親日満政権の樹立を、そして経済的には日満経済の補強と日満華を不可分の提携関係とすることを目指すとされ、港湾や道路をも含めた主要交通運輸事業は、通信や発送電、鉱工業などとともに新設される国策会社の統制下に移されることになった。こうした決定を受けて、三八年十一月に北支那開発が発足、華北の交通事業もその傘下に組み込まれることになった。同時に華北の交通に関しては、傀儡政権の特殊会社を新たに設立して運営にあたらせることが決定され、北支那方面軍では会社設立に向けた研究を開始した。そして方面軍と

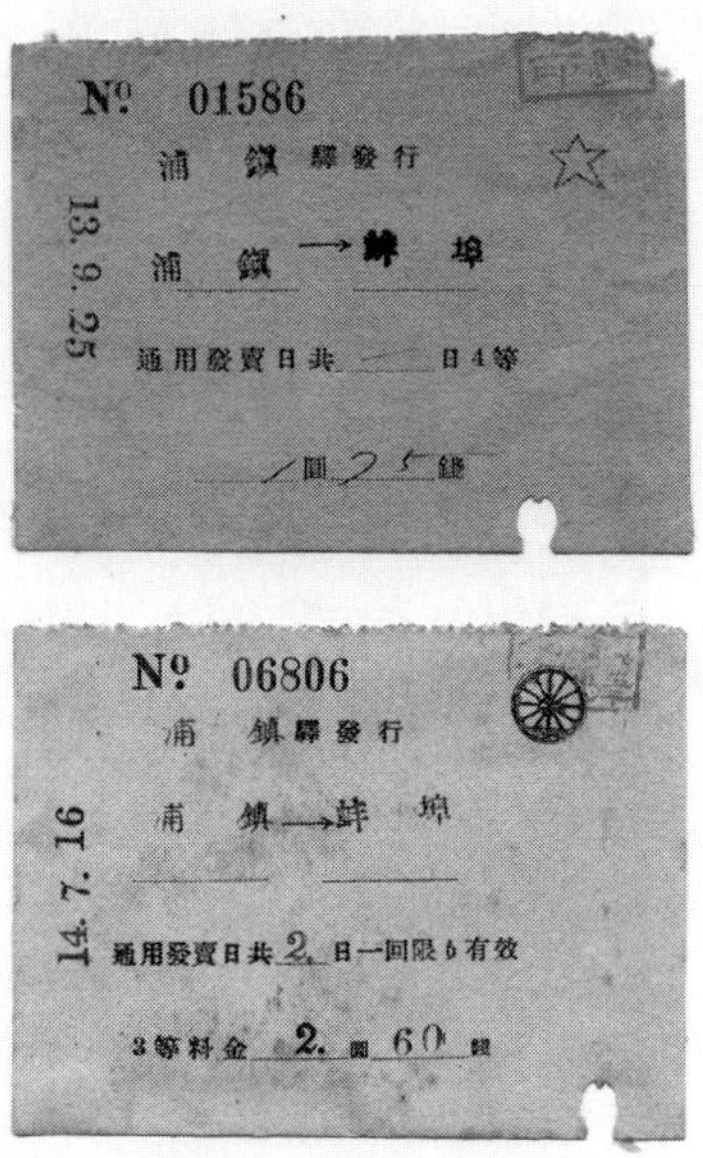

図20　軍用鉄道時代末期と華中鉄道初期の乗車券。一般公衆の利用が開始されるにあたって乗車券が必要となり、現地で調製されたもの。日本陸軍を表す星の印（五芒星）があるのが軍用鉄道時代、動輪の印があるほうが華中鉄道のものである（著者所蔵）

陸軍中央の合意に基づく陸軍省案が三八年十月に企画院に提出され、さらに、同年十二月十六日設立の興亜院での審議を経た「交通会社設立基本要綱」が三九年四月十四日の閣議で了承された。

　こうした経緯を経て、四月十七日に北京で開かれた発起人総会で、満鉄北支事務所が執りおこなっていた業務ならびに設備を継承して、華北交通が誕生した。中華民国臨時政府の特殊会社でありながら、設立に至る決定権は日本側にあり、日本の閣議決定によって誕生したあたり、まさしく臨時政府が日本の傀儡政権であったという事実がうかがえる。

　なお蒙疆聯合委員会（後に、蒙古連合自治政府）の域内にあった鉄道は同委員会の国有鉄道とされたが、それも華北交通に経営が委託されることになった。

図21　綿を満載した華北交通の日産80型トラック。華北交通と華中鉄道は、鉄道だけでなく長大な自動車路線も保有し自動車交通も担っていたが、それには、このような資源収奪も目的としてあった（著者所蔵絵ハガキ）

　華中でもおおむね事情は同様で、公共的性格を有する事業を日本側が掌握し、復興と建設事業の指導をおこなうことを目的に、まず中支那振興設立要綱が一九三八年（昭和十三年）三月十五日に閣議で決定され、先述した交通会社設立基本要綱によって、華中鉄道が三九年四月三十日に設立された。華北交通が満鉄の業務を引き継いだのに対して、華中鉄道は鉄道省派遣の軍属部隊の業務設備を継承した。そうしたことから、機関車の形式付与のルールや技術的系譜は、華北交通が満鉄の影響を強く受けていたのに対し、華中鉄道では日本の国鉄からの影響が強く見られた。

　だが、両会社ともに、日本の占領下にあったすべての鉄道を掌握したわけではない。経営できたのは占領地のなかでも前線から離れた後方地域の鉄道だけで、前線に近い線は依然として軍の管理下にあった。また、華北と違い華中では、戦前は支流やクリークを利用した河川交通が貨物輸送において大きな比重を占めていたが、日本占領下では広大な流域の治安回復は困難であり、河川交通の掌握に失敗した。そのために、かつて河川交通に頼っていた輸送が鉄道に振り向けられることにつながり、鉄道の重要性はいやが応でも増したのである。

6 大東亜縦貫鉄道構想とその非現実性

大東亜縦貫鉄道については、戦争による交通統制から話を始めたい。

総力戦体制や、そのために必要な経済統制の構想は日中戦争よりも前から練られていた。しかしそれはどちらかといえば対ソ戦や対米戦を念頭に置いてなされていたものだった。だが予想もしていなかった中国側の抗戦意欲の高さにより日本は戦争の早期収拾に失敗し、対中国戦争で総力戦体制の確立を強いられる事態となった。そして一九三八年(昭和十三年)四月一日に公布された国家総動員法(五月五日施行)により、人的資源ならびに物的資源に対する国家の統制運用に途が開かれたのである。

交通もまた、国家により統制されることになった。戦時経済を支える原材料や製品、ならびに労働者の移動に交通はなくてはならない手段だからである。

国内では、国家総動員法と同時に公布された陸上交通事業調整法(八月一日施行)による大都市とその周辺の交通事業に対する統制から開始された。

統制の対象は、日本本土と外地、また占領地を結ぶ交通も例外ではなかった。中国占領地の交通に関しては先に述べたように、一九三七年(昭和十二年)に閣議決定された支那事変対処要綱がもとになっており、日本を中心とする「日満支」の提携――ありていに言えば日本の収奪に益するように統制が図られた。そして華北交通な

図22　大衆向けに宣伝された大東亜縦貫鉄道構想。国鉄70年を記念した特集記事の一つ。この図で見る未成区間（破線の部分）はたいした距離ではないように見えるが、華南の路線はそもそも未占領地帯にあり、また京漢線（北京―漢口間）もつながっているように描かれているが、実は長大な未占領区間を残している状況だった
（出典：「写真週報」1942年10月14日号、情報局、12―13ページ）

らびに華中鉄道の設立のもととなった交通会社設立基本要綱（一九三九年四月閣議決定）でも、華北交通に対しては陸軍大臣が北支那開発を通して命令と監督を、華中鉄道に対しては陸軍大臣または海軍大臣が、中支那振興を通して命令ならびに監督を実施することとされたのである。

一九四一年（昭和十六年）二月十四日、交通政策要綱が閣議決定された。そこでは「高度国防国家体制ノ完成ヲ目途トシ、日満支ノ強固ナル結合ヲ根幹トスル大東亜共栄圏ヲ確立センガ為、（略）皇国ヲ核心トスル大東亜ノ総合的有機的交通体制ノ確立ヲ期ス」ことが定められ、さらなる統制が企図された。その中心となる施策が想定された地域は「日満支」が中心だったが、基本方針のなかには「大東亜共栄圏ニ於ケル交通ニ関スル第三国権益ヲ逐次我ガ勢力下ニ把握スルコトニ努ム」とする文言が入っている。また設備拡充に関しても「南方諸地域ニ対スル交通施設ヲ図ルト共ニ、皇国

ノ北辺ニ於ケル国防上ノ要請ニ応ジ之ガ対策ニ遺憾ナキヲ期ス」と定められた。つまり、この頃になると中国大陸だけでなく、東南アジアとの交通路確保が視野に入ってきているのである。そして、いわゆる大東亜共栄圏での鉄道の一貫経営についての構想が、おおむねこの時期に、おそらくは満鉄あたりから出てきたものともいわれる。

一九四二年（昭和十七年）八月二十一日、大東亜建設審議会は諮問機関として、政府に対し「大東亜交通基本政策」を答申した。そこでは既に工事が開始されていた弾丸列車計画について、日本と大陸を結ぶルートとしてその建設を促進することが謳われた。また、内地と朝鮮を鉄道線路で結ぶべく、関釜海底トンネルの可能性についての検討が開始された。そしてこの答申案作成に向けた審議の資料には、大東亜縦貫鉄道構想ものぼっている。

この大東亜縦貫鉄道が、当局者によってどこまで現実性を帯びたプランとして認識されていたかは不明である。だが満鉄や鉄道省がそれに対して関心を持っていたことは間違いないだろう。現に、政府が発行する「写真週報」（情報局）を通じて一般にも宣伝されたのである。

さて国内では、日中戦争の長期化により旅客、貨物ともに大幅な増加をみた。しかし輸送力の増強は難しかった。鉄道では資材や労働力などの不足から思うにまかせず、また石油燃料の不足、軍の徴発による船腹不足なども問題となった。加えて対米開戦後は大がかりな船舶徴用や連合軍による日本船団に対する攻撃により、船腹不足は深刻な問題となり、海運の陸運転嫁が国の内外を問わず緊急の課題となった。

さらに国内では、産炭地から消費地に向けた石炭の海上輸送が、鉄道へと振り向けられることになった。一方、南方資源地帯から国内への資源還送も問題となったが、陸運転嫁をおこなうとしても、それには線路のゲージの問題（中国大陸は標準軌すなわち千四百三十五ミリ、フランス領インドシナやマレー、ビルマはメーターゲージ、すなわち千ミリと異なるため、車輌の乗り入れが不可能）に加えて、線路が敷設されていない区間や、そもそも占領さえされていない区間の存在が問題となった。たとえば対米開戦時には、華中はともかくとして、華南ではかろうじてその沿岸部は占領できていても、鉄道が走る内陸部は未占領であった。

このような問題について、一般に向けて「未竣工区間は七、八百粁にすぎない」「あれだけの長い距離の輸送では、一度や二度の積替や乗換を行ふことはそれほど苦にすべきことではない」（堀口大八『輸送戦争』〔春秋社教養叢書〕、春秋社松柏館、一九四三年）と書く当局者もいたが、線路や車輛の規格は輸送容量に直結する問題であり、たとえ一貫輸送が実現したとしても、やみくもな輸送と積み替えは、接続点で滞貨を発生させることになる。

一九四四年（昭和十九年）四月十七日に、一号作戦、俗にいう大陸打通作戦が開始された。目的は、中国大陸を南北に走る鉄道の確保と、日本本土を空襲するであろうアメリカ軍の長距離爆撃機B―29の基地となる恐れがある飛行場の占領である。作戦は華北と華中を結ぶ京漢線の占領から開始され、五月の終わりまでに洛陽など主要都市も攻略し、京漢線は全通した。一方、漢口以南の占領は五月下旬から開始され、飛行場の占領と同時に鉄道線路――漢口と広州を結ぶ粤漢《えっかん》線と、粤漢線の衡陽から鎮南関に至る湘桂線の確保が目指された。ちなみに鎮南関はフランス領インドシナとの国境にあたり、ここで線路はベトナムの鉄道に接続する。

十二月までに漢口から鎮南関に至る鉄道の占領に成功したものの、作戦中の七月にはマリアナ諸島のサイパンが陥落し、中国大陸にある日本本土空襲の基地を事前に封殺するという意義は大きく薄れてしまった。また鉄道も、その占領区間はあまりにも長大であり、沿線からのゲリラ的な妨害を排除することはほぼ不可能だった。華南の鉄道占領を受けて、南方軍も華南の鉄道とフランス領インドシナの鉄道との接続に期待を寄せたが（「戦争末期に於ける南方鉄道」、復員局『鉄道作戦記録』復員局、一九五一年、防衛省防衛研究所所蔵〔Ref：C14020379200〕）、実現することはなかった。

たとえ地図のうえでは朝鮮半島からシンガポール、ビルマに至る線路を確保できても、一貫輸送の実施は最後までかなわなかったのである。

7　鉄道に対する妨害・襲撃とその対策

日本軍による中国の占領は、しばしば「点と線にすぎない」といわれてきた。これは、日本軍の占領が都市、および都市と都市を結ぶ線路や道路に限られたことをさす言葉である。都市は占領できても、その背後に広がる広大な「面」には、国民政府か、さもなければ中国共産党の影響が及んでいた。そして都市と都市を結ぶ線――その「面」に曝されている鉄道や道路は、しばしば中国側の襲撃の対象となったのである。

妨害や襲撃は、占領後間もない時期から始まっていたといわれる。だが一九三八年（昭和十三年）二月十日未明の京漢線、保定―東長寿間のおよそ百キロにわたる一斉襲撃を契機として、襲撃や妨害が活発となっていく。具体的には運転妨害として軌道の反転、牛馬を使った挽曳による軌道の移動、レールの取り外し、枕木の抜き取り、道床の掻き出しなどがある。また橋梁破壊もおこなわれ、前記と同じような破壊のほか、橋脚や橋桁の爆破もときにはおこなわれた。また線路上に障害物を置くなどの妨害、さらにはいま述べたような破壊や妨害で列車が停止したところを襲撃するといった積極的な攻撃もおこなわれた。

さらに、狙われたのは線路ばかりではなかった。宿舎や作業場に対する襲撃や建造物の破壊、鉄道従業員の殺害や拉致もおこなわれている。

しかし、何より多かったのは、通信妨害である。これは通信線を切断したり電信柱を破壊したりするということだが、華北での発生件数について、毎月平均二百三十件という記録がある。

鉄道にとって、列車の安全運行を保つための保安施設として、電信や電話はなくてはならないものだった。通信線を切断するだけで容易に業務を妨害できるのだから、狙われないわけがなかったのである。こうした破壊に対処すべく、日本側は修理班の充当、また人員資材の融通や転用などの対策を強いられた。

日本側が妨害や襲撃に悩まされたのは、華中も同様だった。しかも、内陸水運の掌握に失敗していたために、戦前は河川交通が中心だった貨物輸送が鉄道に転嫁されており、新四軍などによる妨害や襲撃は深刻な問題であった。

襲撃は、ときには日本軍が乗り込んでいる列車に対してもおこなわれた。後にビルマで鉄道第五聯隊第三大隊長となる長谷川三郎は、曹長だった一九三七年（昭和十二年）に士官学校を受験し、その翌年に士官学校へと入学するのだが、任地の太原から石太線を利用して内地へと移動する際、妨害による脱線と列車襲撃を経験している。列車には歩兵部隊が乗っていたため戦闘となったが、その攻撃は執拗で、救援列車が来るまで続いたという。また救出された後、同じ隊の従軍写真班に出会った際に「石家荘から北京までの間でも二ヶ所やられて、直すとすぐ隣がやられるので、なかなか通しの運転が出来ません」（長谷川三郎編著『鉄路の熱風――鉄道第五連隊第三大隊戦闘記録』鉄道第五連隊第三大隊戦友会、一九七八年）と長谷川は聞かされている。

そこで、対策として出てきたのが「愛路工作」である。これは満洲国建国後間もない一九三三年（昭和八年）、満鉄の沿線で開始されたもので、反満抗日運動が妨害工作や列車襲撃をも伴うことから、軍や警察の負担を軽くする目的もあって実施された民衆工作である。治安状況にもよるが、鉄道線路の両側それぞれ五キロほどを対象地域とし、そこに含まれる村落を「鉄路愛護村」として思想工作や懐柔などをおこない、鉄道に対する破壊や妨害を防ごうとしたのである（図24）。

図23　線路破壊により脱線転覆した機関車。同蒲線の霍県（現・霍州市）付近と思われる
（出典：前掲「軍事鉄道」創刊号、口絵）

この愛路工作は、占領した華北ならびに華中でもおこなわれた。

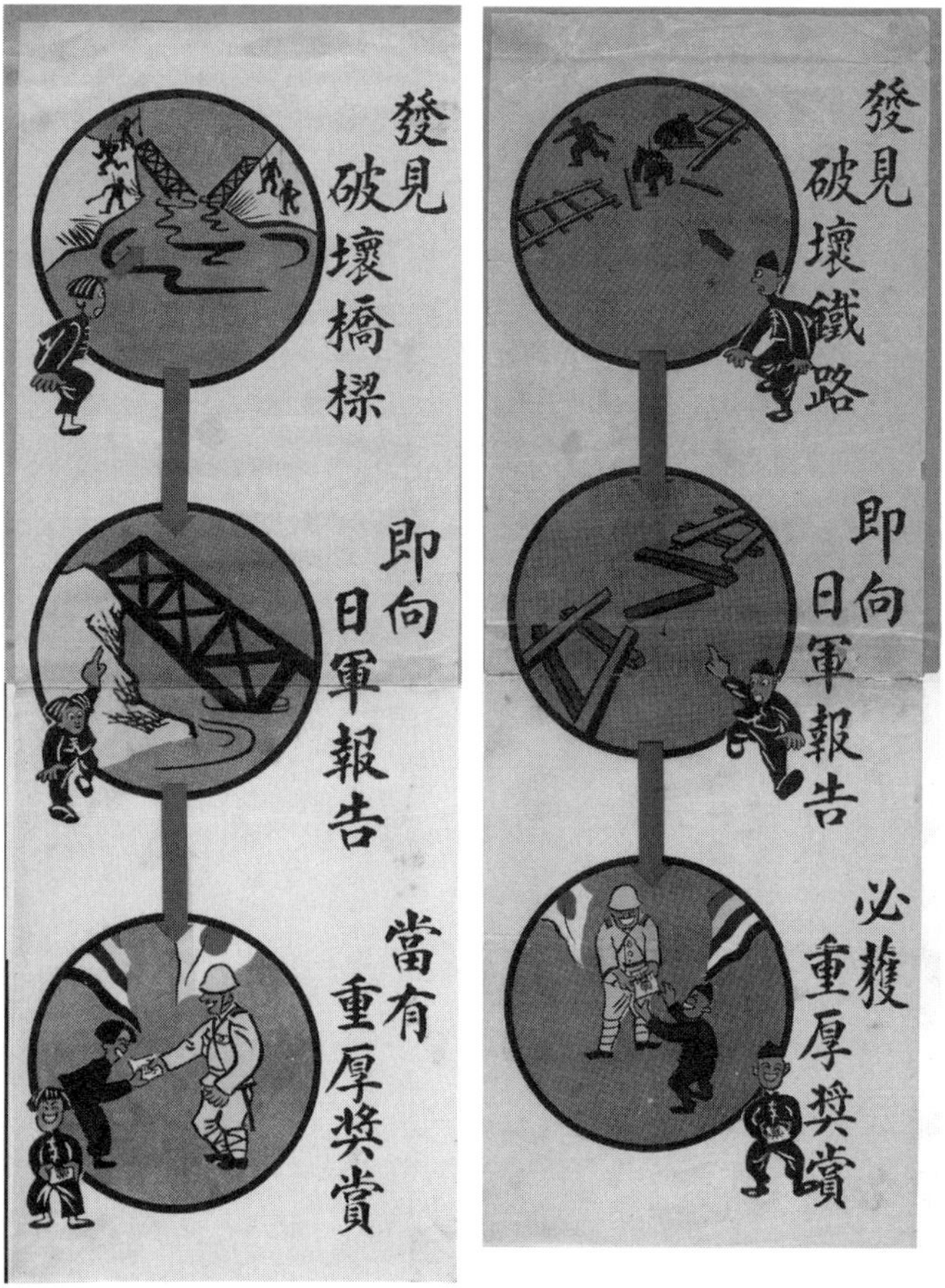

図24　日本軍への協力を呼びかける宣撫ポスター。褒賞がもらえることをうたっているが、破壊や襲撃が衰えることはなかった。沿線住民に対する効果はなかったか、あったとしても乏しかったと思われる（著者所蔵）

「昭和十七年度北支交通愛路工作要綱」を参考に華北の例を述べると、工作対象地域は、京山、津浦、京漢（北部）の各線では線路両側各五キロ、膠済、石徳、石太の各線は同じく三キロ、そして前記以外の線では「両側各三粁ニ到達セシムル如く」努めるものとされた。そして対象地域は治安・支配状況から甲、乙、丙の三種類に分けられ、甲地域は愛路工作員が単独で入村できる地域、乙地域は武装援護の下で入村しうる地域、丙地域は愛護村が未結成か、もしくは「敵性ヲ制圧シ敵ノ地下組織ヲ剔抉シツツ入村」する必要がある地域だった。

言い換えれば、線路の両側わずか数キロという幅に、日本軍が支配をうち立てられずにいる村があったという事実であり、妨害がやまないのも道理である。

こうして分類された地域のうち、甲地域では精神的結合、永続的効果を狙った工作を実施するものとされた。そしてこれが乙地域になると、「反愛路分子」を排除し、村内指導者もしくは名望家を同調させ、やがて村民を獲得して甲地域に転換することとされている。

丙地域ともなると、「(愛護村）未結成地域ノ絶滅ニ勉ムルト共ニ必要ナル地域ニ対シテハ特別工作ヲ実施シ乙地域タラシムル如ク工作スルモノトス」とされている。そしてここでいう特別工作は、軍の部隊や華北交通の警務員からなる援護班、愛路工作担当の工作班、そして情報収集や捜索などをおこなう特務班などからなる一隊を入村させて、長期にわたって居座りながらおこなわれることとされていた。

なおこの要綱によれば、愛護村の負担軽減策として、監視・巡察・濠構築に要する経費は全県もしくは全省負担とする、線路復旧に要する資材経費は線路管理者が負担する、討伐に要する人馬の徴用ならびに物資の徴発は愛護村とともにほかの郷村にも平均的に負担させるといった内容が記されている。

つまりそれまでは、鉄道線路の防護に関して愛護村に課せられていた資材経費・人員物質の負担はきわめて大きかったということを意味する。そしてここに掲げた負担軽減策もなお、日本側が完全に負担するという形をとってはいない。

このようなインフラストラクチャー維持に関する責任を現地の民衆に負わせるというやり方は、通信網や道路の維持でも活用された。たとえば一九四〇年（昭和十五年）、湖南省にあった歩兵第二百三十六聯隊第一大隊（中山左武郎少佐）では中国側の破壊や妨害に対抗するため、村の保甲長を「愛路委員」に任命して交通路や通信網の保全に関する責任を負わせ、人為的破壊を防げなかったときは「敵ノ破壊ヲ受ケタル個所ノ部落及委員ヲ処罰ス（該部落ヘノ食塩配給停止、苦力等）」というペナルティーを科すこととした（アジア歴史資料センター「敵の潜行

工作対策　昭和十五年十一月二十七日　西警備隊」『歩兵第二三六連隊第一大隊、南方地区戦闘詳報　昭和十五年十一月七日～十五年十一月九日』〔Ref：C13070196000〕）。

いわゆる日本軍の「点と線」の占領は、このような占領地住民の過重な負担によってかろうじて保たれていたのである。

8　南方戦線の鉄道隊

続いて、対英米開戦後の南方占領地での鉄道について取り上げたい。

南方占領地と一口に言っても、西はインド・ビルマ国境から東はニューギニア、ソロモン諸島という広大な地域であり、また占領地行政や開戦前の統治形態も一様ではない。地理的にも、人口が比較的稠密で都市化が進んだところもあれば、ニューギニアのような人口希薄地帯もあった。当然インフラストラクチャーの普及の程度にも差があり、日本から見て南西方面は比較的開けて鉄道網や道路網が発達していたのに比べ、ニューギニアなど南東方面は整備された道路も少なく、とりわけ鉄道はほとんど見ることができなかった。島嶼部やニューギニア沿岸部では大発動艇による機動をおこなえたものの、内陸部への侵攻、たとえば一九四二年（昭和十七年）の夏におこなわれたポートモレスビー攻略作戦のオーエンスタンレー山脈越えでは、アメリカ・オーストラリア軍による妨害はもちろんのこと、途中から馬による輸送さえ難しい峻路を進まなければならないこともあり、そのため内陸部では補給の途絶によって退却に必要な糧食さえ確保に困難を極めるありさまだった。つまり言い換えれば、緒戦の段階で、南西方面で日本軍が発揮できた機動力は、既設の鉄道や道路――イギリスやオランダなど宗主国からの資本投下によって建設された社会資本に支えられた面も大きかったわけである。

とはいえ、日本軍の侵攻を受けた側にしてみれば、やすやすと鉄道や道路を利用させるつもりなど毛頭なかった。中国でなされたのと同様、敵に利用させないために施設を破壊、隠匿して退却したのである。だから日本軍はそれらの施設を利用するにあたり、占領確保は当然として、ここでも橋梁などの修理を強いられたのである。

ここでは、まずマレー作戦での橋梁の修理を、クリアン河のそれを一例として取り上げたい。続いて占領確保の例としてビルマについて触れ、日本占領下での鉄道の姿を、ジャワ、ビルマなどを例に述べてみよう。

なお本題に入る前に、戦闘序列や指揮系統について簡単に触れておきたい。南方軍の下には、作戦に応じて鉄道の占領開拓を主な任務とする第二鉄道監部が置かれた。第二鉄道監部の下には鉄道聯隊三（鉄道第五聯隊、鉄道第六聯隊、鉄道第九聯隊）、特設鉄道隊二（第四特設鉄道隊、第五特設鉄道隊）があり、それぞれ鉄道監の指揮を受けた。つまり鉄道部隊は第二十五軍（マレー作戦を担当）や第十五軍（ビルマ作戦を担当）の戦闘序列には入っていないため、特にその指揮を受けるよう命令されないかぎり、鉄道聯隊と特設鉄道隊は、第二鉄道監部の命令によって行動することになる。

さて、ここで出てきた特設鉄道隊について簡単な説明をしておきたい。これは隊長こそ軍人を充てたものの、基本的には鉄道職員や職人によって編成された部隊である。つまり隊の主力は軍人ではなく軍属で、本部のほか運輸隊、工務隊、橋梁隊、工作隊の四隊を従え、運転や駅務、保線、修理、建設などに従事した。第一特設鉄道隊は南満洲鉄道、第二特設鉄道隊は朝鮮鉄道からの派遣人員を主体としたが、第三からは鉄道省からの派遣人員からなり、南方作戦に従事した第四特設鉄道隊は東京以西、名古屋、大阪の各鉄道局、第五特設鉄道隊は大阪以西、広島、門司鉄道局からの派遣人員が主体だった。さらに土建業者の斡旋を受けて大工や石工、煉瓦工、とび職などの職人を傭い上げて編成したという。

この第四、第五特設鉄道隊について、旧軍人は「作戦に寄与する所甚大なるものがあったが全般的に予期以上のものではなかった」（前掲『鉄道作戦記録』）としているが、その内容は「軍人軍属相互理解の不足」「指揮官の指揮能力の不足」「軍属の軍隊的訓練の不足」というもので、どう見てもこれは軍や配属された軍人の責任であり、軍属により編成された隊に向ける評価としてはいささか不当に思える。橋梁修理についての具体例は後述するが、特設鉄道隊の存在がなければ、資材も人員も軍がまともに用意をしていなかった状況下で、破壊された橋梁の修理もままならなかったはずである。

9　マレー作戦の概況

まずは、マレー作戦の概況について述べておきたい。

言うまでもないことだが、一九四一年（昭和十六年）十二月八日は、アメリカとイギリスに対して日本が戦争を始めた日である。一般には「アメリカとの戦争が始まった日」という認識が広まっているが、実際には、次に示すように、陸軍によるイギリスに対しての作戦行動のほうが早かった（時間は日本時間）。

午前二時十五分　佗美《たくみ》支隊（佗美浩少将、第十八師団歩兵第五十六聯隊基幹）の約五千人がイギリス領マレー北部東岸のコタバルに上陸。

午前三時十九分　ハワイの真珠湾で第一次攻撃隊が空襲を開始。

午前四時二十分　ワシントンで野村吉三郎大使、コーデル・ハル国務長官に対米最終覚書を手交。

同日未明、日本軍はさらにタイ南部に海上およびフランス領インドシナから侵入、とりわけシンゴラとパタニはマレー国境に近いことから重要な上陸目標と定められ、戦車隊を伴った第五師団が上陸し、タイ側の抵抗を排除、制圧した。その後捜索第五聯隊（佐伯静夫中佐）を基幹とする佐伯挺進隊を先頭に、タイ・マレー国境へと進撃を開始。またフランス領インドシナにあった近衛師団もタイに侵攻し、鉄道によってタイ・マレー国境へと進み攻撃を開始する。

六隻の正規空母を中心とする艦隊をはるかオアフ島北方にまで送り込み、二波にわたり計三百機以上もの航空機によっておこなわれたアメリカ太平洋艦隊覆滅という戦果のような派手さはなく、またハワイ攻撃によって軍民合わせて三千人を超える死傷者を出したことに対するアメリカ側の憤りのような反応もなかったものの、戦争の目的に照らして、このシンガポール攻略を目標としたマレー作戦は日本にとってきわめて重要な作戦だった。この戦争での国家目標は東南アジアの資源地帯獲得――ありていに言えばオランダ領東インドを中心とする石油などの戦略資源の産出地帯を軍事力によって手に入れる――という点にあり、日本本土と南方資源地帯を結ぶ回廊を形成するためにも、イギリス東洋艦隊の根拠地でもあるシンガポールの攻略が必要と考えられたのである。

しかし、シンガポールの正面防備はきわめて厚い。そこでマレー半島を南下し、背後からシンガポールを衝くという作戦がとられた。作戦の重要性からも、攻略にあたった第二十五軍（山下奉文中将）には比較的優良な装備を持つ部隊が充当された。一例を挙げれば、自動車装備の第五師団、四個の戦車聯隊、そしてさらには、三個の独立工兵聯隊がマレー作戦へと送り込まれたのである。

要地占領の時系列的流れは次のとおりである。

十二月十三日　第五師団、イギリス領マレー北西部のアロースター占領
　十六日　第五師団、スンゲイパタニ占領
一月　三日　佗美支隊、マレー半島東岸のクアンタン占領
　九日　近衛師団、セランゴール占領
　十一日　第五師団、クアラルンプール占領
　三十一日　第二十五軍、ジョホールバルに到着

そして二月八日には、ジョホール海峡の渡過とシンガポール攻略が開始され、十五日に陥落させたのである。

10　マレー作戦の進展と鉄道部隊

マレー半島には、南北に縦貫する道路と鉄道があった。加えて多くの川が南北に走るいくつもの山脈から海に注いでおり、そのため橋梁の数も多かった。作戦遂行にあたっては道路や鉄道の占領、ならびに維持も必要だが、日本軍の進撃に対して、イギリス軍がそれらの橋梁を破壊したうえで退却することが十分に予想された。そのため、橋梁修理のために有力な工兵部隊が第二十五軍の序列に加えられた。しかしそればかりでなく、南方軍は開戦と同時に隷下の第二鉄道監部（服部暁太郎中将。指揮する部隊は鉄道第五・第九聯隊ならびに第四・第五特設鉄道隊）を、タイ南部を経る形でイギリス領マレーへと攻め込ませた。鉄道聯隊は工兵のなかでも橋梁の修理・建設に長けており、また特設鉄道隊は鉄道省の技術者などからなる部隊で、やはり橋梁や線路の修理を期待されたのである。

マレーを縦貫する鉄道としては、タイ国境に隣接するパダンブサールからおおむね西海岸に沿って南下する西部線と、やはりタイ国境近く、南シナ海に臨むトゥンパ（ここからわずか十数キロの位置に、佗美支隊の上陸地点コタバルがある）からゲマスに至る東部線の二本があった。ところで、ここでいう「西部線」「東部線」は日本側の呼称である。現在、「西部線」はブキット・メルタジャムを境に北をクダ線、南をウェスト・コースト線と分けているが、ここでは一括して「西部線」として扱うことにする。ついでに言えば、西部線については「西部幹線」あるいは単に「幹線」、東部線については「東海岸線」と表記する資料もある。

ところで、東部線の別名である「東海岸線」は、いささか紛らわしい。というのも、イギリス領時代にジョホールバルから海岸沿いにバハン州、トレンガヌ州と北上してケランタン州へと至る計画線があり、それも「東海岸線」と呼ばれていたのである。マレー半島の鉄道史や、地名になじみの薄い日本人が当時の資料を読むときに、これは両者を混同しそうな罠になりかねないだろうから、この点には注意を要する。ちなみに本書では基本的に「西部線」「東部線」という表記を使うことにしているが、必要があって「東海岸線」という表記を使う場合、筆者としてはイギリス領時代の計画線には立ち入るつもりはないので、既設の線路である東部線を意味するものとご承知いただきたい。

さて、ともに国境を越えてタイ国鉄とつながってはいるものの、両線の性格は大きく異なる。

西部線は、マレー縦貫の幹線鉄道である。比較的開けた地域を通る。北から順にアロースター、ブキット・メルタジャム（後に潜水艦の基地が置かれたペナンを臨む位置にある）、イポー、クアラルンプールといった枢要の地を結び、ゲマス、ジョホールバル、そしてシンガポールへと至る。しかもこの線は、幹線道路と並行しており、互いに相補う形で利用することが可能であっただろう。

東部線は、プランテーションからの収穫物を運ぶためにルートが決定されたといわれる線で、長大ながらも支線と見なされていた。しかも東海岸線という別名とは裏腹に線路はケランタン州を内陸に向けて南下し、したがってトレンガヌ州は通らず、バハン州の州都クアンタンにも寄らず、内陸部の比較的人口密度の低い地域を通って、半島南部のゲマスで西部線に接続する。なお、開戦直前に参謀本部がまとめた『英領馬来情報記録』では「沿線地形ハ大部分高原又ハ山間ヲ通ジ深キ密林地帯多ク所々開潤地ヲ存シ主トシテ「ゴム」林ナリ沿線ハ諸兵ノ行動困難ナリ」と評価されていた。

道路についても触れておこう。

開戦時、マレー半島で最も整備された道路は、西海岸沿いにあった。

そもそもマレー半島は、全体に道路がよく整備された地域であった。幅員は六メートルから八メートル、都市の付近では十メートルに及ぶ場合もあった。マカダム道やバラスだけでなく、コンクリートやアスファルトによって舗装された区間もあり、屈曲や勾配も緩く、大部隊や重量物の移動に耐えると日本側は評価していたのである。また排水もよく、雨季に不通となる区間もない。ただ東海岸沿いの道路は、橋がきわめて少ない。したがって川を渡る際には渡河準備が必要だった。その点西海岸の道路は開けた地域を通るだけに橋梁も架けられ、自動車用としても申し分なく構築されていた。

枢要の地が多く、またそれらを結ぶ鉄道と道路が整備されていた西海岸沿いのルートを、日本軍が主要進撃路として選んだのは当然だった。一方、イギリス連邦軍の側も、退却に際して多くの橋梁を破壊し去ったのである。

11　クリアン河橋梁修理

タイ南部を通過してイギリス領マレーへと侵攻した鉄道諸部隊は、十二月下旬には破壊の程度が大きい二つの橋に取り付いた。クリアン河の橋梁と、ペラク河の橋梁である。

鉄道聯隊についていえば、ペラク河を境に北が鉄道第九聯隊、南が鉄道第五聯隊の担当区間だったという。したがって鉄五は、鉄九の担当区間を超越して進撃しなければならない。ところが、両聯隊の担当区間を分けるペラク河にたどり着く前に、多くの橋がイギリス連邦軍によって破壊されてしまっていたのである。落とされた橋の正確な数を示す資料は未見だが、鉄道橋に限ってみたとして、西部線で百十、東部線で四十という数字を挙げている資料がある。

さて、タイとイギリス領マレーを分ける国境を越えた最初の駅パダンブサールから線路に沿って南に約百八十キロの位置に、ゴム林に囲まれたニボン・トゥバル（当時の日本人はニボンテバルと呼んだ）という集落と、その名を冠した駅がある。そのニボン・トゥバル駅から百五十メートル南に進むと、クリアン河に架かる鉄道橋と道路橋がある。

クリアン河橋梁については、いつ、どの部隊が最初に占領したのか判然としない。ただ第二十五軍が残した記録によって、十二月二十一日には第五師団が折畳舟艇によってクリアン河の渡河を開始していることがわかっている。折畳舟艇とは工兵器材の一つで、岸の上で組み立て、船外モーターによって推進力が得られるようになっているものである。つまりこの時点で、工兵部隊もこの地点まで前進していたことがうかがえる。さらに言えば、折畳舟艇による渡河がおこなわれたということは、この時点で既に橋が破壊されていたわけである。

クリアン河の鉄道橋は、ニボン・トゥバル駅側から見て、径間百五十フィートのダブルワーレントラスが三連と、径間七十五フィートのポニートラス二連からなっていた。橋脚はコンクリートを充塡した鋳鋼管を二本立てたもので、その上に橋桁を載せる形になっていた。そのうち、第二号橋脚の下流側が折れて川底に落ち、そのため二連目と三連目のダブルワーレントラスが、片側だけを端脚にかけた状態で落ちていたのである。しかも二連目は、水底で折れているという状態だった。

最初にクリアン河鉄道橋の復旧にあたったのは、鉄道第九聯隊である。ただし復旧といっても完全なものではない。破壊の程度も大きいため、まずはじめにおこなわれたのは河を向こう岸まで渡れるようにするための応急的な措置だった。しかも、聯隊すべてがクリアン河橋梁の修理に関わるわけにはいかない。何しろペラク河の線まで進出しなければならないのである。

結局、鉄九はクリアン河右岸に器材を下ろし、ペラク河まで前進することにした。なかには自動車を徴発して進んだ隊もあったという。また、ひとまず下ろした器材は後に多数の捕虜を使って前送させたという。橋が落とされるであろうことを予想しながら、器材の携行や前送に配慮が行き届いていないあたり手抜かりの感が拭えないこと、またそれを捕虜の使役で解決するところに、後に戦犯追及の問題となる体質が出始めているようにも思われる。

落とされた橋の応急修理は、落ちた橋桁などをそのままに、その上に材料を渡すという方法がある。しかし、このときのクリアン河の落ちた橋桁は不安定で、その上に材料を渡すわけにはいかなかった。そのため、付近を併走する、同じく破壊されていた道路橋を応急的に手当てして、軽列車を走らせるようにした。この応急修理が完了したのはおそらく一月六日である。ところがこの軽列車は、装甲牽引車や鉄道牽引車といった、自動車もしくは小型の装甲車を線路上で走れるようにしたような代物で、非常に小ぶりな貨車を引っ張るという、機動力はあるのだが、載せるのは兵員と小火器が精いっぱいというところのものだった。攻城用の重砲や砲弾を前線まで輸送するには不向きだったのである。

　そこで、応急修理の進行と同時に、蒸気機関車牽引の列車（こうした本格的な列車を、重列車という）を通すことができる程度までの仮復旧作業をおこなうよう、タイから国境を越えてきたばかりの第四特設鉄道隊（鎌田詮一少将）に属する第四特設鉄道橋梁隊（成沢清大佐）に命令が下された。一九四二年（昭和十七年）一月一日のことである。作業隊は一月四日にはニボン・トゥバルに到着し、工期を二十五日としてまずは仮木橋を建設、シンガポール攻略までの作戦輸送をひとまずこの橋に担わせることとした。なお工事に必要な資材の調達について、桁や柱に使う材料はバンコクの材料廠からの追送として、金具は現地調達、また水中杭打ちに必要な舟艇は工事現場付近で集めたという。ちなみに表16に開戦時に大本営が南方軍向けに用意したはずの資材を掲げておくが、これらはついに生かされなかったことをあわせて記しておく。作業人員は、多いときには約千人。こうして一月三十日には試運転に漕ぎ着けた。

表16　開戦時の大本営による鉄道復旧資材の準備

	約120km 分
重構桁鉄道橋	28組

※ただし上記材料は緒戦では使用されず
（出典：復員局『鉄道作戦記録』〔復員局、1951年、防衛省防衛研究所所蔵〕から作成）

　しかしできあがったのは、大がかりなものではあっても所詮は仮の木橋である。しばらくはこれでしのぐとしても、落とされた橋そのものの復旧工事もしなければならない。

　本格的な復旧作業を開始したのは一九四二年（昭和十七年）五月。フィリピンではようやくコレヒドール要塞が陥落するものの、ニューギニア東方の珊瑚海では日本海軍が苦杯をなめ、ポートモレスビー攻略が頓挫した時期にあたる。

　本格復旧に際し、破壊された第二号橋脚はそれまで鋳鋼管だった残存部の周囲に杭打ちをしたうえで、鉄筋コンクリートの橋脚を組むこととし、また落ちている橋桁のうち、三連目は吊り上げて元通りに架設、折れている二連目は同じく吊り上げたうえ、欠損部は別に用意した桁で補修する、という形をとった。この補修に使うための材料は、スンゲイパタニ付近のムダ河橋梁から転用し、一方ムダ河橋梁はその分を築堤に変更して補うこととした。こうした既存インフラの、よく言えば「転用」、ありていに言えば「収奪」は、本土からの資材追送にほとんど頼ることができない日本軍ならではといえるだろう。この鉄道がイギリスの資本投下によって建設されたことを考えれば、ムダ河橋梁の転用は、イギリス資本の収奪ともいえるのである。

もちろん、このときは橋桁を取り去ったかわりに築堤を作ったから、代替策を用意しただけまだ良心的だということもできる。しかし、この線の性格が、タイのバンコクにつながる重要な連絡路かつ補給路であることを考えれば、橋梁に代えて築堤を設けたのも、結局は日本軍の都合によるものと解すべきである。一方で不急不要と判断され、レールまで引き剝がされて資材を根こそぎ転用されてしまった例も珍しくないことを思えば、一橋梁の転用に替わる措置としての築堤建設で収奪の事実をなしとすることは、とてもできない。

さて復旧に際しては水底に沈んだ橋桁などを吊り上げるため、河に足場が組まれ、また浮き足場とするためのポンツーンが現地で制作された。足場や二台のポンツーンに、これもまた現地であつらえた木製トラスを渡し、ワイヤーで沈下した橋脚や橋桁を吊り上げ、必要なものは利用し、使えないものは破棄するのである。

作業は困難を極め、破損した橋脚の取り除きが完了したのは九月。続いて三連目の橋桁の吊り上げと、二連目橋桁の破損部の取り除きをおこない、橋脚補修を含めた作業が終了したのは十一月。さらに破損部を除いた二連目橋桁の吊り上げを実施し、補修を施して全作業を終えたのは一九四三年（昭和十八年）二月のことだった。

12　橋梁の修理速度について

マレー作戦について「進撃速度は橋の修理速度である」と、あたかも橋梁の修理が進撃速度を左右していたかのように、戦時中からしばしばいわれてきた。図25に示されているとおり、全区間の復旧日数は七十五日である。

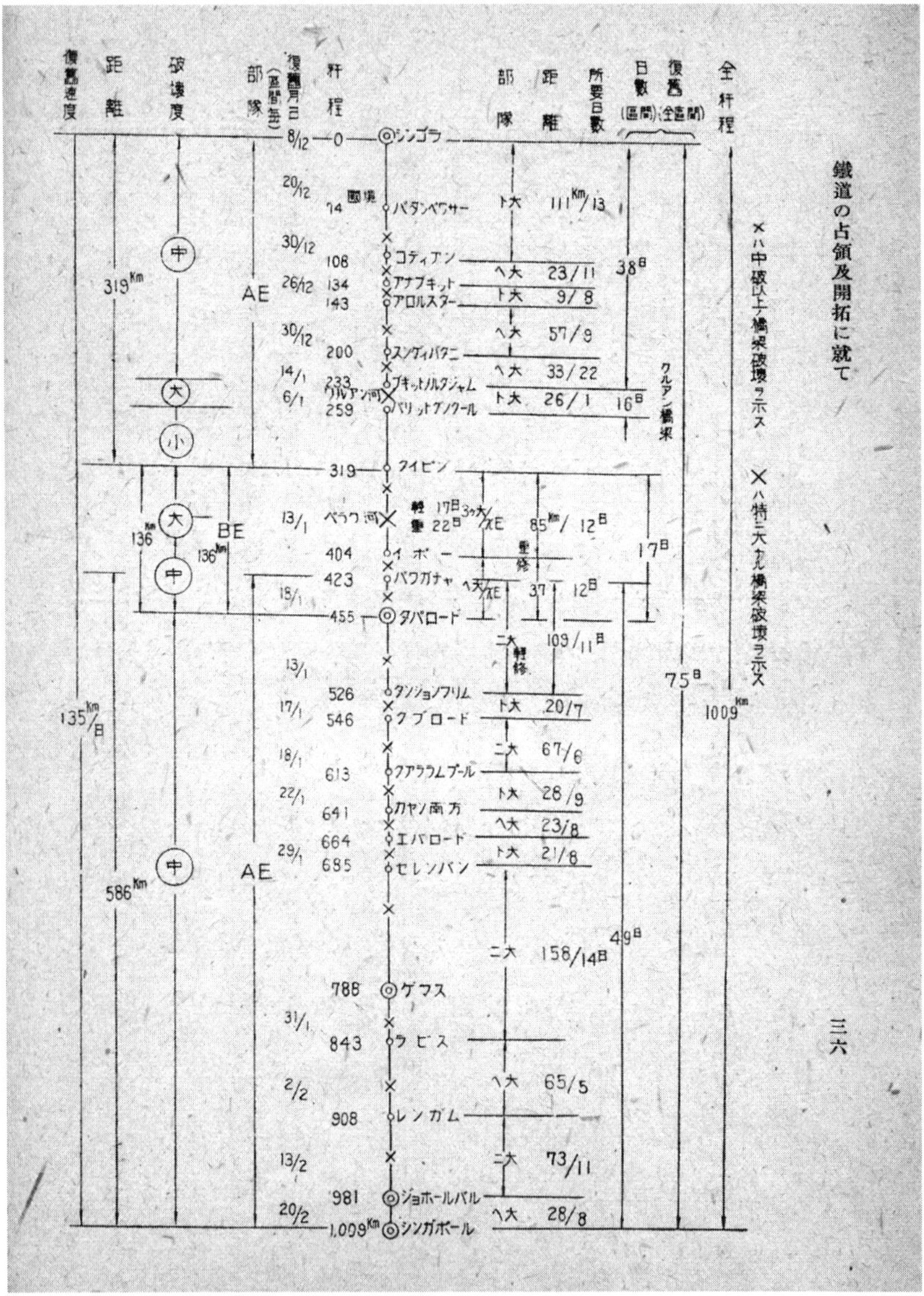

図25　マレー作戦時での西部線の占領と破壊の状況。日本軍が占領したとき、イギリス軍の手によって橋は大小問わず徹底して落とされていた

（出典：前掲「軍事鉄道」創刊号、36ページ）

イギリス領マレーへの侵攻開始からシンガポール陥落までが七十日だから、千キロあまりの距離で百を超える橋が落とされていたことを考えると工事はよく追いついたもので、また、一日あたり十三・五キロから十四キロだから、決して進撃速度に対して遜色のない数字なのだが、区間ごとに復旧日を見ていくと、進撃速度に対する修理速度の問題はいささか微妙なものとなる。

このことについて、少し詳しく見ておきたい。

一月十一日、第五師団はイギリス連邦軍撤退後のクアラルンプールを無血占領した。クアラルンプールはイギリス領マレー（マレー連合州）の首都であり、クアラルンプール駅は、シンガポールを起点として三百九十六キロの地点にある。第二十五軍のマレー作戦は、この地の占領で先行きの見通しをつけることができたという。ちなみに西部線の営業キロは、タイのシンゴラから計算すれば千九キロ、国境の駅パダンブサールからでも九百三十キロはある。いずれにしてもシンガポールまでの行程のうち、クアラルンプールの占領でほぼ六割まで進撃したことになる。

さて、このときまでに鉄道の復旧、それも重列車を通すことはできないという程度の応急修理はどこまで進んでいたのか。

図25の復旧月日を見ていくと、タイのシンゴラから国境を越えて、スンゲイパタニまでは十二月三十日に復旧していたことがわかる。しかしスンゲイパタニは、シンガポールから八百九キロの地点である。つまりクアラルンプールからスンゲイパタニまでの、戦線の後方四百十三キロが未復旧の状態で、かろうじて先述したクリアン河橋梁を含むブキッ・ムルタジャム（図中のブキットメルタジャム）―パリッ・ブンタール（図中のパリットブンタール）間が一月六日に復旧していたにすぎない。そして、応急修理ながらもクアラルンプールまで復旧したのが一月十八日だから、占領の一週間後である。

こうした問題について、今度はシンガポール攻略開始の前後に焦点を絞って見てみよう。

第二十五軍の第一線部隊がジョホールバルに到着したのが一月三十日、そして軍司令官山下奉文中将が隷下の

表17　橋梁修理の内容と担当

	想定強度（活荷重）	運転列車と方法	担当部隊
軽修理	KS-3程度	軽列車	鉄道聯隊
重貨車修理	KS-6程度	貨車受け渡し	鉄聯または特設鉄道隊
重修理	KS-9程度	重列車徐行運転	特設鉄道隊
本修理	本来の設計強度	重列車運転	特設鉄道隊

近衛師団、第五師団、第十八師団に対してシンガポール攻略作戦の攻撃準備命令を出したのが翌三十一日である。

一方、西部線の復旧は、国境側から見てスレンバン（図中のセレンバン）までが一月二十三日、そして第二十五軍が攻撃準備命令を下達した一月三十一日でもラビスまでしか復旧していない。つまり、攻撃準備の開始時点で第一線部隊のいる位置から差し引き百三十八キロが未復旧の状態なのである。

そして攻撃命令の下達が二月六日。ただし補給の遅れと将兵の疲労回復のために攻撃は一日延期され、二月八日夜にジョホール海峡の渡過が開始された。

西部線がジョホールバルまで復旧したのは海峡の渡過開始から五日後の二月十三日であり、海峡を越えてシンガポールまで復旧したのは陥落後のことである。

ちなみに、シンガポール攻略開始に際して、第二十五軍が各砲に割り当てた弾薬は十基数千発という。これは一基数あたり百発という計算になるから、おそらく野砲や山砲だろう。そして補給に難があることをイギリス軍に悟られないようにするため、砲撃は間断なくおこなわれた。そのため十四日になると第一線部隊の各砲の弾薬は一、二基数にまで減ってしまう。だがその翌日にイギリス連邦軍が降伏したため、弾薬不足はかろうじて露呈しなかったことになる。

断りを入れておくと、この砲弾不足は、橋梁修理の遅れと直接の関係があるとはいいきれない。そもそも、日本軍がマレー作戦開始の際に用意した軍需品は潤沢とはいえず、補給も不十分だった。しかしそれでも、鉄道が復旧した区間では軍需品の輸送に追われていたのは事実であり、その余裕のなさは、一月二十二日にシンゴラに上陸した第十八師団（牟田口廉也中将）を前線に鉄道輸送することもできずにいたことに表れている。そのために、第二十五軍司令官の山下奉文中将が近衛師団と第五師団に命じて、両師団合わせて四百両のトラックを第十八師団に提供させてしまったのだった。

では、なぜこうしたことになったのか。これには、日本軍による鉄道部隊の運用と関係がある。

鉄道聯隊は、聯隊本部と三個大隊および材料廠からなる。戦術単位は大隊である。日中戦争の頃から、一個聯隊のうち、まず一個大隊を第一線部隊とともに前進させて鉄道の占領にあたらせるという方法をとってきた。そして後方の修理や運転などは、別の大隊が担当するのである。また状況によっては、一個小隊もしくはそれ以上の兵力を迂回前進させ、敵の車両やその他器材の破壊や後送を防ぐという方法もとられた。

したがって、占領速度そのものは、第一線部隊の前進速度とほぼ同じということになる。

マレー作戦ではさらに、一個聯隊あたりにつき、二個大隊を占領にあたらせた。まず一個大隊が占領の任を負うが、修理能力の限界に達したり、また橋梁破壊に遭遇したときは、すかさずほかの一個大隊が超越交代し前進を続けるというやり方である。そして橋梁修理は現地で入手できる資材を用い、破壊の程度が大きい場合は軽運転をなしうる程度の復旧にとどめ、修理速度の維持には、その修理が大がかりな場合には主として鉄道省からの派遣人員によって編成された特設鉄道隊に委ね、ひたすら前進する（表17）。軽運転しかできないということは、橋を渡る貨車も重くなると危険なため、積載量を大幅に減らさなければならなかった。

この方法で、日中戦争からマレー作戦、そしてビルマ作戦で、鉄道聯隊の前進速度を軍の作戦速度に追随させることができた。つまりアジア・太平洋戦争の頃の日本軍にとって鉄道聯隊は、後方で修理や兵站業務にあたる部隊ではなく、第一に歩兵とともに最前線にあって鉄道の占領確保をおこなうべきものだったのである。この点について、たとえばドイツ軍の鉄道部隊もまた第一線で積極的な行動をとってはいたが、日本軍の鉄道聯隊とはかなりその様相を異にしていた。彼らは準備された資材と自動車編成による機動力も駆使して、破壊された橋梁に対しては応急修理といえども迅速に、かつ頻繁な列車運転に耐えるだけの強度を保ちうる修理を施していたのである。

鉄道線路の占領そのものは進撃速度に追随できるが、橋梁修理はこれまでいわれていたような、進撃速度と同一とはならない。まして本格復旧ともなれば、なおさらのことである。先に述べたように、クリアン河橋梁の本格復旧は一九四三年（昭和十八年）二月だった。占領から一年と二カ月を要している。

13　ビルマ作戦と鉄道占領

マレー作戦のさなか、日本軍はビルマにも侵攻を開始した。主として作戦を担当したのは、タイにあった第十五軍（飯田祥二郎中将）である。鉄道隊としては、鉄道第五聯隊と第五特設鉄道隊がビルマへと移動した。

一九四二年（昭和十七年）一月二十一日、マレー西部線で、破壊されたペラク河橋梁に替わる迂回橋を建設中の鉄道第五聯隊第二大隊主力に対して、第十五軍の指揮下に入る旨の命令が下された。

鉄五の第二大隊は、まずタイのカンチャナブリーに移動・集結し、第十五軍隷下のほかの部隊とともに第三中隊長朝倉重弘大尉の指揮で二月一日に同地を出発する。徒歩でタイ・ビルマ国境の山岳地帯を踏破して、二月十六日にはイエ線の終端イエ駅を占領、途中自動車行軍に切り替え、十七日にはモールメン駅に到着した。サルウィン河を挟んで、対岸にはマルタバン駅がある。現在でこそ鉄橋によって結ばれている両岸だが、当時は渡船連絡であった。

マルタバン駅から、今度はマルタバン線沿いにラングーンを目指すが、日本軍はシッタン河橋梁を無傷で確保することに失敗し、撤退するイギリス連邦軍によって爆破されてしまう。マレー作戦でもそうだったが、わが鉄道聯隊は、どうも橋梁の確保はうまくいかない傾向が見て取れる。とりわけシッタン河橋梁の喪失は、その後もビルマでの兵站に影響し続けることになった。

鉄道第五聯隊第二大隊がラングーンに突入したのは三月九日。なお鉄道第五聯隊の残る二個大隊と材料廠は、シンガポールから海路ビルマへと向かい、三月二十五日に入港、上陸開始は翌二十六日である。

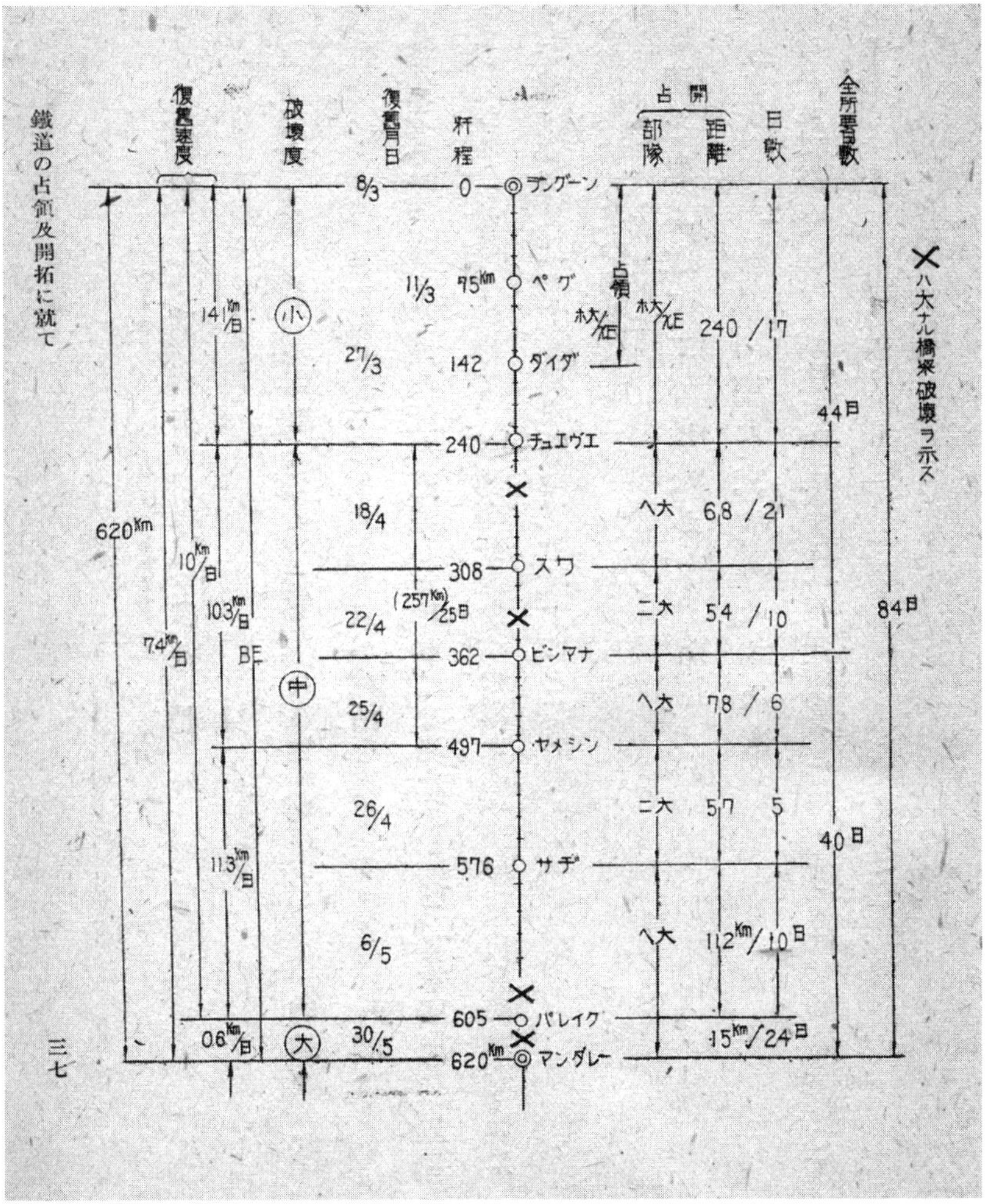

図26　マンダレー線の占領と破壊の状況。一見すると橋梁破壊の個所が少ないように見えるが、大河に架かる橋の破壊は日本軍にとって大きな痛手だった。なお図は南が上となっていることに注意。これは作戦の発起点がラングーンだからである
（出典：前掲「軍事鉄道」創刊号、37ページ）

さて、マンダレー本線のうちダイダまでは先発の第二大隊が占領・開線し輸送業務にあたっていたが、到着した第三大隊がトングーまで進出し、四月四日からマンダレーを目指して北上を開始する。これについて図26を参照すると、まさにマレー作戦の項で述べた超越交代の典型のような前進ぶりだが（図26には部隊名としてへ大、ニ大とあるが、それぞれ第三大隊、第一大隊のことである）、それでも、スワ駅からラングーン寄りにあるスワ橋梁を確保したときは橋桁一連落下の状態、またマンダレーより先、ミートキーナ線ミンゲ河のアバ橋梁も日本軍が到

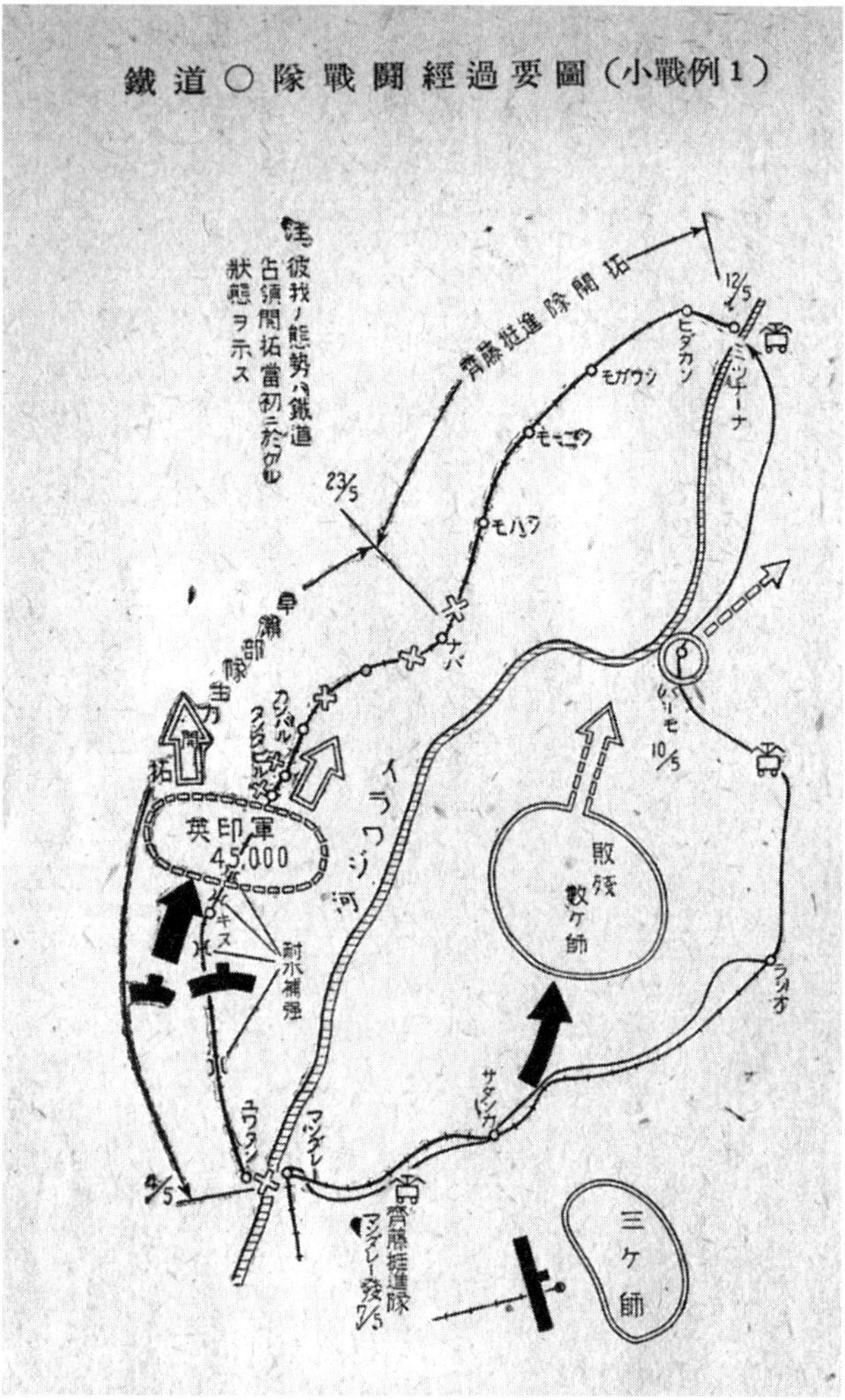

図27　鉄道第5聯隊第2大隊によるビルマ・ミートキーナ線占領の様子を示した行動要図。このように機動力を駆使して占領開拓をおこなったのが、アジア太平洋戦争での日本陸軍鉄道聯隊の特徴である
（出典：前掲「軍事鉄道」創刊号、65ページ）

着したときには既に破壊されていた。復旧月日をラングーン側から追っていくと、サヂまではどうにか第一線部隊の進撃についてきているものの、橋梁の破壊もありマンダレーまで全区間が復旧（それも応急的に）するのは五月三十日になってからのことである。

　マンダレーを攻略した日本軍は、続いてビルマ北部へも侵攻を開始する。第十五軍麾下の各師団は既に追撃戦に入っており、既にラシオを占領していた第五十六師団の一部はミートキーナに向かっていた。それに呼応するよう、ビルマに来ていた第二鉄道監下《しも》田《だ》宣力《のぶお》少将は鉄道第五聯隊に対しミートキーナ線の占領を命令する。五月四日にマンダレーを出発した鉄道第五聯隊は二手に分かれ、聯隊長以下主力は第五十五師団と前後するようにミートキーナ線を北上、また一部は自動車編成の挺進隊となってラシオ方面から迂回してミートキーナを目指し、八日午後にはミートキーナ駅に突入して占領、北上を続ける聯隊主力に向けて、鹵獲した機関車などをも活用して南下を開始した。そして五月十一日には双方の先頭がモーハン（図27ではモハン）付近で再会し、二十七日にはナバを境界として南北ともにそれぞれ復旧を含めて占領開拓を成し遂げた。

　この戦闘では、マレー作戦やマルタバン線、マンダレー線に見られたような超越交代による前進はおこなわれず、また大兵力を擁しながら敗走状態に陥っていた連合軍による橋梁の破壊も見られなかった。それまでは作戦中に機関車を無傷で確保することも難しかったが、ここでは脱線などによる妨害はあっても、計画的な破壊や部品の取り外しはおこなわれず、したがって日本軍は火を落としたばかりの機関車を活用することさえ可能だった。おそらく連合軍は、事前の破壊準備もできない状態だったのだろう。逆に、そうした潰走状態に敵が陥らないかぎり、橋梁などを無傷で確保することは困難だったともいえる。

14　占領下の鉄道

続いて、占領下の鉄道について触れることにしたい。この分野は研究も少なく、したがって全体像を摑むことが困難なのかもしれない。インターネットでの検索を試みても、軍事趣味と鉄道趣味が重なっている層がそれなりにいるにもかかわらず、軍政下の鉄道運営について述べたサイトを見つけることは難しい。鉄道趣味誌でも、その取り上げ方は散発的である。かく言う筆者も、実はよくわかっていないところが多い。

マレー・スマトラ

第四特設鉄道隊から中堅隊員を抽出して馬来鉄道管理要員とし、また日本本土から派遣された要員を充当して、一九四二年（昭和十七年）九月、軍政監部の外局として鉄道総局を設置し、マレー半島とスマトラの鉄道運営をおこなった。マレー半島の鉄道は鉄道総局の直接管理とし、スマトラ島については北部、中部、南部の各鉄道局を置き、鉄道事業にあたらせた。

マレー半島では、復旧の本格化に伴って旅客輸送や貨物輸送は順調に回復した様子だったが、一九四三年（昭和十八年）になると様相が変わってきた。泰緬連接鉄道建設の影響を受けることになったからである。

この年の初夏頃に実施されたクアラリピス・グアムサン間約九十キロの撤収を皮切りに東部線はレールを引き剝がされ、また西部線でも、クアン支線をはじめとするいくつかの支線のレールや施設が撤収されて、泰緬連接鉄道の建設に転用されたのである。

転用は、レールばかりではなかった。機関車や客貨車の供出も南方軍から命じられ、そのために一部列車の運休を余儀なくされ、また現地人を含めた一部の職員が建設要員として送り出された。

スマトラは、鉄道の復旧も思うようにはいかなかった様子である。かつての北スマトラ国鉄で使用されていた機関車は、オランダ軍に破壊されたものはほとんどそのまま放置され、使用中の機関車も故障に次ぐ故障という状態で稼働機関車に余裕がなく、南スマトラ国鉄も含めて、遅れは日常茶飯事だったと伝えられている。

しかし機関区や工場には優秀な設備が残されており、日本の国鉄がせいぜいガス溶接という時代に、ドイツ製のフラッシュバット溶接機まで備え付けられていた。関係者の回想では、日本では溶接管の使用は危険なため引き抜き管を使っていた煙管のような部品にも、スマトラでは溶接管が使われていたという。

ビルマ

ビルマでは、運輸機構が整備されることなく、鉄道部隊が鉄道の運行を担い続けた。ここで特記すべきは、泰緬連接鉄道の建設と、最前線であるがゆえの間断なき破壊との戦いだろう。

泰緬連接鉄道の建設目的は、ビルマ方面への補給ルートの確保にあった。タイ方面との交通としては、第一にマレー半島南端を回る海上交通が挙げられるが、これはソロモン方面に輸送船が取られてしまったことと、連合軍の潜水艦の跳梁が海上輸送を許さなくなり、タイから、緒戦時に第十五軍が突破した山岳地帯を抜ける陸上交通に依存する状態になってしまっていた。しかし、タイ・ビルマ国境の山岳地帯を踏破する補給は日量十トンから十五トンという細々としたもので、これを憂慮した南方軍が鉄道建設を具申するに至ったのである。

建設の困難さや、捕虜や労務者に対する虐待については、様々な研究や著作もあるのでここでは触れない。しかし、ビルマのような補給困難な地域にまで兵を進め、その補給路建設のためさらに多くの犠牲を強いたことについては、繰り返し述べておく必要があるだろう。補給の難しさについていえば、一九四二年（昭和十七年）のビルマ侵攻の時点で既に露呈していた問題だった。たとえば第五十六師団は、二週間も補給を受けることができないまま、現地で手に入る物資に依存して戦っていた。

一九四二年六月に開始された工事は、翌四三年十月に完成を見た。連合軍捕虜だけでも一万人以上、アジア各地から集められた労務者も含めると、数万から十万ともいわれる死者を出したことはあらためて指摘しておきたい。

　連合軍の反撃、とりわけ爆撃は、一九四三年（昭和十八年）から激しさを増した。鉄道も攻撃目標となり、またウィンゲート空挺団の侵入には鉄道隊も翻弄され、インパール作戦の後は橋梁を目標とした爆撃も激しくなっていった。先に述べたシッタン河橋梁は、破壊された本橋の上流およそ二キロの地点に延長二キロにも及ぶ仮木橋を四三年四月二十三日に架けたものの、使われた期間はきわめて短く、五月に入ると雨季のため、多数の漂流物を堰き止める結果となり、のち流失してしまう。その後、破壊された本橋のほうを復旧することになり、九月頃から設計や資材の収集・製造が開始されるが、資材は現地にあるものを工夫して使うことを強いられるありさまで、たとえば組み立てに使ったドリフトピンは、古レールを切断して削り出すという面倒な作業を強いられた。ようやく四四年二月には架設を完了させたが、一カ月とたたないうちに、今度は爆撃で破壊されてしまった。

　シッタン河橋梁に限らず、反復的におこなわれた爆撃による破壊に修理は追いつかず、日本軍が退却を重ねる頃になると鉄道の維持さえおぼつかなくなっていった。そして末期には、鉄道橋も人道としての維持が精いっぱいになってくるのである。

ジャワ

　ジャワの鉄道は、当時の東南アジアで最も発達した鉄道網と車両を有していた。技術的にも高い水準にあり、接客設備の面でも、一等車は冷房装置を有し、また急行運転もおこなわれていたのである。工場設備も優秀な工作機械が設置され、日本の国鉄がガス溶接をしていた時代に、私鉄も含めて少数ながらフラッシュバット溶接機が備え付けられていた。

　しかし、その一方で全島に発達した道路網があり、モータリゼーションによって鉄道経営が圧迫されていた時期でもあった。

表18　南方占領地での鉄道運輸成績（1942年10月分）

	マレー		ビルマ		ジャワ		スマトラ	
	車数	トン（人）数	車数	トン（人）数	車数	トン（人）数	車数	トン（人）数
旅客輸送（人）	—	356,063	—	189,221	—	8,576,366	—	1,318,401
民需品貨物	3,682	37,442	1,774	23,230	—	306,485	—	79,626
一般軍需品	11,542	114,004	9,103	72,312	9,352	77,946	—	17,164
日本向け資源	487	4,762	1,700	14,120	608	6,121	—	39,561

（出典：南方軍総司令部『南方鉄道状況月報10月分』〔防研所蔵「南方鉄道状況書綴」〕から作成）

ちなみに、ジャワに上陸した鉄道聯隊は鉄道第六聯隊だが、三月一日の上陸はわずか二個小隊だけだった。当初フィリピンに送られた同聯隊はジャワ方面への抽出が困難となり、しかもジャワ攻略にあてられた船腹の関係でこのような少数兵力となり、後続を待つことになってしまったのである。

ジャワでもオランダ軍による破壊は広範囲にわたり、それも橋梁だけでなく、駅、工場にも被害が及んでいた。また機関車はシリンダーが爆破され、日本から派遣された技術者は復旧に多大の労を費やしている。

さて、オランダ領東インド降伏後のジャワの鉄道は、さしあたり旧国鉄の下で業務を再開した。軍政実施と鉄道省からの派遣要員の到着により、一九四二年（昭和十七年）六月一日にジャワ陸輸送局が開設され、ジャワ島内の全交通事業を管轄することになった。また、オランダ人職員も二百五十人ほどが業務にあたったが、日本人職員が彼らに対する賛辞を惜しまないあたり、最後まで鉄道員としての職責を果たしたと解してもいいだろう。ただ、鉄道を日本人に奪われた彼らの心境はどうであったろうかとも筆者は思うのである。

陸輸送局創設から四カ月後の十月二日、キャンプへの収容が決まったためオランダ人職員はすべて離職を余儀なくされた。

ジャワ陸輸送局は一九四四年（昭和十九年）十月二十日、第四鉄道輸送司令部と統合されジャワ鉄道隊司令部鉄道総局となり、作戦遂行のための軍事輸送機関へと姿を変えた。

最後に、各占領地域ごとの運輸成績を掲げておきたい（表18）。一見してわかるのは民間需要の多さ、それも飛び抜けてジャワのそれが多い点だが、ビルマの日本向け資源輸送がそれなりの実績をもっていたことにも驚かされる。このビルマでの日本向け資源の運輸量については、その内訳を別に掲げておこう（表19）。わずか一カ月の間に、鉄道輸送されたものだけを抽出して見ても、日本はこれだけの資源をビルマから収奪したのである。

さて、このような盛業も一時のことで、この先ビルマ方面は連合軍の反攻で思うに任せなくなり、

表19　ビルマの日本向け資源運輸量の内訳

	車数	トン数
鉛	227	2,270
ニッケル	63	630
鉄屑	57	570
牛皮・毛皮	38	487
銅	35	350
銅線	14	140
鉱石	12	120
綿花	11	83
珪素鉄	9	90
硫黄	8	80
鉄材	7	70
鉄線	5	50
タングステン	1	10
合計	487	4,950

（出典：前掲『南方鉄道状況月報10月分』から作成）

なおトン数の合計が原資料と異なるが、ここでは細目の合計値をとった。

またマレーも泰緬連接鉄道への資材供出で縮小を余儀なくされていくのである。

また、各域内の交通機関としての役割を鉄道がそれなりに担った一方で、東南アジア相互間の海上交通は壊滅状態だった。一九四一年（昭和十六年）十一月二十日の大本営政府連絡会議で決定された「南方占領地行政実施要領」の件もあり、開戦前にあった、東南アジアの各域が必需物資を依存し合っていた——とりわけ米をタイやビルマに頼っていた構造が崩されてしまっていた。同要領では作戦軍の現地自活を定める一方で、獲得した物資の内地還送について「陸海軍ニ於テ極力之ヲ援助シ且陸海軍ハ其ノ徴傭船ヲ全幅活用スル」とし、また現地住民の生活については「国防資源獲得ト現地自活ノ為民生ニ及ホササルヲ得サル重圧ハ之ヲ忍ハシメ」と、彼らを圧迫することが前提として織り込まれていた。輸出入が事実上途絶した状態で作戦軍が現地自活をおこなえば、当然しわ寄せは現地住民の必需物資にやってくる。だから、占領地では日本にとって必要のない輸出産業が停滞してしまう一方、それまで輸入に依存していた物資は、途絶に加えて日本軍による収奪もあって極度の不足に陥ったのである。

こうした収奪の構造は、交通機関にも見られた。復旧や新線建設の資材を日本本土から調達することは困難で、占領地の既設鉄道のうち、優先度が低い路線を廃止して軌道などの資材を調達することが当たり前のようにおこなわれた。

鉄道車輌も同様である。軍は、泰緬連接鉄道向けにＣ56型蒸気機関車を九十輌も国鉄から召し上げて現地に送り込んだが、基本的には車輌も資材も現地で入手できたものを活用、ないしは転用することで間に合わせていた。占領地からは奪うばかりで与えることをしなかった日本は、鉄道経営でもその姿勢を遺憾なく見せつけたのである。

参考文献

ここでは、本文中で触れた資料のほか、執筆にあたって直接参考にした文献を記す。

高橋泰隆『日本植民地鉄道史論――台湾、朝鮮、満州、華北、華中鉄道の経営史的研究』(「鉄道史叢書」8)、日本経済評論社、一九九五年
大江志乃夫「植民地戦争と総督府の成立」、大江志乃夫/浅田喬二/三谷太一郎/後藤乾一/小林英夫/高崎宗司/若林正丈/川村湊編『帝国統治の構造』(「岩波講座 近代日本と植民地」第二巻)所収、岩波書店、一九九二年
海野福寿『韓国併合』(岩波新書)、岩波書店、一九九五年
原田敬一『日清・日露戦争』(岩波新書、シリーズ日本近現代史)、岩波書店、二〇〇七年
大谷正『日清戦争――近代日本初の対外戦争の実像』(中公新書)、中央公論新社、二〇一四年
越沢明「台湾・満州・中国の都市計画」、大江志乃夫/浅田喬二/三谷太一郎/後藤乾一/小林英夫/高崎宗司/若林正丈/川村湊編『植民地化と産業化』(「岩波講座 近代日本と植民地」第三巻)所収、岩波書店、一九九三年
高橋泰隆「植民地の鉄道と海運」、同書所収
橋谷弘「釜山・仁川の形成」、同書所収
中川浩一「建設面から見た樺太鉄道の四十年」「鉄道ピクトリアル」一九六六年八月号、鉄道図書刊行会
新井謹之助「日本人にとっての樺太」、『別冊一億人の昭和史 日本植民地史3――台湾・南洋』所収、毎日新聞社、一九七八年
原田勝正『満鉄』(岩波新書)、岩波書店、一九八一年
蘇崇民『満鉄史』中華書局、一九九〇年
『鮮満清鉄道連絡一件 附鮮満鉄道統一ノ件』第二巻、『鮮満清鉄道連絡一件 附鮮満鉄道統一ノ件』第三巻(外務省記録1門7類3項、外務省外交史料館)
「7.華盛頓会議参考資料(通商局監理課調書第二号ノ二)」『準備/準備参考資料附属』第二巻(国立公文書館アジア歴史資料センター[Ref:B06150945600])
井上勇一「東支鉄道をめぐる日ソ関係」、前掲『植民地化と産業化』所収
和田博文『シベリア鉄道紀行史――アジアとヨーロッパを結ぶ旅』(筑摩選書)、筑摩書房、二〇一三年
杉原達『越境する民――近代大阪の朝鮮人史研究』新幹社、一九九八年
朝鮮郵船『朝鮮郵船株式会社二十五年史』朝鮮郵船、一九三七年
日本交通公社『時刻表復刻版 戦前・戦中編』JTB、一九九九年
朝鮮総督府鉄道局編『朝鮮鉄道史』第一巻、朝鮮総督府鉄道局、一九二九年

鮮交会編著『朝鮮交通史』鮮交会、一九八六年
日本航空協会編『日本航空史　明治・大正篇』日本航空協会、一九五六年
日本航空協会編『日本航空史　昭和前期篇』日本航空協会、一九七五年
石川泰弘「タイヤ技術の系統化」、国立科学博物館産業技術史資料情報センター編『国立科学博物館技術の系統化調査報告』第十六集、国立科学博物館、二〇一一年
野沢正解説『日本航空機辞典　明治四十三年～昭和二十年』モデルアート社、一九八九年
樋口秀実『日本海軍から見た日中関係史研究』芙蓉書房出版、二〇〇二年
笹尾寛『航空郵便のあゆみ』郵研社、一九九八年
園山精助『日本航空郵便物語』日本郵趣出版、一九八六年
文化財研究所東京文化財研究所監修『男爵の愛した翼たち――航空遺産継承アーカイブス：a photographic memoir』上、日本航空協会航空遺産継承基金、二〇〇六年
文化財研究所東京文化財研究所監修『男爵の愛した翼たち――航空遺産継承アーカイブス：a photographic memoir』下、日本航空協会航空遺産継承基金、二〇〇八年
仁村俊『航空五十年史』鱒書房、一九四三年
「2．陸軍航空学校ノ所沢、長春間長距離飛行ノ件」『帝国陸海軍航空関係雑件』（国立公文書館アジア歴史資料センター［Ref:B07090046300］）
大日本航空社史刊行会編『航空輸送の歩み――昭和二十年迄』日本航空協会、一九七五年
満洲航空史話編纂委員会編『満洲航空史話』満洲航空史話編纂委員会、一九七二年
満洲航空史話編纂委員会『満洲航空史話　続編』満洲航空史話編纂委員会、一九八一年
山本真鳥編『オセアニア史』（「新版世界各国史」27）、山川出版社、二〇〇〇年
日本郵船編『二引の旗のもとに――日本郵船百年の歩み』日本郵船、一九八六年
日本郵船編『裏南洋航路』日本郵船、一九三三年
南洋協会南洋群島支部編『日本の南洋群島』南洋協会南洋群島支部、一九三五年
外務省編『日本帝国委任統治行政年報』各年度版、外務省外交史料館所蔵
南洋興発編『南洋興発株式会社二十周年』南洋興発、一九四一年
郷隆『南洋貿易五拾年史』南洋貿易、一九四二年
南拓会『南拓誌』南拓会、一九八二年
宍倉恒孝「日葡航空協定成る　パラオ・ディリー間海洋定期開始」「航空朝日」一九四一年十一月号、朝日新聞社
青木清衛／大久保武雄／樋口正治／齋藤寅郎／大澤寛三「包囲陣を截る――チモール航路開拓座談会」「航空朝日」一九四二年一月号、朝日新聞

社
臼井勝美『新版 日中戦争――和平か戦線拡大か』（中公新書）、中央公論新社、二〇〇〇年
森久男「察東特別自治区の研究」「現代中国」第七十五号、日本現代中国学会、二〇〇一年
森久男『日本陸軍と内蒙工作――関東軍はなぜ独走したか』（講談社選書メチエ）、講談社、二〇〇九年
比企久男『大空のシルクロード――ゴビ砂漠に消えた青春』（シルクロード叢書）、芙蓉書房、一九七一年
萩原正三『関東軍特務機関シルクロードに消ゆ――大陸政策に青春を賭けた慟哭の記録（附中国西北辺区の概況）』宮地亮一／ビブリオ、一九七六年
松井忠雄『内蒙三国志』（「原書房・100冊選書」8）、原書房、一九六六年
カール・アウグスト・フォン・ガブレンツ『ドイツ・ルフトハンザパミール翔破』永淵三郎訳、新興亜社、一九四三年
中国人民政治協商会議内蒙古自治区委員会文史資料研究委員会編『綏遠抗戦』内蒙古文史書店、一九八六年
中国人民政治協商会議内蒙古自治区委員会文史資料研究委員会編『偽蒙古軍史料』内蒙古文史書店、一九九〇年
ドムチョクドンロプ『徳王自伝――モンゴル再興の夢と挫折』森久男訳、岩波書店、一九九四年
萩原充「一九三〇年代の日中航空連絡問題」「現代中国」第七十六号、日本現代中国学会、二〇〇二年
島田俊彦／稲葉正夫編『現代史資料8　日中戦争（1）』みすず書房、一九六四年
小林竜夫ほか編『現代史資料12　日中戦争（四）』みすず書房、一九六五年
外務省編纂『日本外交文書　昭和期Ⅱ第一部第五巻上（昭和十一―十二年七月対中国関係）』外務省、二〇〇八年
石島紀之『中国抗日戦争史』青木書店、一九八四年
山田俊明「中国鉄道史概観」、正木智海「華中鉄道――私の思い出」、鈴木貞「支那事変下における鉄道省派遣車輛修理班「鈴木部隊」の足跡」、「鉄道ピクトリアル」一九八〇年一月号、鉄道図書刊行会
福田英雄『華北の交通史――華北交通株式会社創立史小史』ティビーエス・ブリタニカ、一九八三年
飯吉精一編著『戦時中の外地土木工事史――日本土木建設業史』日本土木工業協会、一九七八年
立川京一「マレー・シンガポール作戦――山下奉文を中心に」「戦争史研究国際フォーラム報告書」防衛省、二〇〇三年
長谷川三郎編著『鉄路の熱風――鉄道第五連隊第三大隊戦闘記録』鉄道第五連隊第三大隊戦友会、一九七八年
吉原矩編『燦たり鉄道兵の記録――極光より南十字星』全鉄会本部、一九六五年
原田勝正編・解説『大東亜縦貫鉄道関係書類』不二出版、一九八八年
堀口大八『輸送戦争』（春秋社教養叢書）春秋社松柏館、一九四三年
ジャワ陸輸総局史刊行会『ジャワ陸輸総局史』ジャワ陸輸総局史刊行会、一九七六年
四十宮竹次郎「南北スマトラ鉄道の回想記」「鉄道ピクトリアル」一九七五年八月号、鉄道図書刊行会

陸軍鉄道練習部「鉄道の占領及開拓に就て」、同「鉄道の占領及開拓に於ける橋梁の修理に就て」「軍事鉄道」創刊号、陸軍偕行社編纂部、一九四四年

池端雪浦編『東南アジア史II——島嶼部』(「新版世界各国史」6)、山川出版社、一九九九年

小林英夫『日本軍政下のアジア——「大東亜共栄圏」と軍票』(岩波新書)、岩波書店、一九九三年

瀬戸利春「データから読む「海上作戦輸送」の崩壊」『太平洋戦争6——決定版「絶対国防圏」の攻防』(歴史群像シリーズ)、学研パブリッシング、二〇一〇年

以上のほか、インターネット上の情報として、次の二つのサイトを参照した。後者は、日本ではなじみのない読者も多いかと思われるが、ヘリテージマネージャーとしてオーストラリアで文化財の管理に携わっている著名な研究者ダーク・シュペネマン氏が管理運営するサイトである。

全日本海員組合関西地方支部「戦没した船と海員の資料館」(http://www.jsu.or.jp/siryo/)

Dirk H.R. Spennemann "The German Postal Steamer Germania (1904-1945)" (http://marshall.csu.edu.au/Marshalls/html/Stamps/Steamers/Germania_Text.html)

なお、第4章で触れた筆者私蔵の南洋庁『船舶管内一覧表』は、一九三四年(昭和九年)十二月末日現在の南洋庁管内の動力船(漁船を除く)を網羅したリストである。南洋庁の用箋を使用しているので、庁内で何らかの必要によってまとめられた資料と思われる。この資料はほかに所蔵する機関が見当たらないことから、いずれ何らかの形で公開したいと考えている。

あとがき

本書のタイトルに「交通網」の三文字を入れたのにはわけがある。できあがった交通網に関してではなく、交通網がどのように形成されなかったかについて、あえて書いてみたかった。

一九四一年(昭和十六年)十二月、日本の空母機動部隊は長駆ハワイを襲い、中国大陸の戦火が西太平洋からインド洋に至る広大な地域へと広がった。帝国日本は他国の植民地を奪い去り(いま植民地と書いたが、フィリピンは独立が既に約束されていた地だった)、四二年には広大な版図を手にするが、それらの諸地域を有機的に結合する力を持たず、占領地相互間の交通ネットワークを十分に形成できないまま、敗走へと転じた。日本占領下での満足な交通機関といえば、旧宗主国時代に建設、整備された既存の鉄道や道路交通がせいぜいだった。だから、インフラ整備の著しく立ち遅れていたソロモンとニューギニア方面では「道なき道」を行くような戦いとなり、また戦争前に存在した東南アジア域内の船舶によるネットワークは破壊されたままだったのである。本書では海上交通をあまり取り上げなかったが、その原因の一つは、まさにここにある。

小林英夫の研究を参照すれば、戦前期の東南アジアではイギリス領マレーにゴムや錫が集積され、それを宗主国やアメリカ、あるいは日本などに輸出していた。これら一次産品の産出地に米を供給していた主な国がタイである。つまり、オランダ領東インドもマレーも、東南アジア域内の交易がなくては食料の確保は難しかった。なお、オランダ領東インドでは稲作こそおこなわれていたものの、その多くは自家消費用であった。したがって日本軍が現地自活の方針をとって籾の供出を強いれば強いるほど、ますます外部からの穀物供給が必要となるはずだった(このあたりは、たとえば倉沢愛子『日本占領下のジャワ農村の変容』〔草思社、一九九二年〕などに詳しい)が、日本の占領政策としても、また経済的実力から見ても、東南アジア域内の交易のために船を用意することはできなかったのである。

フィリピンに至っては、アメリカとの関係が重要だった。砂糖やマニラ麻をアメリカに輸出し、機械、小麦、綿布、乳製品などをアメリカから輸入していた。当然これらは日本の対米開戦とフィリピン占領でストップしてしまう。占領者たる日本は、軍需品を除いてフィリピンから産出される資源を買い上げる余力はなく、また機械や小麦などをアメリカに代わって提供する力もなかった。以後、フィリピンは衣料品と食料の不足にあえぐ事態に陥る。対米輸出関連の産業も大打撃をこうむった。

一方、米の産地として深刻な状況に陥ったのはビルマである。ビルマの米はインドやスリランカに供給されていたが、日本軍の占領によってイギリス領との交易が絶たれると同時に、最前線となったために現地住民の生活必需物資の生産が困難になったのである。

そもそも帝国日本にとって、占領地での鉱工業の再建は難しいものだった。技術者は決して多いとはいえず、技術自体が貴重だったからである。再建を成し遂げた鉱山や油田はあるにせよ、その産出が軌道に乗る一九四三年（昭和十八年）頃になると船腹不足の影響が現れ、日本国内への還送が困難となる。たとえ還送できたとしても、需要が軍需に大きく傾きすぎていた。だから原油から精製して作り出された石油製品も、需要があるのは航空機用ガソリンや艦船用重油ばかりで、自動車用燃料は占領地の製油所で製品ができても、売る先がなかった。

対米開戦前、百総トン以上の船を、日本は六百三十三万総トンほど所有していた。うち三百万総トンを民需に回せば、物資動員計画に沿った製品の供給が可能と見積もられていた。そして、その残りを陸軍徴用と海軍徴用として作戦輸送などにあてようと計算したのである。ちなみにここでいう民需とは軍需産業のことである。だから民需への配船を減らせば、それだけ軍需品の生産に影響が現れる。といっても、陸軍徴用や海軍徴用への配船を減らせば、作戦輸送にしわ寄せがくる。船舶の割り当てをめぐって佐藤賢了と田中新一という二人の将官がつかみ合いのけんかを演じるという醜態を見せたのも、この配船の問題がそれほど深刻だったからにほかならない。

ニューブリテン島のラバウルから東部ニューギニアのラエに向かった陸軍の徴用輸送船七隻、合計二万九千総トンが全滅したビスマルク海海戦（一九四三年三月二―三日、「ダンピール海峡の悲劇」ともいわれる）という戦いがある。このとき運ばれていた陸軍部隊は、第十八軍司令部と第五十一師団合わせて七千三百人。うち第五十一師団は六千九百人だが、これは実質的に、第五十一師団の隷下にあった歩兵第百十五聯隊である。師団に属した三個の歩兵聯隊のうち第百二聯隊は既にラエに到着しており、残った歩兵第六十六聯隊はこの後に舟艇や駆逐艦輸送でニューギニアに送られた。

部隊の装備や物資の量にもよるが、このダンピール海峡で起きた悲劇は、七隻の輸送船を使っても一個聯隊を送り届けられるかどうかという問題である。計算上、一個聯隊の輸送には一万五千総トン、一個師団であれば十五万総トンの船が必要だった。これは七千トン級の貨物船二十隻分だが、七千トンといえば当時のわが国にとって大型の優秀船であり、潤沢に使えるわけではない。実際には三千トン級の貨物船も多用されたから、必要な隻数はもっと多くなる。

民需（とはいっても運ばれるのは軍需生産に必要な物資だが）を除いて海軍と按分した百五十万トンが陸軍の配船となったとして、各方面への補給なども考えると、全船舶を一方面への作戦輸送に使うことは無理である。したがって、大がかりな船団を組もうとしても、せいぜい数個師団を運ぶのが関の山だろう。まして大戦後期の敵制空権下での行動をあわせて考えると、それも無事に届けられるかどうか心もとない。一九四三年（昭和十八年）の秋に御前会議で設定された絶対国防圏にしても、その海域はまだ広大であり、防備を手当てしなければならない要地は多い。しかしそれでもなお海軍は絶対国防圏の外に有する拠点の維持に汲々としていたから、補給その他でいよいよ船腹は逼迫してくる。

一九四四年（昭和十九年）以降は、アメリカ潜水艦による通商破壊も深刻となり、またサイパン島が陥落したことから、中部太平洋方面に向けた輸送は途絶する。四五年になると日本本土と南方を結ぶ航路も締め上げられてしまう。朝鮮半島および満洲と内地を結ぶ航路は機能していたが、それも機雷封鎖や日本海への潜水艦侵入によって脅かされる。台湾も、航路の途絶によって内地向けの砂糖が出荷できず滞貨の山を築いたという。

船舶の割り当てで民需といえば、先ほど述べたように、南方資源地帯に産出する物資のうち軍需に関わるものを日本に送ることであって、内地の生活必需品を運ぶことではなかった。まして、南方占領地各域の交易を維持・発展させるための配船などおこなわれるはずもなかった。しかも時を経るごとに、日本への資源還送さえも困難になっていった。そして第6章で見たように、大東亜縦貫鉄道という構想で、海運を陸運に転嫁して隘路を打開しようにも思うようにはいかなかった。鉄道網も、諸地域のネットワークがそれぞれ孤立的に存在して機能を果たした程度で、船舶輸送と結合させたうえで「大東亜共栄圏」の一貫輸送をおこなうことなど夢のまた夢だったのである。

東南アジアという南方資源地帯を旧宗主国から切り離して日本の経済圏に組み込んだつもりでいても、その経済活動を支える交通網を整備できなかった現実は、当時の東南アジアを経済的に引き受ける力量を日本が持っていなかったことを意味するのではないか。一見、軍事的占領によって円の経済圏に取り込んだように見えても、実際には各地域でそれぞれに発行された軍票は、実質的に内地の通貨とのリンクを欠き、中国の占領地も含めた地域がそれぞれに率が異なるハイパーインフレに見舞われた事実を見ても、そう考えるよりほかにないように筆者には思えるのである。

「大東亜共栄圏」という、日本を中心として、日本のために考えられた経済圏は、数年ともたずに崩壊するべくして崩壊した。占領した各域を結ぶ交通網（ネットワーク）さえ築けなかったのだから、「大東亜共栄圏」が砂上の楼閣に終わったのも当然のことだろう。

本書は、青弓社の矢野恵二氏が出版の機会をくださったこと、それから『神国日本のトンデモ決戦生活——広告チラシや雑誌は戦争にどれだけ奉仕したか』（合同出版、二〇一〇年）や『憎悪の広告——右派系オピニオン誌「愛国」「嫌中・嫌韓」の系譜』（能川元一氏との共著、合同出版、二〇一五年）などの著者である早川タダノリ氏からのお声がけがあって形にできた。お二方には、この場を借りてお礼を申し上げたい。それにしても、書き進めながら、つくづく自身の不勉強を思い知らされた。すべての章で、問題や新たな課題が見つかったほどである。いずれ機会があれば、それぞれの章についてあらためて筆を起こしたいと思っている。

若林 宣

［著者略歴］
若林 宣（わかばやし・とおる）
1967年、千葉県生まれ
歴史・乗り物ライター。雑誌やムックで航空史や歴史的乗り物に関する記事を執筆
著書に『戦う広告』（小学館）、『羽後交通横荘線』『羽後交通雄勝線』（ともにネコ・パブリッシング）など

帝国《ていこく》日本《にほん》の交通網《こうつうもう》　つながらなかった大東亜共栄圏

発行――2016年1月12日　第1刷
定価――2000円＋税
著者――若林 宣
発行者――矢野恵二
発行所――株式会社青弓社
〒101-0061 東京都千代田区三崎町3-3-4
電話 03-3265-8548（代）
http://www.seikyusha.co.jp
印刷所――三松堂
製本所――三松堂

ISBN978-4-7872-2060-8 C0021